Sabine Rosenberger

Weil der Mut die Angst besiegt

Sabine Rosenberger

Weil der Mut die Angst besiegt

oder

Folge deiner inneren Stimme

Autobiographie

Rediroma-Verlag

Bibliografische Information der Deutschen Nationalbibliothek:
Die Deutsche Nationalbibliothek verzeichnet diese Publikation in der Deutschen Nationalbibliografie; detaillierte bibliografische Daten sind im Internet über http://portal.dnb.de abrufbar.

ISBN 978-3-98527-409-3

www.rediroma-verlag.de
24,95 Euro (D)

Für meine Kinder und meine Enkeltochter.
Für Gerhard und Karl.
Für alle, die zweifeln oder mutlos sind.

Es gibt keine Zufälle.
Alles ist gut, so wie es ist,
nur wird uns das oft erst später klar.

Öffne deine Arme weit,
senk nicht den Blick,
sieh nicht ständig nur vor die eigenen Füße.

Nur so kann dich das Leben umarmen und
küssen.

Schall und Rauch

Man lehrte mich, ich sei nicht wichtig
Das, was ich täte, auch nicht richtig
Ich sei ein dummes, blindes Kind
Das niemals seinen Weg je find

Das hab ich lange Zeit geglaubt
Es hat mir oft den Schlaf geraubt
Schlaflos bin ich auch heut noch oft
Mein Leben lief nie wie erhofft

Doch wurde mir bis jetzt nicht klar
Ich find's noch immer sonderbar
Dass ich ein andrer Mensch sein sollte
Nur weil ein andrer mich so wollte

Bin ich denn nur für andre da?
Muss den Erwartungen entsprechen?
Ich wär mir gern auch selber nah
Versuch, den Teufelskreis zu brechen

Was ist denn nun des Lebens Sinn?
Sich formen lassen, wie's behagt?
Mir scheint, wenn ich ich selber bin
Werd ich von allen angeklagt

Ich geb mir Mühe, bin flexibel
Bin weder stur noch unbelehrbar
An manchen Tagen recht sensibel
Da scheint dann alles unumkehrbar

Darf denn der Mensch nicht einfach sein
Wie's seinem Naturell entspricht?
Nicht alles ist verkehrt und klein
Man sieht es nur in andrem Licht

Mich einzulassen auf das Leben
Ohne dem Andern wehzutun
Das war schon immer mein Bestreben
Die Mitte finden, in mir ruh'n

Natürlich kann man viel beklagen
Verpflichtet ist man nicht dazu
Viel besser scheint mir, sich zu fragen:
Was macht mich glücklich, was brauchst du?

So lasst mich doch mein Leben leben
Nehmt mich so hin wie ich euch auch
Es ist ein Nehmen und ein Geben
Der Rest ist einfach Schall und Rauch

1. Eindringling

März 1964, in einem kleinen Dorf im Spessart, an einem späten Sonntagvormittag. Die Sonne scheint. Es ist mein Geburtstag. Ich bin ein Sonntagskind, ein Sonnenkind. Mutter erzählt später immer wieder, dass sie des Nachts schon in den Wehen lag und dagegen ankämpfte, um die Hebamme nicht mitten in der Nacht behelligen zu müssen.

Ich habe selbst zwei Kinder geboren und kann mir nicht vorstellen, dass das wirklich den Tatsachen entspricht. Wenn aber doch, so war das wirklich sehr rücksichtsvoll von meiner Mutter. Fremden gegenüber ist sie stets sehr rücksichtsvoll.

Drei Menschen warten dort also auf mich: meine Eltern und meine zwölfjährige Schwester.

Vater, der eigentlich nie Kinder wollte, und wenn, dann aber bitte einen Sohn. Ein harter, herrschsüchtiger Mann. Selbstverliebt und rücksichtslos.

Mutter. Immer sehr mit sich beschäftigt, stets bemüht, sich ins rechte Licht zu rücken. All ihre Fürsorge, all ihr Fleiß und ihre Tüchtigkeit dienen nur einem Ziel: Lob, Anerkennung und Bewunderung zu ernten.

Ich war nicht eingeplant, bin sozusagen ein Verkehrsunfall, aber zu dieser Zeit ist es nicht üblich, eine ungewollte Schwangerschaft abzubrechen. Mein Glück. Ebenso wenig trennt man sich, wenn die Ehe nicht mehr harmonisch verläuft.

Ob das im Fall meiner Eltern auch ein Glück ist, ist schwer zu sagen. Ich bezweifle es.

Man arrangiert sich mit dem Gedanken, bald noch ein weiteres Familienmitglied in Empfang zu nehmen. Mutter ernährt sich gesund und beginnt, sich auf mich zu freuen. Auch meine Schwester freut sich, nun bald ein kleines Geschwisterchen zu haben, mit dem sie spielen und das sie bemuttern kann. Vater schöpft neue Hoffnung, dass es doch noch einen Stammhalter geben wird.

Als ich dann da bin, sind alle enttäuscht. Vater sofort, denn ich bin nur ein Mädchen. Wieder eine herbe Enttäuschung. Meine Schwester nach ein paar Wochen, als sich herausstellt, dass man mit Neugeborenen nicht spielen kann, dafür aber ständig auf sie aufpassen, sie füttern und ihre Windeln waschen und bügeln muss, zumindest wenn man eine Mutter hat, die immer mit allem überfordert ist. Ich denke, am längsten hält die Freude bei Mutter an. Sie hat ein bestimmtes Bild im Kopf, wie ich sein muss: Drollig, intelligent, lustig, gehorsam, fleißig, angepasst. Mit den ersten drei Eigenschaften kann ich auch wirklich dienen, letztere ist mir heute noch nicht zu eigen. Der Rest, na ja …

Anfangs geht alles noch ganz gut. Ich werde gut gefüttert, immer nett und putzig angezogen und gerne vorgezeigt, wenn Besuch kommt. Mutter ist sehr stolz auf mich. Ich bin schnell „stubenrein“, sehr groß für mein Alter, meine Motorik entwickelt sich rasch, und es dauert nicht lange, bis ich beginne, alles nachzuplappern. Sie hat also allen Grund, mit mir anzugeben. Schließlich sind es ihre Gene, die sich da so positiv bemerkbar machen. Bei jeder Gelegenheit soll ich zeigen, was ich schon alles kann:

„Wie groß bist du schon?“

„Soooo grooooß!“ (Arme nach oben.)

„Wie gut ist das?“

„Mmh, soooo gut!“ (Mit den Händen über den Bauch streichen.)

„Wo ist das Kuscheltuch?“

„Daaa!“ (Schnell quer durch das Zimmer robben, das Tuch ist unter der Übergardine versteckt.)

Zuerst genieße ich diese Aufmerksamkeit, aber schon bald habe ich das Gefühl, vorgeführt zu werden wie ein dressierter Affe.

Es macht keinen Spaß mehr. Ich verweigere die Leistung. Mutter ist enttäuscht. Man beschließt, dass ich mittags unbedingt einen längeren Mittagsschlaf halten muss, um mich weiterhin optimal zu entwickeln. Dann bin ich auch sicher wieder motivierter, zu zeigen, was ich alles kann.

Ich will aber mittags nicht drei Stunden schlafen.

Ich will spielen.

Ich will toben.

Ich will raus.

Nichts hilft.

Kein Erbarmen.

„Das ist gut für dich. Später wirst du dafür dankbar sein.“ Später. Ja, mag sein. Aber nicht jetzt! Ich bin mir ganz sicher, sie wollen einfach ein paar Stunden ihre Ruhe haben. Sie finden mich anstrengend und sind überfordert, das spüre ich genau. Ich könnte doch in dieser Zeit genauso gut leise spielen, das würde bestimmt niemanden stören. Aber nein, ich werde jeden Mittag in den Schlafanzug gesteckt und ab ins Bett. Es ist so sinnlos.

Ich bettele darum, aufbleiben zu dürfen.

Nein!

Ich weine leise.

Nein!

Ich schluchze laut.

Nein!

Ich werde hysterisch.

Nein!!!

„Entweder du bist jetzt sofort still und schläfst, oder du kriegst den Hintern voll.“ So geht es also nicht. Aber es muss doch eine Lösung geben. Und die gibt es auch. Knapp oberhalb der Matratze fange ich still an, die bunte Kinderzimmertapete in winzigen Fetzen von der Wand zu kratzen. Das ist lustig. Ich kratze den Clowns die Augen aus und reiße den Giraffen die Köpfe ab. Die Tapetenfetzen lasse ich an der Wand durch die Gitterstäbe auf den Boden gleiten. Eine ganze Woche lang sind alle davon überzeugt, dass ich endlich die Notwendigkeit des Mittagsschlafs verinnerlicht habe.

MIR wäre schon beim ersten Bettenmachen aufgefallen, dass die Wand zwischen den Gitterstäben irgendwie anders aussieht. Mutter merkt es erst, als mein Kunstwerk schon fast den oberen Rand des Gitterbetts erreicht hat. Eigentlich hätte ich ihr mehr zugetraut, ich bin schon ein wenig enttäuscht.

Kaum ist der Schaden ans Licht gekommen, folgt die Inquisition auch schon auf dem Fuße: „Warum um Himmels Willen hast du das getan? So etwas machst du nie wieder! Jetzt muss neu tapeziert werden. Wie gut, dass wir noch einen Tapetenrest haben … “ *Bla, bla, bla.* Danach gibt es den Hintern voll. Es wird frisch tapeziert, ich muss weiterhin mittags ins Bett.

Dieses Mal ist die Tapete schneller ab. Die aufgeklebten Reste bieten einen guten Anfang und ich habe schon Übung. Mir bleibt die nächste Gardinenpredigt nicht erspart, und auch mein Hinterteil muss wieder herhalten. Es tut sehr weh, aber inzwischen ist meine Wut weit stärker als der Schmerz. Nun muss neue Tapete gekauft werden. Sie ist nicht so schön bunt wie die alte, aber das ist nicht weiter schlimm. Sie ist ja in Nullkommanichts wieder ab. Die nächste Tracht Prügel. Ich lache aus Trotz. Von da an bleibt die Wand ohne Tapete und das Bett mittags ohne Kind. Das hätte man nun wirklich einfacher haben können.

Ich bin erst drei Jahre alt, aber ich begreife, dass man sich alles hart erarbeiten muss. Ich träume von guten Feen, die mich liebhaben, ohne dass ich dafür besondere Leistungen erbringen muss.

Mutter wünscht sich ein liebes kleines Mädchen, das sich nicht dauernd von oben bis unten schmutzig macht und benimmt wie ein Rowdy. Ich gebe mir Mühe, weil mir klar wird, dass Mutter definitiv keine meiner Feen ist.

Es herrscht Waffenstillstand. Ich bekomme einen Roller geschenkt. Ist das herrlich! Draußen im Hof drehe ich Runde um Runde, falle hin, stehe wieder auf, und weiter gehts! Der Hof ist mit kleinem, spitzem Split ausgestreut. Die Stürze sind ziemlich schmerzhaft, ich komme aber erst wieder rein, wenn meine Knie mit Split gespickt sind. Mutter ist entsetzt. Sie muss mir das Split aus der Haut ziehen und meint, wir müssten zum Arzt fahren, damit die Wunden desinfiziert werden.

Das erstaunt mich. Ich weiß doch genau, was alles in unserem Verbandskasten ist, habe ihn ja längst untersucht.

Mutter ist entzückt, als ich vorschlage, das Antiseptikum zu benutzen. Das Kind hat ANTISEPTIKUM gesagt!

Ja und? Hatte ich doch schon mehrfach gehört, wenn es die Erwachsenen sagten. Was ist daran jetzt so toll? Ich verstehe die Aufregung nicht.

Natürlich soll ich das schwierige Wort jetzt ständig vor Publikum wiedergeben. Meinetwegen. Wenn Mutter so viel daran liegt. Dank des Tapetensiegs bin ich wieder etwas kooperativer und dieses Wort, das für so viel Wirbel gesorgt hat, weckt mein Interesse an Sprache.

Von nun an gehe ich gezielt auf die Suche nach außergewöhnlichen, bedeutungsvollen Worten, die weder leicht zu behalten noch einfach auszusprechen sind. Ich habe ein neues Spiel entdeckt, das man alleine spielen kann und hoffe, dass ich bald in die Schule gehen darf, um endlich lesen zu lernen. Die Bücher im Haus ziehen mich magisch an und es ist doch zu schade, dass ich die kleinen Zeichen noch nicht entziffern kann, die darin zu finden sind. In meinen Bilderbüchern gibt es keine bedeutsamen, schwierigen Wörter. Ich bin darauf angewiesen, bei jeder Gelegenheit die Erwachsenen aufmerksam zu belauschen. Leider ist das auch nicht immer besonders ergiebig.

Mutter leidet oft an Depressionen. Sie schreibt diesen Umstand ihrer Kindheit und Jugend zu, genauer: der schwierigen Beziehung zu ihrer eigenen Mutter und ihren Erlebnissen während des zweiten Weltkriegs. Sie ist ernstlich krank, Depressionen sind jedoch noch keine anerkannte Krankheit, eher etwas Anrüchiges, das man lieber vertuscht, wenn irgend möglich. Erschwerend kommt hinzu, dass meine Mutter ihre Kindheit in der Großstadt verbracht hat und sich auf dem Lande, in diesem „Kaff“, „jottwede“ (janz weit draußen), wie sie immer sagt, kreuzunglücklich und von allen Dorfbewohnern missverstanden und verkannt fühlt. Sie ist sich sicher, etwas ganz Besonderes zu sein und das kommt bei „normalen“ Menschen nun mal gar nicht gut an.

Ich genieße am meisten die Stunden, in denen ich draußen spielen darf. Allerdings spiele ich fast immer allein, denn ich habe keine Freunde.

Mutter bemüht sich, mir das Gefühl zu geben, etwas ganz Besonderes zu sein, fast so besonders wie sie selbst. Sie macht mich glauben, ich sei die Schönste und Intelligenteste von allen, meine Kleider seien die besten und teuersten, ja, ich wüchse in der reichsten und vornehmsten Familie des Ortes auf. In Wahrheit verdient Vater als einfacher Revierförster nur wenig. Mutter arbeitet für karges Gehalt halbtags als Sekretärin in der nahe gelegenen Kleinstadt.

Das wenige Geld muss reichen für die Ernährung, die Miete für das kleine Forsthaus, die Bekleidung und nicht zuletzt für Bier und Zigaretten, denn auf beides will Vater nicht verzichten. Wenn wirklich ein paar Mark übrig sind, vergnügen sich die Eltern im wenige Ortschaften weiter gelegenen Tanzcafé, denn man ist ja schließlich wer und will das auch zeigen.

Natürlich ziehe ich mit meinem Rucksack voll schöner Märchen los, plaudere sie aus und mache mich damit in kürzester Zeit bei den Kindern des Dorfes genauso unbeliebt wie es Mutter bei den Erwachsenen ist. Ganz klar, dass niemand mehr mit mir spielen will. Außerdem beherrsche ich die Mundart nicht, da in unserem formidablen Haushalt ausschließlich lupenreines Hochdeutsch gesprochen wird. Das macht es auch nicht wirklich besser. Sprüche wie „Gugg emol die, die bringt ned emol legg mich am Oarsch raus[1]", sind an der Tagesordnung.

Ich werde zum Gespött und leide darunter.

Mutter hat natürlich keine Ahnung, warum ich abgelehnt werde, aber sie ist sehr bemüht, mir mit Geld und Süßigkeiten Freunde zu kaufen. Vergeblich. Ich bleibe allein.

So sind Blumen und Bäume meine Freunde. Ich lerne viele bei uns heimische Vogelarten unterscheiden, freue mich über die Eichhörnchen, die an den Bäumen auf und ab turnen und beobachte die Eidechsen, die sich in der Sonne aalen. Ich sammle Steine und seltsam geformte Äste

---

[1] „Guck mal die, die bringt nicht einmal leck mich am Arsch raus."

und im Herbst dann die schönsten bunt gefärbten Blätter, die ich zwischen Zeitungspapier in Büchern presse.

Neben dem Forsthaus gibt es einen Spielplatz mit Rutsche, Schaukel und Karussell, auch da bin ich ab und an zu finden, wenn auch allein. Vater findet den Spielplatz ausgesprochen praktisch. Er ist froh, wenn er zu Hause seine Ruhe vor mir hat, weiß, wo ich zu finden bin und braucht einfach nur vor die Haustür zu gehen und laut zu pfeifen, wenn ich nach Hause kommen soll. Das klappt auch meist gut. Nur manchmal, wenn ich nach dem Pfiff noch einmal kurz die Zeit vergesse, wird es unangenehm. Ist es nötig, ein zweites Mal nach mir zu pfeifen, werde ich vom Vater bereits an der Haustür in Empfang genommen.

Er zerrt mich in den kleinen Außenflur, schließt die Haustür, öffnet die Zwischentür zum langen Innenflur und gibt mir einen so gewaltigen Tritt in den Hintern, dass ich durch den vier Meter langen Flur kullere, bis ich am Ende des Flurs gegen die Tür der Gästetoilette pralle. Dort packt er mich im Genick, zieht mich hoch, legt mich übers Knie und versohlt mir den Hintern, dass ich zwei Tage lang nur unter Schmerzen sitzen kann.

Ich denke, wenn sein Jähzorn verflogen ist, tut es ihm leid. Aber das ändert dann auch nichts mehr.

Ich habe Angst vor ihm. Er tut mir leid.

Kleinere Ungezogenheiten werden mit Hausarrest geahndet, bei größeren Vergehen werde ich für ein paar Stunden in der Gästetoilette oder im Keller eingesperrt.

Vor dem Keller fürchte ich mich am meisten. Keine Prügel der Welt tun so weh wie die Angst im feuchten, dunklen Keller. Angst vor den fetten Spinnen, die dort in ihren Netzen in den Nischen der kleinen vergitterten Kellerfenster sitzen. Angst vor Kobolden und bösen Geistern. Angst, dass irgendwo im Dunkel jemand mit einem Messer nur darauf lauert, dass ich wieder einmal in den Keller gesperrt werde. Am liebsten würde ich laut gegen die Angst ansingen, aber dann wissen ja sofort alle bösen Geister, wo ich zu finden bin. Also kauere ich mich leise in eine Ecke und bete still, wie Mutter mich zu beten gelehrt hat: Lieber Gott, ich bin klein, mein Herz ist rein, mag niemand drin wohnen als Jesus allein.

Das Beten hilft. Statt Spinnen sehe ich Wiesen und Felder. Es riecht nicht mehr feucht und moderig, sondern nach wilden Kamillen und frischem Heu. Die Angst lässt allmählich nach und ich werde ganz ruhig. Irgendwann kann mir der Keller nichts mehr anhaben. Ich bin jetzt stärker, mutiger.

Mutter liebt es nicht, mich derart zu bestrafen. Sie bittet Vater auch immer wieder, mir doch nicht jedes Mal auf den Kopf zu hauen, das sei nicht gut für den Verstand. So viel Selbstbeherrschung müsse man doch haben, dass man daran denkt, nur auf den Hintern zu hauen, weil das weniger Schaden macht und auch keine für Außenstehende sichtbaren Spuren hinterlässt. Was macht das denn für einen Eindruck, wenn das Kind mit einem blauen Auge oder allen fünf Fingern auf der Wange draußen herumläuft?

Mutter findet es effektiver und unauffälliger, mir geliebte Dinge für eine Weile vorzuenthalten. Den Kuschelteddy, das Bilderbuch, oder was ich sonst gerade besonders liebe.

Vater hingegen ist davon überzeugt, dass man nur richtig durchgreifen muss, das hat ihm schließlich früher auch nicht geschadet.

Bei Mutter kommt es immer auf die Stimmung an. Ist sie schlecht gelaunt, darf ich gar nichts. Ist sie gut gelaunt, erlaubt sie mir alles, Vater aber verbietet es wieder, und so ist schnell der größte Streit im Gange:

„Jetzt lass doch das Kind mal."

„Kommt überhaupt nicht in Frage, das wäre ja noch schöner, ich entscheide, was hier passiert."

„Sei doch nicht immer so streng."

„Ich bin nicht streng, es geht nur ums Prinzip."

„Jetzt lass sie doch."

„Nein!!!"

Es läuft immer gleich ab: Zuerst abklopfen, wie die Stimmung ist. Mutter um Erlaubnis bitten. Mit großen, bettelnden Augen versuchen, den Herrscher der Geschicke umzustimmen. Bei Donnerwetter schnell in Deckung gehen.

Mein Lieblingssatz im Alter von drei Jahren: Jass sie goch! Manchmal bringt dieses Nachgeplapper die Eltern so zum Lachen, dass ich schließlich doch mein Ziel erreiche, also setze ich dieses Mittel häufig ein. Mit fünf zieht das dann natürlich nicht mehr. Da muss man schon subtiler vorgehen. Mit der Zeit entwickle ich ein Gespür dafür, wie ich die Aktionen der Eltern in meinem Sinne nutzen kann.

Ständig gibt es Streitereien wegen des Erziehungsstils: Mutter hüh und Vater hott, lautes Gezeter, gegenseitige Vorwürfe, Versöhnung und gemeinsames Resümee: Dieses

Kind ist ein Teufel und versucht vorsätzlich, einen Keil zwischen die eigenen Eltern zu treiben.

Jetzt wird es aber höchste Zeit. Nicht schon wieder in den Keller!

Schnell nach draußen, übers Rosenspalier aufs Garagendach geklettert und ganz flach mit dem Rücken auf die Dachpappe gepresst, damit es keiner merkt. Merkt auch keiner. Wer sucht das Kind schon auf dem Garagendach?

Über mir ziehen die Wolken dahin. Ich habe das Gefühl, die Garage dreht sich mit mir unter dem Himmel weg. Einfach ganz still liegen. Die Vögel zwitschern hören. Den Duft vom Holzfeuer aus dem Schornstein in der Nase. Hier bin ich sicher.

Ich spüre, dass ich den Erwartungen meiner Familie nicht entspreche, weiß aber nicht, warum. Ich bemühe mich, es allen recht zu machen, aber es gelingt mir nie. Offenbar agiere ich so ganz anders als andere Kinder in meinem Alter. Bin ich nun so anders, weil meine Eltern mir kein Verständnis entgegenbringen? Weil ich so oft in den Keller gesperrt und so selten getröstet werde? Oder muss ich so oft in den Keller und werde geschlagen, weil ich von Haus aus so anstrengend bin und meine Eltern damit überfordere?

Draußen bin ich glücklich. Wir haben einen großen Garten mit Blumen, Obst und Gemüse, den ich sehr liebe. Es gibt einen gelb lackierten runden Tisch, vier Stühle und vier Gartenliegen, die mit orangen Plastikfäden bespannt sind, einen großen Sonnenschirm mit buntem schwerem Stoff und rot lackiertem Betonfuß. All das wird im Garten aufgestellt, sobald es warm ist. Jedes Jahr wird der Gartentisch vor der ersten Benutzung frisch gelb gestrichen.

Ich kann es kaum erwarten, bis ich groß genug bin, dass ich ihn auch einmal streichen darf.

An den Wochenenden helfe ich Mutter bei der Hausarbeit und im Garten. Wir bauen Gemüse, Salat und Erdbeeren an. Wir haben zwei Apfelbäume, einen Baum mit Süßkirschen und zwei mit Schattenmorellen. Und dann sind da noch die Blumen. Unmengen von Rosen, rings um die Gemüsebeete. Immer gibt es etwas zu hacken, zu säen, zu jäten oder zu ernten. Ich liebe diese Arbeiten. Erde, Wasser, frische Luft und Bewegung, da bin ich in meinem Element.

Zugegeben, das klappt nicht von Anfang an ganz optimal. Mit meinen drei Jahren bin ich doch noch ziemlich klein für die Gartenarbeit.

Vater ist der Chef im Garten und kümmert sich auch gerne darum. Er kann sich den Tag mit der Revierarbeit weitgehend frei gestalten, und im Schuppen sind immer ein paar Flaschen Bier deponiert, die er sich während der Gartenarbeit schmecken lässt. Ganz besondere Freude hat er an dem kleinen Frühbeet, wo er Salat und Radieschen sät.

Zugesehen habe ich schon oft, wenn Unkraut gejätet wird. Ich würde das so gern einmal selbst probieren. Aber das gehört zu den Dingen, für die ich noch zu klein bin. Es fällt schwer, immer nur zuschauen zu dürfen. Nochmal um Erlaubnis zu bitten ist zwecklos, soviel ist schon mal klar. Wie ging das doch gleich?

Das Jäten ist ganz einfach: Man fasst die Pflanze beherzt an, lockert die Erde um die Wurzel ein wenig und zieht die Pflanze aus dem Boden.

Bleibt noch die Frage, was Kraut ist und was Unkraut. Das muss doch auch herauszufinden sein. Die eine Sorte ist das, was wachsen soll, klar. Die andere das Unkraut. Gut. Da sind auch zwei Sorten im Frühbeet, von jeder ziemlich viel. Und dann sind da noch ganz viele verschiedene kleine Pflanzen, die ich alle nicht kenne. Das kann nicht das Unkraut sein. Soviel verschiedenes Unkraut gibt es sicher nicht.

Ich entscheide mich für die Sorte, die nicht aussieht wie Salat. Ganz gewissenhaft jäte ich das Unkraut bis zum letzten Pflänzchen und laufe dann stolz wie Oskar zu Vater und bitte ihn, mit mir in den Garten zu kommen und sich die Überraschung anzusehen.

Nein, es ist auch wirklich nicht der Salat, es sind die Radieschen, die ich herausgerissen habe. Müßig zu beschreiben, wie die Sache ausgeht. Ich jedenfalls lande wieder einmal im Keller.

Immerhin sieht Vater mit der Zeit ein, dass es zwecklos ist, mich durch kategorische Verbote ohne vernünftige Begründung von interessanten Dingen fernzuhalten (und die Begründung, ich sei zu klein, ist nicht vernünftig!). Er fasst den guten Entschluss, mir lieber zu zeigen, wie alles funktioniert. Von da an hat er viel weniger im Garten zu tun und er kann sich darauf verlassen, dass alles genau so erledigt wird, wie er es mir gezeigt hat.

Wieder ein Sieg, wenn auch ein mühsamer. Es ist schon manchmal erstaunlich, wie langsam Erwachsene lernen.

Am meisten freue ich mich, wenn Vater mich mit in den Wald nimmt. Das tut er immer dann, wenn sonst niemand auf mich aufpassen kann.

Mitunter scheint er dabei sogar zu vergessen, dass ich nur ein Mädchen bin. Vielleicht träumt er an diesen Tagen auch, ich sei ein Junge. Er erklärt mir, welche Baumarten im Wald wachsen, wir sammeln Pilze und suchen die Waldarbeiter auf.

Vater hat in seinem VW-Käfer bei solchen Gelegenheiten immer einen Kasten Bier dabei. Der ist für die Waldarbeiter. Vater trinkt auch immer zwei, drei Flaschen mit.

Die Waldarbeiter sind sehr nett zu mir. Sie geben mir von ihrem Vesper ab und ich darf gespritzten Apfelwein trinken. Die meisten von ihnen schlachten selbst und machen Wurst. Ich lasse es mir bei ihnen im Wald schmecken: Leberwurst, Presssack, Blutschwartenmagen und geräucherter Schinken. Lauter Köstlichkeiten, die es zu Hause nicht für mich gibt.

Mutter darf natürlich nichts davon wissen. Sie hat nichts übrig für den „Landfraß". Daheim gibt es weder Limburger Käse noch Romadur, keine hausgemachte Wurst, kein Arme-Leute-Essen. Im Wald dagegen ist das alles erlaubt.

Die Sonne scheint gleißend zwischen den Baumwipfeln hindurch, es riecht nach frisch geschlagenem Holz und Kiefernnadeln.

Wenn ich die Augen schließe, kann ich diesen Duft auch heute noch deutlich riechen. Den Duft meiner Kindheit.

Mein zweitliebster Ort nach dem Wald ist die Kirche mit dem angrenzenden Friedhof. Mutter hat mich zwar beten gelehrt, aber ansonsten ist meine Erziehung nicht wirklich christlich ausgerichtet. Kirche und Glaube gelten in unserer Familie eigentlich als altmodisch und überholt. Ein alter Zopf aus längst vergangener Zeit. Die Kinder im Dorf dagegen werden gut katholisch erzogen und müssen in den Gottesdienst gehen, ob sie nun wollen oder nicht. Sie können beim besten Willen nicht verstehen, wie da jemand aus freien Stücken hingehen kann.

Ich glaube nun einmal fest an Gott und zeige das anfangs auch offen. Schnell merke ich aber, dass alle anderen sich deshalb über mich lustig machen. So glaube ich eben im Stillen weiter.

Die Kirche ist und bleibt mein Ort des Friedens, mein Zufluchtsort, sie ist es noch heute. Kein Lärm, keine Hektik, keine bösen Worte, keine Schläge. Licht und Frieden.

Stundenlang sitze ich allein in der leeren Kirche und wenn ich Ruhe gefunden habe, gehe ich oft hinaus auf den Friedhof und schaue mir die Gräber und die Kreuze darauf an.

Später, als ich lesen kann, werden sie noch interessanter, denn ich kann den Familien im Dorf nun die Verstorbenen zuordnen.

Was kümmert es mich schon, dass mich alle für mehr als seltsam halten. Ich bin, die ich bin. Ich merke, dass die Schublade, in die man mich steckt, nicht die richtige Größe hat. Ich versuche, mich freizukämpfen.

Für Mutter gibt es keine Lieblingsplätze oder Ruheorte in unserem Dorf. Wenn es ihr schlecht geht, nimmt sie Valium mit Alkohol ein, legt sich ins Bett oder kauert sich in die kleine Nische hinter dem Ölofen im Wohnzimmer und weint. Oder sie geht in den Wald.

Das ist unsere einzige Gemeinsamkeit: Der Wald. Mit dem Unterschied, dass ich den Wald und seine Bewohner liebe, sie aber nur wegläuft, um Vater ein schlechtes Gewissen zu machen, was auch immer klappt.

Mutter hat keinen Orientierungssinn. Wir suchen sie oft stundenlang, wenn sie wieder einmal in den Wald gelaufen ist. Meist finden wir sie dann frierend und heulend auf einem Baumstumpf sitzend. Sie will nur weg, am liebsten in die Stadt.

Wenigstens einmal Urlaub machen, etwas anderes hören und sehen, das ganze Dorfelend vergessen. Es ist einfach nicht ihre Welt. Aber Urlaub ist teuer und das Geld immer knapp.

Vater hat als Revierbeamter die Möglichkeit, günstig in den Bergen eine Forsthütte zu mieten. So fahren wir bis zu meinem fünften Lebensjahr regelmäßig mit dem VW-Käfer, die Koffer auf dem Dachgepäckträger, Richtung Groß-Glockner und verbringen ein bis zwei Wochen auf einer Hütte in den Bergen.

Butter, Käse, Milch, Eier, Wurst und Brot holen wir vom nächsten Bauernhof und wandern viel durch die Berge. Das mag ich sehr.

Der erste Tag ist immer hart.

Vater hat am Abend schlechte Laune, weil er tagsüber lange fahren musste, währenddessen kein Bier bekam, und der Getränkevorrat für die folgende Zeit erst am nächsten Tag angelegt werden kann. So muss er sich mit den kümmerlichen drei Flaschen begnügen, die unter den Fahrersitz passen.

Mutter ist bei der Ankunft jedes Mal aufs Neue entsetzt über den hygienischen Zustand der Hütte. Den ganzen restlichen Abend wird geschrubbt und gewienert, als müssten wir andernfalls einer tödlichen Seuche zum Opfer fallen. Der nächste Tag verläuft dann schon wesentlich entspannter.

Meist findet der Urlaub über Ostern statt und wir haben viel Glück mit dem Wetter: Schnee und Sonnenschein. Ich finde es aufregend und schön. Die Hütte wird im ersten Stock von einem großen Balkon umsäumt. Da werden am Tage die Betten ausgelüftet, die Wäsche zum Trocknen aufgehängt oder man setzt sich einfach dort oben im Windschatten in die Sonne.

Am Abend, wenn es gewittert, und das tut es abends häufig, kann man von dort aus wunderbar die blauen Blitze über die Bergspitzen zucken sehen und das Echo des Donners von allen Seiten rund um die Hütte hören.

Ich liebe die Berggewitter. Je blauer und greller die Blitze, je lauter das Donnergrollen, je vielfältiger das Echo, umso besser. Mir ist immer, als würden Blitz und Donner meine Batterien aufladen und die Gewitterböen alle schweren Gedanken mit fortnehmen.

Auch heute noch hält mich bei Gewitter nichts im Haus. Ich muss nach draußen, muss es schmecken und fühlen. Die Blitze, das Wasser in den Haaren, den Donner in den

Ohren, den Wind unter den Flügeln. Mit den Wolken fliegen. Herzklopfen und Gänsehaut.

Den Urlaub genieße ich jedes Mal sehr, finde es aber auch immer schön, wieder nach Hause zu kommen.

Zuerst eine Runde durch den Garten drehen, danach einmal durchs ganze Dorf laufen, Zwischenstopp in der Kirche, aus dem Dorf hinaus, hinauf auf den Hügel, durch den Wald wieder zurück.

Alles noch an Ort und Stelle. Alles riecht wie immer, fühlt sich an wie gewohnt. Wieder zu Hause. Wunderschön.

Ich lebe gern in unserem Dorf. Hier gibt es sogar eine kleine Schule. Dort besuchen mehrere Jahrgänge gemeinsam eine Klasse, weil es zu wenige Kinder gibt, um jeden Jahrgang separat zu unterrichten.

Bei gutem Wetter findet der Sportunterricht im Freien statt. Im Wald, denn einen Sportplatz gibt es nicht.

Eines Tages im Mai kommt der Lehrer mit der ganzen Klasse zum Forsthaus, denn sie haben beim Sportunterricht im Wald ein Rehkitz gefunden und wissen nicht, was sie nun tun sollen.

Natürlich hat einer der Schüler das Kitz schon angefasst, weil es so goldig ist. Die Ricke wird also bestimmt nicht wiederkommen und sich darum kümmern.

Vater fährt an die beschriebene Stelle und bringt das Kitz mit nach Hause. Es ist ein kleines Böckchen und heißt von nun an Hansi. Hansi wird mit der Babyflasche gefüttert.

Nach der Eingewöhnungswoche darf auch ich Hansi mit der Flasche füttern. Ist das ein Spaß! Hansi wohnt in unserem Garten, der ist groß genug für das kleine Kitz. Aber Hansi wächst schnell. Er tollt immer öfter durch den Garten wie ein Besessener. Nach wenigen Monaten wächst ihm ein Gehörn und er wird immer kampflustiger.

Irgendwann kann ich den Garten nicht mehr allein betreten, ohne dass er versucht, mich mit den Hörnern aufzugabeln.

Im Herbst muss Hansi ins Wildgehege im Wald umsiedeln. Ich gehe oft dort spazieren, um nach ihm zu sehen. Wenn ich ihn rufe, kommt er an den Zaun gerannt und läuft auf der Innenseite des Geheges neben mir her bis ans Ende des Zaunes. Gehe ich weiter, so kann er nicht mehr folgen und fängt an zu klagen.

Der Winter kommt, ein sehr schneereicher Winter. Die Schneelast drückt den Zaun des Wildgeheges nieder. Hansi nutzt die Chance und hüpft in die Freiheit. Der Schnee ist so tief, dass der Rehbock bis an den Bauch darin versinkt. Er ist am Ende seiner Kräfte, als er unseren Garten erreicht. Ich bin überglücklich, das Reh wiederzusehen.

Wenig später wird der Zaun des Wildgeheges repariert und Hansi wieder zurückgebracht.

Mein fünfter Geburtstag findet im Tiefschnee statt. Meine Großeltern können leider nicht kommen, aber sie schicken mir Geschenke.

Von Oma Lina und Opa Hans, Vaters Eltern, bekomme ich Tafelsilber für die Aussteuer geschenkt, so wie jedes Jahr ebenfalls zu Ostern und zu Weihnachten.

Meine andere Großmutter schenkt mir immer Süßigkeiten, Puppen und Kuscheltiere. Sie heißt Gertrud, wird aber von uns immer nur Hamburger Oma genannt, weil sie in Hamburg wohnt. Mein Hamburger Opa ist schon gestorben, als ich noch sehr klein war.

Ich glaube, Mutter schämt sich, der Hamburger Oma zu sagen, dass Kleidung oder Geld ihr lieber wären als Süßigkeiten.

Oma Lina und Opa Hans sehe ich leider nur sehr selten, denn auch sie wohnen weit weg, in der Nähe von Kulmbach. Manchmal besuchen wir sie dort. Ich bin gerne bei ihnen. Opa ist Frührentner und immer zu Scherzen aufgelegt. Ich liebe meinen Opa sehr. Er ist lustig und herzlich, spielt gern Karten und liest mir oft etwas vor.

Oma mag ich eigentlich auch ganz gern. Sie kocht sehr gut und sie bäckt leckere *Küchla*, das ist Schmalzgebäck, mit Puderzucker bestreut. Sie kann gut nähen und wunderschön auf der Zither spielen.

Trotzdem wirkt sie oft ziemlich reserviert und kühl auf mich. Wahrscheinlich liegt es daran, dass bei diesen Besuchen Mutter mit dabei ist. Die beiden kommen überhaupt nicht miteinander aus. Deshalb besucht Vater seine Eltern auch meist alleine.

Manchmal, allerdings sehr selten, kommen sie auch zu uns zu Besuch. Mutter und Großmutter wirken dann immer sehr angespannt.

Großmutter geht, wenn es das Wetter erlaubt, meist mit mir Beeren pflücken. Wir ziehen bewaffnet mit Eimern und Milchkannen los, je nach Jahreszeit in die Heidelbeeren oder in die Brombeeren.

Ich liebe es, mit Oma Beeren zu sammeln. Wir sammeln fleißig und schweigend. Oma Lina ist froh, für ein paar Stunden nicht in Mutters Nähe zu sein.

Beim Abschied wird mir von den Großeltern immer etwas Geld zugesteckt, ob sie nun bei uns zu Besuch sind oder umgekehrt. Mutter nimmt es mir jedes Mal ab und zahlt es auf mein Sparbuch ein. Für später.

Meine Hamburger Oma sehe ich noch viel seltener als die anderen Großeltern.

1967 fährt Mutter das erste Mal mit mir gemeinsam mit dem Zug nach Hamburg. Das ist eine lange, aufregende Reise. Wir übernachten im Schlafwagen und kommen im Morgengrauen in Hamburg an.

Es ist kalt und diesig und überall riecht es nach Braunkohle. Oma wohnt in Harburg, in einem großen Mietshaus mit Toilette auf dem Flur. Das Treppenhaus ist eng und dunkel. Die Wände sind bis auf halbe Höhe gekachelt und die Dielen riechen nach Bohnerwachs.

Oma kauft mir alles, was ich mir wünsche, und noch mehr. Vorzugsweise verbotene Dinge wie Süßigkeiten, aber auch Spielzeug und Luftballons. Ich glaube, am liebsten beschenkt sie mich mit Dingen, von denen sie weiß, dass Mutter sich darüber ärgert.

Im Jahr darauf fahren wir dann mit Vater mit dem Auto nach Hamburg. Vater ist sehr müde und nervös, als wir Hamburg bei Einbruch der Dunkelheit erreichen. Die lange Fahrt hat ihn angestrengt, das Bier fehlt ihm und in der

Großstadt kennt er sich nicht aus. Prompt verfährt er sich dann auch, was den schönsten Streit mit Mutter zur Folge hat.

Wir bleiben nur übers Wochenende. Montag früh gibt mir meine Oma zum Frühstück alles, was das Herz begehrt: Kuchen, gekochte Eier, Milchkaffee, Gewürzgurken, Schokolade, Heringe, Limonade und Bonbons. Ich muss auch kein Brot dazu essen, ganz im Gegensatz zu daheim. Ich genieße es, so verwöhnt zu werden. Die Eltern sind stocksauer.

Spaßbremsen. Spielverderber.

Wir haben schon die Autobahn erreicht, als mir schlecht wird. Kein Parkplatz in Sicht. Da kann man leider nichts mehr machen.

Das Auto wird zu Hause gründlich ausgeschrubbt und mir das Hinterteil versohlt. Der Geruch von Erbrochenem hält sich lange Zeit hartnäckig im Wagen.

Auch die Hamburger Oma kommt ein paar Mal zu uns zu Besuch. Jedes Mal ein Drama. Mutter putzt das Haus wie eine Besessene, obwohl es ohnehin immer blitzsauber ist. Sie kocht und bäckt tagelang. Spätestens zwei Tage vor Großmutters Ankunft bekommt sie starke Migräne und ihre Regelblutung setzt ein, obwohl es gar nicht an der Zeit ist. Wenn Großmutter dann endlich da ist, werde ich mit Bergen von Süßigkeiten und Geschenken von ihr bedacht. Das finde ich gut.

Großmutter ist sehr korpulent und hat immer geschwollene Beine. Daher geht sie kaum vor die Tür. Die Tage sind folglich konfliktreich. Meine Mutter fühlt sich wegen jeder Kleinigkeit von ihrer Mutter kritisiert und ist ständig gekränkt. Die beiden schmollen sich an.

Die Abende verlaufen etwas entspannter, da spielen wir oft gemeinsam „Mensch ärgere dich nicht". Das geht meist solange gut, bis Oma zum zweiten Mal hintereinander im Begriff ist, zu verlieren. Dann fegt sie sämtliche Steine und Würfel vom Brett und bekommt einen Wutanfall. Das finde ich nicht gut.

Ich erinnere mich, dass bei Oma Lina das Beerensammeln immer eine gute Lösung ist, Konflikte zu vermeiden. Dazu hat meine Hamburger Oma aber keine Lust. Immerhin kann ich sie zu einem Spaziergang überreden. Kaum im Wald angekommen, fragt sie mich schon, wie weit es denn noch sei bis wir wieder zu Hause sind. Ich habe nicht die Absicht, so schnell wieder umzukehren, denn daheim ist dicke Luft. Ich vertröste sie von Wegbiegung zu Wegbiegung. Es ist nicht mehr weit. Gleich sind wir da.

Nach drei Stunden kommen wir zurück. Großmutter behauptet, kurz vor dem Herzinfarkt zu stehen und kann die Schuhe kaum ausziehen, so geschwollen sind ihre Füße. Mein Hintern steht diesbezüglich ihren Füßen schon bald in nichts mehr nach. Das finde ich gar nicht gut.

Sommer 1969. Mutter möchte sich von allen Strapazen einmal erholen und einen schönen Urlaub mit mir machen, bevor ich in die Schule komme. Danach wird sich das zeitlich nicht mehr so gut einrichten lassen. Sie hat auch schon eine ganz bestimmte Vorstellung von diesem Urlaub. Dieses Mal soll es kein Urlaub in den Bergen sein. Nein, sie will dorthin, wo die Schönen und Reichen Urlaub machen: Mallorca!

Vater ist entsetzt. Erstens viel zu teuer. Zweitens nicht mit dem VW-Käfer zu erreichen.

„Wie bitte soll das denn gehen? Was? Mit dem Flugzeug??? Nie im Leben!!! Das kommt ja nicht in Frage. In so ein Ding kriegen mich keine zehn Pferde."

Mutter war das vorher schon klar, deshalb muss es ja Mallorca sein. Sie will ohne ihn verreisen. Der Plan geht auf.

Es ist schön in Spanien. Die vielen Windmühlen und die riesigen Felder mit rotem Klatschmohn beeindrucken mich sehr. Gleich am ersten Tag bekomme ich einen schlimmen Sonnenbrand, die Haut geht in Fetzen ab. Man kann ja auch nicht erwarten, dass regelmäßig der Rücken gecremt wird, wenn Mutter sich angeregt mit ihrer neuen Bekanntschaft unterhält. Immerhin sieht er gut aus.

Mutter ist beschäftigt, mir ist langweilig. Der Barkeeper nimmt mich mit zum Einkaufen. Das gefällt mir. Er kauft mir Lutscher und Limonade.

Mutter ist außer sich, als sie mich nirgends finden kann.

Kein Stress, alles gut. Warum kann hier eigentlich jeder machen, was ihm gerade einfällt, nur ich nicht? Das sehe ich nicht ein!

Waffenstillstand, man will ja den Urlaub genießen. Das Essen im Hotel „Cabrera" ist prima, das Wetter ist gut, die Abende sind lang und voller Musik und Tanz. Das gefällt mir.

Ich muss abends gegen zehn ins Bett. Dann, wenn Mutter denkt, jetzt sei ich so müde, dass ich sofort einschlafe und sie habe bestimmt zwei, drei Stunden ihre Ruhe vor mir. Das gefällt mir nicht.

Ich bin zwar erst fünf Jahre alt, aber ich bin nicht blöd. Ich ahne, dass sie etwas tut, was sie nicht sollte, und finde das nicht in Ordnung.

Am nächsten Tag gehen wir nachmittags spazieren. Ich frage nach, wie ihr Abend war. Hätte ich das mal lieber nicht getan.

Mutter mag es nicht, durchschaut zu werden. Schon gar nicht vom eigenen Kind. Schon gar nicht in diesem Alter.

Sie schubst mich vor Wut in die Kakteen, die am Straßenrand stehen.

Die Kakteen sehen bei weitem nicht so furchtbar aus, wie sie schmerzen. Im Gegenteil: Sie sind schön, beeindruckend groß, grün und saftig, mit roten Blüten und hübschen silbrigen Stacheln.

Manche der Stacheln sind sehr dick. Das ist die Sorte, die man problemlos wieder aus dem Fleisch ziehen kann. Andere sehen eher filigran aus. Die eitern erst nach Tagen aus der Haut.

Sicher weiß sie sich nicht mehr anders zu helfen in diesem Moment. Es liegt wohl einfach an mir, daran, dass ich immer alle mit meiner altklugen Art provoziere und mir so die Gewalt und den Zorn der Erwachsenen zuziehe.

Vater gegenüber erwähne ich lieber nichts, wozu auch. Es macht nichts besser. Am wenigsten für mich.

2. Schulzeit

Im September 1970 werde ich eingeschult. Unsere kleine Schule am Ort ist inzwischen geschlossen, ich muss mit dem Bus ins Nachbardorf fahren.

Wie gerne wäre ich in unsere kleine Dorfschule gegangen, aber das ist leider nicht mehr möglich. Trotzdem ziehe ich ganz stolz mit meiner großen Schultüte (die natürlich viel prächtiger ist als die der anderen Kinder) in die Schule.

Endlich ist es soweit. Ich werde lesen, schreiben und rechnen lernen.

Es gibt hier viele Kinder, die ich noch nicht kenne. Ich werde endlich Freunde finden. Die Lehrer werden nett zu mir sein.

Denke ich.

Der erste Tag ist dann auch wirklich schön. Alles ist neu und aufregend. Es gelingt mir sogar, still zu sitzen. Schließlich will ich nichts verpassen.

Lesen, Schreiben und Rechnen klappt bald sehr gut. So gut, dass die Lehrerin behauptet, ich hätte das schon vor Schuleintritt gekonnt, was nun wirklich nicht stimmt. Nur Turnen und Handarbeit mag ich nicht. Bewegung auf Kommando und nach Vorschrift macht keinen Spaß. Handarbeit finde ich langweilig.

Ich teste, ob es Verhandlungsspielraum gibt. Gibt es nicht. Dafür habe ich nun die Klassenlehrerin zum Feind und bekomme schon hie und da beim Sport mal welche hinter die Ohren, wenn ich mich dumm anstelle.

So haben wir aber nicht gewettet. Das sollte hier doch anders laufen als zu Hause. Warum müssen mich die Großen immer schlagen? Sie haben mich einfach auf dem Kieker.

Regelmäßig in der Früh bin ich dran mit Taschentuch, Fingernägel und Hausaufgaben vorzeigen. Taschentuch fleckig? Nägel nicht perfekt sauber? Hausaufgabe vergessen?

Dafür gibt es also das lange Holzlineal. Zehn Schläge auf die Fingerspitzen. Das zieht hin. Kein Spaß.

Zunächst warte ich ab, ob das so weitergeht. Dann beschwere ich mich zu Hause darüber. Keine gute Entscheidung!

Mutter steht gleich am nächsten Tag bei der Lehrerin auf der Matte und macht ihr Dampf. Mit dem Ergebnis, dass ich jetzt erst richtig in der Schule zu leiden habe. An meinen Leistungen gibt es zwar wenig auszusetzen, aber ich bin unangepasst genug, um immer wieder dem Lineal zum Opfer zu fallen oder stundenweise in die Ecke gestellt zu werden.

Die Mitschüler finden das lustig. Sie haben ihren Spaß daran. Ich nicht. Ich spreche nicht wie sie, ich bin nicht gekleidet wie sie, ich denke nicht wie sie.

Ich habe weiterhin keine Freunde. Inzwischen lassen mich zwar manchmal die Kinder aus dem Dorf mitspielen, aber nur, weil es ihnen Spaß macht, sich über mich zu amüsieren.

Zu Hause gibt es kaum Süßigkeiten, angeblich weil das ungesund ist. Die anderen Kinder haben immer welche, was mich wundert, da Mutter ja stets sagt, dass die anderen viel ärmer sind als wir.

Ich versuche, Mutter zu überreden, mir doch einmal Kaugummis zu kaufen. Leider kann ich sie nicht überzeugen.

Die anderen haben oft Kaugummis, geben mir aber meist nichts davon ab. Auch heute wieder einmal nicht.

Ich bin sauer. Sollen sie doch allein weiterspielen und ihre Kaugummis behalten. Ich geh heim.

Manchmal ist man besser allein.

Unterwegs komme ich dann ganz überraschend doch noch an einen Kaugummi: Ich sehe den hellen Fleck schon von weitem – auf der Straße, breitgefahren ... egal! Das ist meiner! Rasch abgekratzt und in den Mund gesteckt. Schmeckt sogar noch nach Pfefferminz.

Ich bin zufrieden. Endlich ein Kaugummi. Nur zu dumm, dass ich vor lauter Begeisterung vergesse, ihn auszuspucken, bevor ich zu Hause ankomme. Mutters erste Frage gilt also der Herkunft dieser Leckerei.

Ich antworte wohl etwas zu zögerlich, als ich behaupte, ich hätte ihn von einer Freundin geschenkt bekommen.

Klingt ja auch unglaubwürdig, denn jeder weiß, dass ich keine Freunde habe, auch Mutter weiß es.

Also versuche ich es mit der Wahrheit und gebe zu, ihn von der Straße abgekratzt zu haben.

„Du meine Güte!!! Sofort ausspucken und mit ins Bad kommen!“

Was soll ich denn im Bad? Ich habe den Kaugummi doch im Mund und nicht am Körper kleben.

Mutter ist sehr reinlich und gesundheitsbewusst. Zuerst wird mit der Zahnbürste tief und gründlich über die Seife gebürstet, dann der Mund gewissenhaft ausgeschrubbt.

Brrrrrrrrrrr, wie widerlich. Es hebt mich. Mit Wasser nachspülen, geschafft! Nein? Was denn noch?

Das Ganze von vorn. Diesmal mit ATA. Noch bin ich auf den Beinen, wenn auch schon ziemlich wacklig. Welch eine Tortur!

Und jetzt den Mund auf und nochmal nachspülen.

Ich sehe nicht, was im Becher ist, aber ich rieche es: Sagrotan!

Ich spüle aus, schlage mit dem Kopf auf den Rand des Waschbeckens, übergebe mich, verliere den Halt, meine Füße rutschen weg, ich falle, schlage mit dem Kopf gegen etwas Hartes, um mich herum wird es schwarz.

Mutter hat Recht, Kaugummis sind eklig und ungesund. Aber erst hinterher. Das ist das allerletzte Mal, dass ich die Wahrheit sage, ohne vorher ganz genau über die möglichen Risiken und Nebenwirkungen nachgedacht zu haben.

Ich bin häufig krank. Die üblichen Kinderkrankheiten, aber auch des Öfteren Grippe oder Magendarmverstimmung. Es ist immer sehr heftig, meistens mit hohem Fieber und Halluzinationen.

Das kommt bestimmt von dem Kaugummi, Mutter hatte es ja prophezeit.

Der Arzt aus dem Nachbardorf wird immer erst dann geholt, wenn ich mich nicht mehr allein auf den Beinen halten kann.

Mutter belästigt den Arzt nicht gerne wegen einer Bagatelle und Kinderkrankheiten sind für sie Bagatellen, die kommen und gehen. Manche Kinder sind eben kränklich. Kein Grund zu übertriebener Sorge.

Für mich war das ganz normal. Ich habe mich immer geschämt, meinen Eltern solche Umstände zu machen. Seit ich selbst Kinder habe, verstehe ich nicht mehr, was damals geschah.

Als ich aus dem Gröbsten bin, geht Mutter wieder ganztags arbeiten. Schließlich muss Geld verdient werden. Kinder kosten Unsummen und Vater möchte ein neues Auto. Keinen Käfer mehr, es soll etwas Größeres sein, darauf muss gespart werden.

Abends kommt Mutter mit Einkaufstüten beladen aus der Stadt zurück. Fast jeden Tag. Es gibt immer etwas einzukaufen. Es fehlt immer an Geld.

Dass sie an Kaufsucht leidet, wird mir erst mit etwa 15 Jahren klar, obwohl mir die Sache schon lange spanisch vorgekommen ist.

An einem Samstagmorgen treffen wir im Supermarkt auf eine Arbeitskollegin meiner Mutter.

Sie begrüßt Mutter und fragt: „Was hast du denn vor?“

„Na, einkaufen. Was denn sonst?“

„Aber du hast ja lauter leere Kartons im Einkaufswagen.“

Hm. Ich hatte das auch nicht bemerkt. Bin so nebenhergelaufen und habe dabei den Inhalt der Regale betrachtet, ohne darauf zu achten, was Mutter in den Wagen packt. So von der Kollegin angesprochen, läuft sie rot an und meint, die Kartons brauche sie zu Hause zur Lagerung der nicht mehr benötigten Kinderkleidung. Wenigstens eine plausible Ausrede.

Als die Kollegin außer Sichtweite ist, lädt Mutter die Kartons wieder aus, packt einige Kleinigkeiten in den Wagen und wir gehen zur Kasse.

Es ist Monatsende. Ebbe im Portemonnaie. Zu Hause dann Valium mit Cognac, sie tut mir leid.

Vater verbringt an Wochentagen seine Zeit teils im Wald, teils am Schreibtisch im Arbeitszimmer. Im Schreibtisch, in der rechten Tür, steht neben Akten immer eine Bierflasche. Morgens schon. Er ist selten richtig betrunken, aber der Pegel stimmt den ganzen Tag.

Auch das verstehe ich erst Jahre später. Als Kind fällt mir an diesem Verhalten nichts Besonderes auf, ich finde es ganz normal.

Mutter lädt abends den ganzen Ärger zu Hause ab, den sie aus der Arbeit mitbringt. Sie regt sich über dumme, unfähige Kolleginnen auf, die dem Chef nur die Zeit stehlen, indem sie während der Arbeitszeit privat telefonieren, Illustrierten lesen oder sich die Fingernägel lackieren, wohingegen Mutter hart arbeitet und alles allein machen muss. Und so weiter und so fort.

Vater versucht, ihr aufmerksam zuzuhören, wobei ihn schon der Anblick der vielen Einkaufstüten stört (schon wieder alles ausgegeben?).

Ich werde pro forma nach meinen Erlebnissen in der Schule gefragt, habe aber nie den Eindruck, dass irgendjemand ernstlich an meiner Antwort interessiert ist, denn nach der Frage geht es mit Mutters Themen ohne Punkt und Komma weiter.

Irgendwann, wenn sie gar kein Ende findet, wird Vater auch schon mal laut. Je nach Mutters Verfassung gibt es zwei Varianten für den Rest des Abends:

Entweder hysterischer Anfall inklusive Drohung, sich mit dem Duschschlauch zu erdrosseln, weil das alles nicht mehr zu ertragen sei, danach zwei Valium und heulend ins Bett.

Oder zuerst Fernsehprogramm mit Piccolo und Remy Martin, und hinterher Valium beim Schlafengehen.

Ich muss immer nach dem Sandmännchen nach oben in mein Bett. Um kurz nach sieben.

Wenn die Eltern den Abend vor dem Fernseher verbringen (Variante Zwei), schleiche ich mich oft heimlich wieder aus dem Bett. Das erfordert äußerste Vorsicht, denn die Dielen knarzen ganz furchtbar, wenn man unachtsam auftritt. Ist der Flur erst lautlos überwunden, rutsche ich Treppenstufe für Treppenstufe vorsichtig bis auf die siebte Stufe hinunter. Von dort aus habe ich durch die angelehnte Wohnzimmertür freien Blick auf den Fernseher.

Muss plötzlich einer von beiden zur Toilette gehen, ist es schon recht brenzlig, den Rückzug unbemerkt und geräuschlos hinzubekommen, klappt aber immer.

Ist Variante Eins an der Reihe, so ziehe ich mir sofort nach dem zu Bett gehen ganz schnell die Bettdecke über den Kopf, fange leise an, zu singen und hoffe, dass es bald vorbei ist.

Nach solchen Attacken kommt Mutter dann oft noch mitten in der Nacht weinend, eiskalt und zitternd zu mir ins Bett gekrochen. Sie denkt, ich schlafe fest und merke nichts davon. Sie drückt und streichelt mich, beteuert, wie leid es ihr tut, schwört, dass so etwas nie mehr vorkommen soll und sagt mir, wie sehr sie mich liebt, und dass ich doch ihr gutes Mädchen, ihr ein und alles bin.

Ich bin verwirrt. Sie tut mir leid. Ich stelle mich schlafend, erst wenn sie weg ist, weine ich. Kann sie mich nicht ganz einfach so liebhaben, wie andere Mütter ihre Kinder liebhaben? Nein, sie kann es nicht.

Ich kann nun lesen, schreiben und rechnen, kenne die Uhrzeit und wenn man mich sucht, bin ich nach wie vor meist draußen zu finden. Ich bin viel im Dorf unterwegs. Die Erwachsenen sind nett zu mir, teils wohl, weil ich ihnen als Außenseiter irgendwie leidtue, teils, weil sie hoffen, auf diese Weise das Neueste aus dem Forsthaus zu erfahren. Das klappt auch ganz gut.

Ich bin vertrauensselig, erzähle gern und denke mir nichts Böses dabei.

Die politischen Ansichten der Eltern, ihre Meinung über so manche Geschehnisse im Dorf, ihre heftigen Auseinandersetzungen, nichts ist tabu, alles wird ausgeplaudert.

Die Eltern finden das gar nicht gut. Wie steht man denn jetzt vor den Leuten da? Das hat Konsequenzen.

Sie bemühen sich nun, alles vor mir geheim zu halten, was man im Dorf nicht wissen soll. Sie schicken mich aus dem Zimmer oder verschlüsseln ihren Text. Jetzt bin ich komplett außen vor.

Ich brauche nie lange, um hinter die aktuelle Geheimsprache zu kommen. Aber ich plaudere nichts mehr aus, ich habe mich unbeliebt genug gemacht.

Dabei ziehe ich nicht einmal immer aus freien Stücken los, sondern werde oft gerade von Mutter zu den Familien der Waldarbeiter geschickt, um Wurstsuppe und hausgemachte Wurst zu holen.

Sie mag diese Dinge zwar nicht, aber man kann das ja nicht einfach ausschlagen, das wäre unhöflich. Und sie selbst will ganz sicher nicht dorthin gehen, wo es nach Schwein, Fleisch und Fett stinkt. Wo es schmutzig und primitiv ist.

So komme ich nach wie vor häufig ins Dorf. In manchen Familien bin ich fast zu Hause.

Da gibt es welche, die haben einen großen Garten, Kaninchen und ein Pferd. So oft ich nur kann, besuche ich das Pferd und bringe ihm Zucker und Karotten mit.

Am anderen Ende des Dorfes gibt es eine Wassermühle. Dort kann man in dem schmalen Wasserkanal, der zum Mühlrad führt, bis vor das Küchenfenster laufen, das sich im ersten Stock befindet.

Die Müllerin erschreckt sich fast zu Tode, als sie mich das erste Mal vom Fenster aus dort durch das Wasser waten sieht.

„Um Himmels Willen, Kind! Das ist doch gefährlich! Wenn du ausrutschst und hinunter fällst, wirst du dir den Hals brechen!!!"

Sie gewöhnt sich aber schnell an meine Besuche und bietet mir seither immer etwas zu essen und Süßigkeiten an. Auch in der Mühle gibt es ein Pferd – ein Grund, so oft wie möglich dort vorbei zu schauen. Es hat etwas Beruhigendes, im warmen Stall neben dem Pferd im Stroh zu sitzen, seinen Geruch einzusaugen und zu beobachten, wie es genüsslich Heu und Hafer frisst.

Die Müllersleute haben drei Söhne. Der Mittlere besucht das Gymnasium und spielt wunderschön Klavier. Man kann es im Wasserkanal vor dem Küchenfenster gut hören. Ich bin oft dort und lausche den Klängen. Musik ist Balsam für meine Seele.

Nach der vierten Klasse wechsele ich von der Grundschule auf das humanistische Gymnasium in der Stadt. Der Weg ist weit. Morgens 45 Minuten Busfahrt hin, mittags zurück.

Im Winter komme ich oft zu spät zur ersten Stunde, weil im Spessart Schnee liegt und der Bus Verspätung hat. Manchmal fällt er ganz aus. Dann muss ich alles nachholen.

Mittags muss ich die sechste Stunde immer 15 Minuten eher verlassen, sonst erreiche ich den Bus nicht mehr und der nächste Bus fährt erst am Abend.

Ich beneide die Mitschüler, die in der Stadt wohnen und morgens zu Fuß oder mit dem Fahrrad zur Schule kommen.

Meine liebsten Fächer sind Latein, Mathematik und Musik. In Latein haben wir einen sehr strengen Lehrer, so einen richtig scharfen Hund. Ich mag ihn. Gute Leistungen werden honoriert, bei schlechten folgt die Strafe auf dem Fuße. Bei ihm weiß man immer, woran man ist. Nur manchmal muss ich ein bisschen tricksen. Je besser meine Leistungen sind, umso seltener werde ich im Unterricht aufgerufen. Da kann ich mich melden, so oft ich will. Zwecklos. Also tue ich so, als sei ich unaufmerksam. Ich sehe zum Fenster hinaus, wo die Eichhörnchen in den großen Eichen herumturnen. Ich melde mich nicht mehr.

Jetzt komme ich wieder öfter dran. Ob er sich wundert, dass ich immer die richtige Antwort parat habe? Er lässt sich jedenfalls nichts anmerken.

Auch hier finde ich keine Freunde, trotzdem ist das Leben in der neuen Umgebung wesentlich angenehmer. Ich bin nicht mehr die einzige, die Hochdeutsch spricht. Es gibt noch mehr gute Schüler, mit denen ich mich manchmal austauschen kann. Nur dass ich durch meine eigenartige, auffällige Kleidung so hervorsteche, stört mich massiv. Aber ich kann nichts dagegen tun. Mutter ist in dieser Hinsicht Chef. Ich muss tragen, was ihr gefällt. Die anderen kommen in Jeans und T-Shirt. Ich trage Stoffhosen mit Bügelfalte, enge Strickpullover, Hosenanzüge, Röcke und Kniestrümpfe mit Blumen oder Schmetterlingen darauf. Grausam, aber nicht zu ändern. Ich bleibe weiterhin die Außenseiterin, Klugscheißerin, unangepasst …

Für die Fächer, die mich nicht interessieren, lerne ich nicht. In den Fächern, die ich ganz passabel finde, minimiere ich den Aufwand so weit wie möglich, meine ganze Energie stecke ich in meine Lieblingsfächer.

Unsere Klasse studiert für die Weihnachtsfeier das Krippenspiel ein. Die Proben machen sehr viel Freude. Ich habe die Rolle der Maria und fühlte mich in der Theatergruppe richtig wohl.

Nach wie vor bin ich etwas kränklich, habe immer mit entzündeten Mandeln zu kämpfen. Der Arzt meint, die Mandeln müssen raus. In der Uniklinik. Gar nicht so einfach, da einen Termin zu bekommen. Im Oktober wird dann der Termin der Voruntersuchung festgesetzt. Er findet am Tag der Weihnachtsfeier statt. Wie schade.

Silvester 1975 verbringe ich in der Uniklinik, zwei Tage zuvor wurden die Mandeln entfernt. Unangenehm, aber ich darf Unmengen Milcheis essen. Auch nicht schlecht.

Das Würzburger Silvesterfeuerwerk ist von der Klinik aus gut zu sehen, trotzdem hätte ich diesen Tag, beziehungsweise diese Nacht, viel lieber zu Hause verbracht.

Ich stelle mir vor, wie man zu Hause bei Fondue, später dann bei Feuerzangenbowle sitzt und um Mitternacht Blei gießt. Ohne mich.

In dieser Nacht kann ich nicht schlafen und bekomme zufällig mit, wie eine junge Frau eingeliefert wird. Sie hat einen Feuerwerkskörper abbekommen. Sie sieht grauenvoll aus, das halbe Gesicht ist weggerissen. Man operiert und verbindet sie. Am nächsten Morgen besuche ich sie in ihrem Zimmer. Sie weiß noch nicht genau, was mit ihr passiert ist. Man wartet wohl noch auf den Psychologen und hat vorsichtshalber alle Spiegel aus ihrer Nähe entfernt. Ich plaudere mit ihr und sage ihr, dass sicher bald alles wieder gut wird. Über meinen Besuch freut sie sich sehr, auch wenn wir uns nicht kennen. Ich wäre gern noch länger bei ihr geblieben, aber ich muss gehen, bevor mir die Tränen kommen. Sie tut mir unendlich leid.

Am 12. Januar 1976 geht es wieder in die Schule. Ich habe die Probezeit der fünften Klasse bestanden und fühle mich recht wohl in der neuen Schule.

Mit den Kindern im Dorf habe ich schon deshalb kaum mehr Kontakt, weil unsere Schulzeiten so unterschiedlich sind. Mit den neuen Schulkameraden habe ich wenig Kontakt, weil ich Fahrschülerin bin und die anderen am Nachmittag nicht sehen kann.

Meine Leistungen in der Schule sind gut bis sehr gut, je nach Interesse am jeweiligen Fach, aber die Lehrer sind sich alle einig, dass bei entsprechendem Einsatz meinerseits noch sehr viel Luft nach oben sei.

Na, das ist ja genau die Steilvorlage, die ich den Eltern eigentlich nicht liefern wollte.

Die Eltern setzen den Zeugnistarif fest: Für eine Eins gibt es fünf Mark, für eine Zwei gibt es zwei Mark, für eine Drei gibt es nichts, jede Vier kostet mich eine Mark. Zwei Vieren im Zeugnis, und ich bekomme kein Taschengeld mehr, muss täglich in den entsprechenden Fächern jeweils drei Stunden lernen, alle sonstigen Vergünstigungen werden mit sofortiger Wirkung gestrichen. Der Spruch meines Lebens, den ich immer und immer wieder bis zum Erbrechen hören muss, von dem mir heute noch übel wird:

„Nimm dir ein Beispiel an deiner Schwester!“

Ich bin ICH. Ich bin nicht meine Schwester. Ich will auch niemand anders sein. Ich bin ICH!

Das Zeugnis der fünften Klasse ist gar nicht mal so übel. So habe ich noch halbwegs meinen Frieden und darf auch in den großen Sommerferien mit in den Urlaub fahren.

Dieses Mal geht es nach Jugoslawien. Mit dem Auto natürlich. Ohne Buchung, nur so auf den blauen Dunst.

Das kenne ich gar nicht von den Eltern, aber es riecht gut nach Abenteuer. Inzwischen haben wir einen Opel Rekord, keinen VW-Käfer mehr. Mir tut das leid, ich liebte den Käfer.

Ich konnte mich noch nie gut von etwas trennen, was ich wirklich ins Herz geschlossen habe. Mit meinen Schuhen ist es genauso. Es fällt mir schwer, ein passendes Paar zu finden, das mir gefällt. Habe ich aber erst einmal das richtige Paar gefunden, dann trage ich es, bis es von alleine auseinanderfällt.

Wir laden also die Koffer in den neuen Opel und fahren den ganzen Tag in Richtung Jugoslawien.

Bei Einbruch der Dunkelheit finden wir eine Art Herberge. Mutter meint, es sei eine Klitsche. Vater ist das völlig egal. Er will einfach nur duschen und etwas trinken.

Es gibt Gemeinschaftsduschen, eine Art Duschsaal.

Bei uns daheim geht es in Schlaf- und Badezimmer immer sehr geheimnisvoll zu, so denke ich, dies sei vielleicht die Gelegenheit, einmal einen Blick durch das Schlüsselloch zu erheischen. Brüder habe ich ja nicht, aber neugierig bin ich.

Vater ahnt wohl schon etwas. Er schließt die Tür zur Dusche gewissenhaft ab, traut aber dem Frieden dann doch nicht und vergewissert sich vorsichtshalber noch einmal, ob da auch niemand spioniert.

Kurz und gut: Ich beziehe eine ordentliche Tracht Prügel, noch bevor wir am eigentlichen Urlaubsort angekommen sind.

Mutter ist mein verquollenes und aufgeplatztes Gesicht peinlich, sie schwört, sich scheiden zu lassen. Mit der Zeit gehen die Schwellungen zurück, die Lage beruhigt sich.

Wir finden ein Quartier in Pula. Mir gefällt es, auch wenn Mutter immer wieder mangelnde Sauberkeit beanstandet.

Ich freunde mich mit der Tochter des Hauses an. Sie heißt Biserka, ist 19 Jahre alt, sehr intelligent und sehr hübsch. Wir wollen gemeinsam im nahegelegenen See schwimmen gehen und verabreden uns für Mittwoch.

Am Dienstag bekomme ich Fieber. Hohes Fieber. Mutter ist sich sicher, ich habe verseuchtes Speiseeis gegessen. Wie kann man auch im Ausland Eis essen? Unverständlich. Mutter war gleich dagegen. Das geht schon wieder vorbei.

Nein, es geht nicht vorbei. Ich bekomme Atemnot und werde bewusstlos. Man bringt mich mit dem Taxi ins Kreiskrankenhaus. Furchtbar teuer!

Ich habe Scharlach und komme in Quarantäne, niemand darf mich besuchen. Hauptgewinn! Eine Woche Isolierstation, eine Woche ohne Tageslicht, ohne Sonne. Jeden Tag eine Penizillinspritze in den Oberschenkel.

Das Brennen fühle ich heute noch, wenn ich daran denke. Als ich endlich entlassen werden soll, frage ich mich, ob man mich denn wirklich abholen und wieder mit nach Deutschland nehmen wird. Ich würde mich nicht wundern, wenn nicht. Nach all den Umständen, die ich unfreiwillig immer wieder verursache.

Sie nehmen mich mit. Wir verlassen Jugoslawien vorzeitig und verbringen den Rest des Urlaubs in Österreich. Ich erhole mich allmählich vom überstandenen Scharlach, wir freunden uns mit einer Familie an, die im gleichen Bauernhof ihre Ferien verbringt. Sie kommen aus Nördlingen.

Die Erwachsenen verstehen sich sofort, und auch wir Mädchen, beide zwölf Jahre alt, spielen gern zusammen. Wir machen Spaziergänge, sammeln Pflanzen und Gräser, pressen sie in Büchern und basteln Bilder aus den Trockenpflanzen. Wir füttern gemeinsam das Federvieh auf dem Hühnerhof. Dann geht es wieder heimwärts, das Ende der Sommerferien naht.

In der sechsten Klasse will plötzlich jemand Freundschaft mit mir schließen. Ein Mädchen, das zwei Jahre älter ist als ich.

Ich bin erstaunt, ja misstrauisch, und frage mich, was ich wohl habe, das sie braucht, denn dass sie nicht um meiner selbst willen Kontakt sucht, ist mir schmerzhaft bewusst.

Es ist ganz einfach. Wir sind komplementär: Sie ist in der Klasse sehr beliebt und hat schlechte Zensuren, bei mir ist genau das Gegenteil der Fall. Sie misst einen Meter neunundvierzig und hat sehr weibliche Formen. Ich bin einen Meter achtzig groß und schlaksig. Sie ist witzig, ich sarkastisch. Bald nennt man uns Pat und Patachon.

Aus der Zweckgemeinschaft wird mit der Zeit eine richtige Freundschaft. Die erste meines Lebens. Es ist genial. Wir unternehmen viel zusammen. Einzig, dass ich jottwede wohne, verkompliziert so Manches. Ich kann nicht so oft am Wochenende einfach mal weg. Trotzdem sehen wir uns regelmäßig.

Wir sind ein unschlagbares Team. Macht sich jemand über eine von uns lustig, so bekommt er es mit der Anderen zu tun.

Sie fertigt gewissenhaft die Hausaufgaben an, oft mit Hilfe anderer. Ich habe keine Lust dazu, der Wald ist mir lieber. Morgens schreibe ich dann schnell bei ihr ab.

Dafür bereite ich mich ordentlich auf die Schulaufgaben vor und entwickele Strategien, wie sie unbemerkt abschreiben kann.

Ich bin häufig bei ihr daheim zu Gast. Auch ihre Eltern und ihre Schwester mögen mich, was auf Gegenseitigkeit beruht.

Manchmal denke ich, ich sei im falschen Film, aber ich genieße es. Ich hatte schon lange die Hoffnung aufgegeben, dass mich irgendwer so nimmt und mag wie ich bin. Und jetzt das. Ein großartiges Gefühl. Wir sind befreundet, solange wir die gleiche Schule besuchen und haben Jahre später noch Kontakt.

In der siebten Klasse spüre ich, dass mir die Schule zunehmend Unbehagen verursacht.

Warum nur? Ich habe wohl zu viele andere Probleme. Ich stehe mir so oft selbst im Wege, und ich verstehe nicht, warum ich die kompliziertesten Dinge oft mit Links hinbekomme, während ich an den einfachsten Dingen scheitere. Da ist auch niemand, mit dem ich darüber reden könnte. Es gibt niemanden, der mir helfen kann.

Lehrer und Eltern kommen zu demselben Urteil: hochintelligent, aber stinkfaul.

Ich empfinde das ganz anders. Was in der Schule alles auf mich einstürmt, verwirrt mich und strengt mich an.

Ich habe davon gehört, dass später im Abitur jede Kleinigkeit drankommen kann. Alles, was seit der fünften Klasse behandelt wurde. Das macht mir Angst. Wie soll man das denn schaffen?

Ich weiß, dass die Eltern ein hervorragendes Abitur von mir erwarten. Auch das macht mir Angst.

Ich fühle mich mit meinem Kopf und meiner Seele ganz allein gelassen.

Wald und Kirche werden mir wichtiger denn je. Dort komme ich zur Ruhe.

Da ist noch etwas anderes, was mich zusehends umtreibt. Inzwischen bin ich 13 Jahre alt und ich bemerke nach und nach, welche Wirkung ich auf Männer habe. Ich nehme es nicht wirklich ernst, noch nicht. Noch ist es mehr ein Spiel, aber es beschäftigt mich.

Im Forstamt wird ein neuer Referendar eingestellt. 25 Jahre alt, gutaussehend, mit brennendem Blick. Ich frage mich, ob er wohl einen Sehfehler hat, weil er mich nicht mehr aus dem Auge lässt.

Ich beschließe, er sei recht dreist. Trotzdem (oder gerade deshalb?) beschäftigt er mich. Es ist nicht mehr möglich, um ihn herum zu denken. Ständig ist er präsent. Vater erzählt von ihm, weil er dienstlich mit ihm zu tun hat.

Mutter scheint heimlich für ihn zu schwärmen, seit er mit Vater einmal bei uns zu Hause war.

Irgendwann wird er regelmäßig zum Essen zu uns eingeladen.

Vater ist jetzt eifersüchtig, Mutter verschossen und ich bin verwirrt. Ich bin verliebt.

Er merkt es und flirtet mit mir. Allerdings nicht nur mit mir. Ganz nebenbei bemüht er sich auch noch um andere, bei denen er sich echte Chancen ausrechnet.

Mir bleibt das nicht verborgen, wenn man auch sagt, Liebe mache blind. Ich bin verletzt, enttäuscht, sauer, außer mir. Es tut weh. Es ist grauenhaft.

Eines Nachmittags wird er wieder einmal zum Kaffee erwartet. Er verspätet sich, wie immer: 15 Minuten, 30, 45, 60 Minuten, zwei Stunden …

Ich bin dann mal weg. Wutschnaubend nach draußen. Gegenüber vom Forsthaus auf die Wiese, wo die Obstbäume stehen. Dort weiden die Schafe, bei ihnen steht mit seinen Hunden der alte Schäfer, der immer so interessante Geschichten erzählt.

Schon von klein an liebe ich die Schafe. Vom Forsthaus aus kann ich zusehen, wie sie das Gras der benachbarten Streuobstwiese fressen. Wie sie sich auf die Hinterbeine stellen, um an das Laub der Apfelbäume zu kommen. Ziemlich geschickt, sehr possierlich. Ich mag diese Tiere, sie strahlen Ruhe und Geduld aus. Geduld, das ist etwas, was ich nur dem Namen nach kenne, obwohl oder vielleicht gerade weil es viel zu erdulden gibt. Ruhe ist genau das, was mir oft fehlt. Leider. Der alte Schäfer scheint beides zu sein. Ruhig und geduldig, zumindest mir gegenüber. Er erzählt mir bereitwillig Geschichten aus alten Zeiten. Er warnt mich vor seinen Hunden, weil sie Arbeits- und keine Schoßhunde sind und bittet mich, Abstand von ihnen zu halten, damit ich nicht gebissen werde.

Ich liebe seine Geschichten, ich halte weder Abstand noch habe ich Angst. Ihm imponiert meine unerschrockene Art. Leider verstirbt er, bevor wir uns richtig kennenlernen können. Wir hätten uns gewiss sehr gut verstanden.

Ich laufe über die Wiese, auf den alten Kirschbaum und den Schäfer mit seinen Hunden zu, und halte inne. Das ist nicht der Alte, den ich kenne. Die Hunde kenne ich. Aber wer ist der Mann?

Egal, ich werde ihn jetzt kennenlernen. Vielleicht kennt auch er Geschichten und kann erzählen wie der Alte.

Na los, ein bisschen Mut, er wird schon nicht beißen. Ich sage guten Tag. Er auch. Dann Schweigen. Er fragt sich sicher, was ich bei ihm will.

Ich sage ihm, dass ich den Alten suche. Der Alte ist sein Vater. Ach so, na dann. Schon alles etwas lockerer. Die Frage aber bleibt: Worüber reden wir denn jetzt? Ich hatte eine bestimmte Erwartung: Der Alte sollte mich ablenken, trösten, erheitern ... Der Junge kann das wohl nicht. Sicher nicht. Seine Anwesenheit verwirrt mich, macht mich verlegen. Was ist das für ein seltsames Gefühl, das sich da so warm in mir ausbreitet? Ich beschließe, dass ich nicht alles verstehen muss und versuche, einen würdevollen Abgang hinzulegen. Nächstes Mal habe ich sicher mehr Glück und der Alte ist wieder da.

Sommer 1978. Wieder einmal Urlaubszeit. Dieses Mal wird es ein Urlaub der ganz besonderen Art. Die Eltern haben durch den Beruf des Vaters einige amerikanische Bekannte, die während der Besatzungszeit in unserer Nähe stationiert waren und mit Vater auf die Jagd gingen. Die meisten von ihnen sind inzwischen nach USA zurückgekehrt und jetzt sind wir eingeladen. Nach Florida, für vier Wochen! Ich freue mich auf diesen Urlaub. Wie aufregend!

Dass Vater nicht mitkommen würde, war klar.

Dass Mutter nur hinfliegen will, weil sie hofft, das Flugzeug würde unterwegs abstürzen, ist mir nicht klar, sonst würde ich mich weigern, mit ihr zu kommen. Ganz gut, dass man nicht immer alles vorher weiß.

Wir starten von Frankfurt am Main. Mutter ist blass. Sie schließt kurz nach dem Start die Augen, nimmt keinerlei Kontakt zu Mitreisenden auf, was sie sonst eigentlich immer tut. Erstaunlich. So etwas habe ich noch nie erlebt.

Ich lese in einem Buch. Ich registriere, dass sich Mutters Lippen stumm bewegen. Ich versuche, zu erraten, was das zu bedeuten hat. Ich komme nicht dahinter.

Ich streichele ihren Arm, sie weint leise. Ich fragte sie, was sie quält, sie weint noch mehr. Ich möchte wissen, was dies alles zu bedeuten habe.

Sie sagt, sie wünsche sich nichts sehnlicher, als dass dieses Flugzeug möglichst schnell abstürze, damit ihr Leben ein Ende habe, denn sie sei es leid und könne nicht mehr.

Ich bin entsetzt und traurig. Ich würde sie gern trösten, am besten umstimmen. Aber wie? Ratlos.

Plötzlich, nachdem ich schon einige Zeit über Mutters trauriges Leben nachgedacht habe, kommt mir ein ganz anderer Gedanke. Was ist denn eigentlich mit mir? Warum sollte ich denn abstürzen? Ich lebe doch gerne! Ich bin fassungslos.

Seit ich Kinder habe, noch mehr als damals. Ich verstehe es nicht. Mutter muss mich gehasst haben. Welchen Grund könnte es denn sonst geben?

Wir landen am Abend um 19 Uhr Ortszeit unbeschadet in New York. Der Anschlussflug fällt aus. Wir müssen im Hotel übernachten und können erst am nächsten Tag weiterfliegen nach Florida. Mutter ist fix und fertig. Keine Peilung mehr. Sie weiß nicht, wohin wir müssen und was weiter passieren wird. Sie weiß nur, dass etwas Entscheidendes ganz furchtbar schief gegangen ist: Sie lebt noch.

Ich schiebe sie vor mir her ins Hotel, stelle den Wecker für den nächsten Tag, informiere mich, wann und wo der Flieger am nächsten Morgen starten wird und bringe Mutter ins Bett. Ich bin 14. Mir ist übel.

Am nächsten Tag starten wir planmäßig vom John F. Kennedy Airport nach Sarasota. Die Taxifahrt zum Flughafen ist abenteuerlich. Ich merke, dass der Fahrer Umwege nimmt, stellte ihn deshalb zu Rede und kann nur mit der Drohung, die Polizei zu rufen, einen reellen Fahrpreis herausholen. Mutter sitzt daneben wie ein Zombie.

Ich wundere mich, woher ich den Mut nehme. Ich wusste gar nicht, dass ich so etwas kann. Es ist eben nötig.

In Sarasota habe ich beim Verlassen der Maschine den Eindruck, mir drücke jemand ein nasses, feuchtes Tuch ins Gesicht. Echt tropisch. Es dauert mindestens eine Woche, bis ich halbwegs akklimatisiert bin. Mit der Sprache habe ich anfangs noch zu kämpfen. Ich lerne zwar Englisch in der Schule und bin darin gut, aber Theorie und Praxis sind dann doch sehr verschieden. Eigentlich bin ich gar nicht schüchtern, aber die ersten drei Tage traue ich mich fast nicht, den Mund aufzumachen. Vor lauter Angst, es könnte verkehrt sein, was ich sage. Dann beginne ich, mich mit Händen und Füßen verständlich zu machen. Das geht sogar recht gut. Nach zwei Wochen habe ich sprachlich keine Probleme mehr. Nein, ich träume jetzt sogar auf Englisch. Läuft.

Mutter wird allmählich ruhiger. Der Umgang mit den alten Bekannten aus früheren Tagen tut ihr offenbar gut. Man erinnert sich gemeinsam an alte Geschichten, Mutter entspannt sich.

Ich verbringe die meiste Zeit in der Sonne, seitdem ich mich an die Hitze gewöhnt habe. Gegen Ende des Urlaubs bin ich gut erholt und braungebrannt und würde so gerne noch länger bleiben, aber das ist leider nicht möglich.

Je näher der Tag der Abreise kommt, umso nervöser wird Mutter. Sie will ganz sicher nicht zurück.

Ich merke, wie Mutter sich verkrampft. Hoffentlich geht auf der langen Heimreise alles gut.

Mutter sitzt im Flieger und betet wieder um den Absturz. Ich sitze daneben und bitte Gott, ihr zu verzeihen. Wir landen gut in Frankfurt. Vater scheint sich zu freuen. Ich bin mir trotzdem sicher, dass er die Zeit ohne uns genossen hat.

Das Ende der Sommerferien ist schon in Sicht. Die letzten noch verbleibenden Ferientage nutze ich, um in der Flur umher zu wandern und nach den Schafen zu sehen.

Da ist schon wieder dieser Sohn des Alten. Eigentlich ganz nett. Sieht gut aus. Hat eine ruhige Art. Wie alt er wohl ist? Sicher viel älter als ich. Aber das kann man ja mit der Zeit alles herausfinden. Irgendwie fühle ich mich inzwischen wohl in seiner Nähe. Zu Hause hört mir niemand richtig zu. Er schon. Ihn stört es nicht, wenn ich rauche, zu Hause darf das keiner wissen.

Die Schule hat mich wieder, all meine Probleme sind zurück. Immer öfter führt mich mein Weg am Nachmittag wie zufällig zu den Schafen und Gerhard, ihrem Hirten. Ihm kann ich erzählen, was mich bedrückt. Er kommentiert es nicht. Das ist auch gar nicht nötig. Er hört einfach zu. Seine aufmerksame Art ordnet meine Gedanken schon beim Erzählen. Alles scheint sich von selbst zu lösen. Ein Zauberer.

Nein, ich begreife ganz schnell: Kein Zauberer, sondern mein Engel. Auch ihn davon zu überzeugen wird sicher schwer und dafür ist auch jetzt noch nicht die richtige Zeit.

Ich bin in einer Krise. Er spürt es. Er bezweifelt, mir helfen zu können, weiß aber, dass er sich mit einer Beziehung zu mir jede Menge Ärger einhandeln würde.

Und überhaupt: Was denn für eine Beziehung? Ich bin ein 14-jähriges Kind. Ich weiß sicher nicht, was ich will. Verwöhnt bin ich bestimmt auch. Nein, so etwas muss sich nun wirklich niemand freiwillig antun.

Er schlägt den Kragen hoch und versucht, mir die kalte Schulter zu zeigen.

Es wird Winter, die Schafe ziehen heim in ihren Stall. Ich quäle mich weiter durch die Schule und hoffe, dass das nächste Frühjahr nicht allzu lange auf sich warten lässt.

Im März werde ich 15. Das Wetter wird besser, die Schafe kommen zurück in die Gemarkung, ich ziehe wieder meine Kreise durch den Wald und über die Weide. Den alten Schäfer treffe ich nur noch selten an. Er ist inzwischen sehr krank, zuckerkrank und dement.

Meist ist sein Sohn nun bei der Herde. Er hört wieder so gut zu, dass ich Dinge erzählen kann, die ich bestimmt niemand anderem erzählen würde. Er weiß immer genau, wo mich der Schuh drückt.

Solange, bis ihn der eigene Schuh zu drücken beginnt.

Er fragt mich, ob ich denn nicht noch Hausaufgaben zu erledigen hätte. Er schlägt vor, ich könne doch eigentlich auch einmal auf dem gegenüberliegenden Berg spazieren gehen, auf dem die Schafe gerade nicht weiden. Da würden die Schuhe schon nicht so schmutzig werden.

Er versucht, mich abzuwimmeln.

Er ist 33 Jahre alt und er ist in Not.

Er weiß, dass das, was er fühlt, absolut unvernünftig ist.

Er weiß nicht, dass auf mich Verlass ist, dass ich genau spüre, was ich will und was für mich richtig ist.

Das muss er erst lernen.

Es ist ein langer Weg, er hat Angst.

Angst vor allem, was fremd und neu ist.

Angst, das Falsche zu tun.

Angst, mir mein Leben zu verbauen.

Angst, dass ich meine Entscheidung bereuen werde.

Angst, dass ich ihn wieder verlassen könnte.

Es fällt mir nicht leicht, ihm all diese Ängste zu nehmen, doch es gelingt nach und nach. Ich nutze nun jede freie Minute, um bei ihm zu sein. Schon auf dem Heimweg von der Schule versuche ich, vom Bus aus zu sehen, wo die Schafe gerade weiden. Zu Hause schnell die Tasche in die Ecke, andere Klamotten an und los. Im Dauerlauf. Zuerst durchs Dorf, dann weiter durch die Flur, immer den Schafen auf der Spur, wie ein Indianer. Bis ich ihn finde.

Er hat meist den großen schwarzen Hund dabei, vor dem sein Vater mich schon früher warnte. Ein grobknochiger, altdeutscher Schäferhund, der Menschen nicht mag. Er lässt sich von niemandem streicheln außer von seinem Herrn und Meister.

Je häufiger ich im Dauerlauf zu den Schafen komme und des Schäfers Aufmerksamkeit beanspruche, umso misstrauischer beäugt mich der Hund und knurrt mich schon manchmal an. Leise und drohend. Er sieht aus wie der böse Wolf, der das Rotkäppchen gefressen hat. Er ist furchtbar eifersüchtig.

Ich nehme ihn nicht ernst. Bis er mich das erste Mal anfällt.

Es passiert während der Mittagsruhe. Die Schafe ruhen innerhalb des Elektrozauns. Daneben, im Schäferkarren, liegt Gerhard auf seinem Bett und döst. Unter dem Karren liegen die beiden Hunde im Schatten und ruhen sich aus. Wie immer nähere ich mich im Dauerlauf. Der Hund weiß sofort, wer da kommt.

Er schießt unter dem Schäferkarren hervor, direkt auf mich zu. Den Schwanz auf Halbmast, das Fell gesträubt, in Kampfhaltung.

Ich laufe schneller, bin ja gleich am Karren. Noch 20 Meter.

Der Hund springt kraftvoll vom Boden ab, den Fang weit geöffnet, genau auf meine Kehle zu.

Ich versuche, auszuweichen und trete dabei nach ihm. Ich treffe ihn in die Weiche. Er landet auf dem Boden und schüttelt sich kurz.

Ich schreie um Hilfe. Schon läuft er wieder auf mich zu. Da kommt Gerhard auch schon aus der Hütte. Gott sei Dank! Ein Pfiff, und die Sache ist erledigt. Zumindest für mich, für den Hund erst später.

Er begreift nun, dass er mich akzeptieren muss. Ich gehöre jetzt dazu.

Von diesem Tag an beschützt mich der große Hund so wie auch später unsere Kinder. Ich muss keine Angst mehr vor ihm haben.

Mein Gott, war das ein Schreck! Jetzt liegen wir im Schäferkarren auf dem Bett, lachen wieder und erzählen. Er füttert mich mit Schinkenbrot, wir trinken bulgarischen Rotwein.

Ich trage eines seiner alten, ausgeblichenen Schäferhemden, die er zur Arbeit immer überzieht. Es geht mir bis zur Wade. Ich trage es auf der nackten Haut. Das fühlt sich gut an. So laufe ich auch gern draußen rum, auch durchs Dorf.

Dass ich nichts darunter trage, weiß nur er. Und das ist gut so. Wir müssen vorsichtig sein. Noch bin ich nicht 16. Erst im nächsten Frühling. Bis dahin muss alles geheim gehalten werden.

Inzwischen versuche ich, den Absprung von der Schule zu schaffen. Zu diesem Zeitpunkt ist mir völlig klar, was ich nicht will: Abitur, Studium, Establishment. Und was ich will: Freiheit, Liebe, ein Leben mit meinem Schäfer. Ich besuche die neunte Klasse des Gymnasiums und überlege, wie ich aus dieser Nummer rauskomme.

Zu Hause denke ich laut darüber nach, nach der zehnten Klasse das Gymnasium zu verlassen.

Quel malheur!

„So haben wir ja nicht gewettet. Das Abi wird auf jeden Fall gemacht! Und danach wird studiert, mein Fräulein. Das bist du uns schuldig.“

Hört mir hier eigentlich irgendjemand zu?

„Kann ich denn nicht eine sinnvolle Ausbildung machen? Goldschmied, Pferdewirt, Krankenpfleger, Maler…?"

„Nein!!!"

Okay, dann auf die harte Tour! Haben sie die Tapetensache vergessen? Ich habe doch klargemacht, dass ich mich nicht zwingen lasse. Zu nichts. Auch wenn ich all meinen Mut zusammennehmen muss. Ich lasse mich nicht zwingen. Nicht zum Schlafen und auch nicht zum Studieren.

Es wird Winter und wieder Frühjahr, inzwischen bin ich in der Zehnten. Im März ist mein 16. Geburtstag.

Gerhard bringt seine kleine Nichte vorbei, vier Jahre jünger als ich, die ich zum Geburtstag eingeladen habe, um ihn sehen zu können.

Er bringt dunkelrote Rosen mit. Ich bin glücklich. Den Eltern fällt nichts auf.

Wie blind können Eltern eigentlich sein?

Wir treffen uns fast täglich bei der Herde. Ich denke viel nach. Wir reden viel. Dass er nicht der Traumschwiegersohn meiner Eltern ist, ist klar. Was tun, damit sie akzeptieren, dass wir ein Paar sind? Das wird schwer. Aber Moment mal. Geht denn nicht immer alles einfacher, wenn sich ein Enkelkind ankündigt? Wir wollen doch sowieso Kinder. Je eher, desto besser. Sie sollen schließlich einen Vater haben, keinen Großvater. Das Strafgesetz ist seit meinem Geburtstag auch außen vor. Na, dann mal los, auf gut Glück.

Klappt auch sofort. Ich will es noch nicht daheim erzählen. Wir sind beide sehr glücklich. Wir werden Eltern! Es müssen ja nicht alle Eltern so sein wie die Meinen. Seine waren wohl ganz nett.

So warte ich noch einige Wochen ab und gehe regelmäßig zum Gynäkologen, ohne zu Hause anzusagen, was Phase ist.

Irgendwann meint der Arzt, ich solle die Sache nicht länger geheim halten als unbedingt nötig, da jeder Stress, den ich empfinde, auch Stress für das ungeborene Kind sei.

Ich beschließe also in der zwölften Schwangerschaftswoche, Farbe zu bekennen. Ich denke, wenn erst drei Monate Schwangerschaft vorbei sind, kann sowieso nicht mehr abgetrieben werden. Weit gefehlt.

Ich will es Mutter auf einer Wanderung erzählen, im Wald, da fühle ich mich sicher. Wir laufen in den Nachbarort, wo wir in einem Hotel Kaffee trinken (ich Kakao) und Kuchen essen, so wie Mutter es liebt.

Auf dem Hinweg finde ich noch nicht die richtigen Worte. Auf dem Rückweg durch den Wald komme ich dann raus mit der Sprache.

Blankes Entsetzen!

„Das kann nicht sein! Unser Kind? Meine Tochter? Dieser Verbrecher! Vater darf das nie erfahren! Das Kind muss weg, sonst schlägt er dich tot!“

Herr, nimm mir die Angst! Gott im Himmel, steh mir bei, erbarme Dich meiner. Was habe ich getan? Ich habe versucht, meinen Willen zu bekommen, indem ich andere vor vollendete Tatsachen stelle. Ich habe Schuld auf mich geladen.

Herr, erbarme Dich meiner. Ich bin nicht würdig, dass Du eingehst unter mein Dach, aber sprich nur ein Wort, so wird meine Seele gesund.

Vater unser im Himmel. Geheiligt werde Dein Name. Dein Reich komme. Dein Wille geschehe. Wie im Himmel, so auch auf Erden. Unser tägliches Brot gib uns heute, und vergib uns unsere Schuld, wie auch wir vergeben unseren Schuldigern. Und führe uns nicht in Versuchung, sondern erlöse uns von dem Bösen. Denn Dein ist das Reich und die Kraft und die Herrlichkeit in Ewigkeit.

Amen.

Die Mutter erzählt es dem Vater. Man ist sich sofort einig: Das Kind muss weg!

NIEMALS!

Entweder Schwangerschaftsabbruch oder Mutter bringt sich um. Das ist das Totschlagargument. Ich kann doch nicht riskieren, dass Mutter sich umbringt. Ich breche zusammen. Gerhard kann keinen Kontakt zu mir aufnehmen. Meine Familie droht ihm. Er weiß nicht, was er tun soll, er ist hilflos, hofft, dass sich mit der Zeit schon alles finden wird.

Sie haben mich erfolgreich isoliert. Ich bin erst 16.

Ich sterbe.

Ich habe sie unterschätzt. Keiner kann mir helfen. Ich bin allein. So wie schon immer. Ganz allein. Gott allein ist meine Hoffnung. Ich bin sein Kind. Er liebt mich. Ich sehe die Sonnenstrahlen durch die Tränen. Alles wird gut.

Am 16. Juni 1980 wird mein Kind getötet. Ich bin nicht im Stande, es zu verhindern. Ich bin eine Mörderin!

Alles wird genau untersucht. Der Fötus ist groß, kräftig und gut entwickelt.

„Sind Sie sicher, dass Sie abtreiben wollen?“

Ich kann doch nicht sagen, dass ich bedroht und gezwungen werde! Dass Mutter sich sonst umbringen wird. Das Risiko, dass sie ihre Drohung wahr macht, ist zu groß. Ich sage nichts. Ich habe Tränen in den Augen. Ich bin daran schuld. Ich ganz allein. Es zerreißt mich. Ich bekomme Beruhigungstabletten vor der Operation. Ich werde unten herum rasiert. Der Zugang für die Narkose wird gelegt.

„Ach Gott, Kindchen, Sie sind aber bleich. Alles in Ordnung?“

Ich nicke. Ich möchte schreien: „Lasst mich laufen, mein Kind soll leben!“, aber ich bekomme kein Wort heraus.

Vater im Himmel, verzeih mir!

Drei Stunden später ist alles vorbei.

Unser Kind ist tot.

Alles zerbrochen.

Auch ich.

3. Entwurzelung

Mein Englischlehrer weiß von meinen Nöten, von meiner Liebe zu Gerhard, von der Schwangerschaft. Ich kenne ihn und seine Freundin gut. Wir musizieren gemeinsam und diskutieren über den Sinn des Lebens. Während der Freistunden oder nach der Schule.

Nachdem ich zwei Wochen lang nicht in der Schule erscheine, ist ihm klar, was passiert sein muss.

Als ich wieder in die Schule komme, versucht er, mich zu trösten. Vergeblich. Ich bin nicht mehr die, die ich war. Nichts kann mich trösten.

Ich muss Gerhard wiedersehen. Ich weiß nicht, wie es ihm geht. Sicher leidet er genau wie ich, und ich bin schuld. Ich werde bewacht. Beobachtet. Ich muss auf dem kürzesten Weg in die Schule und wieder zurück. Keinen Schritt rechts oder links von diesem Weg. Sie sagen, dieser Schäfer solle mich nie wiedersehen.

Ich weiß nicht, was ich tun kann. Ich sehne mich nach ihm. Ich sorge mich um ihn. Ich überlege, ob ich nicht auf dem Schulweg flüchten könne. Und dann?

Zu ihm kann ich nicht. Dort suchen sie zuerst und fangen mich wieder weg. Woanders hin will ich nicht. Nach draußen darf ich nicht mehr. Da hat man mich nicht gut genug unter Kontrolle. Kein Garten, kein Wald, keine Kirche.

Am Wochenende sitze ich am Fenster. Den ganzen Tag. Ich warte darauf, dass er irgendwann mit dem Unimog durchs Dorf zu den Schafen fährt. Ich weiß, es gibt keine bestimmte Uhrzeit. Aber irgendwann kommt er. Ich habe Zeit. Ich freue mich stundenlang auf diesen einen Moment.

Ich höre den Diesel schon lange, bevor ich ihn sehen kann. Mir wird heiß, ich bin wie gelähmt. Nicht einmal im Stande, zu winken. Unsere Augen treffen sich für einen kurzen, schönen Moment. Ein Blick, keine zwei Sekunden lang, alles Glück und alle Traurigkeit der Welt darin.

Ich bleibe am Fenster sitzen.

Er wird auf dem Heimweg wieder vorbeifahren.

Am Abend.

Ich werde dann immer noch hier sitzen.

Am Fenster.

Ich habe Zeit.

Er wird auf mich warten.

Wenn ich volljährig bin, wird er mich holen.

Versprochen!

Vater hat sich beworben. Um eine Stelle in München. Er wird sie bekommen. Mutter wird endlich in der Großstadt leben können. Mich werden sie mitnehmen. Ich bin noch nicht mündig, habe keine andere Wahl.

„Du lässt ab von dem Kerl!“

„NEIN!“

„Du wirst ihn nie wiedersehen.“

„Doch!“

Vater hat eine glänzende Idee.

„Wir wollen doch mal sehen, was du dem Typ eigentlich wert bist. Wirst sehen, wenn es teuer wird, kneift er.“

Was wird denn das jetzt wieder?

Vater erklärt es mir. Es ist ganz einfach:

„Deine schulische und anschließende Ausbildung kostet Geld. Viel Geld. Geld, das wir in dich investieren, um später auch einen Nutzen davon zu haben, wenn du Karriere machst. Geld, das bisher fehlinvestiert war, falls du die Schule abbrichst.

Ist er bereit, die 50 000 Mark zu zahlen, die da so zusammenkommen, dann kann er dich haben. Aber du wirst sehen, darauf geht er nicht ein. Kann er auch gar nicht. Ich habe mich erkundigt: Er hat Schulden."

Vater hat ein dickes, fettes Grinsen im Gesicht.

Moment mal ... WIE BITTE? Sind wir hier im Orient, auf dem Basar, im falschen Film? Ich glaub das alles nicht!

Oh doch, er hat es ernst gemeint. Er versucht tatsächlich, an das Geld zu kommen. Ich hätte nie gedacht, dass er das wirklich tut.

Es funktioniert nicht so, wie mein alter Herr sich das denkt. Also kommt jetzt, was er für diesen Fall angedroht hat: Anzeige bei der Kripo wegen Verführung Minderjähriger, Hausfriedensbruch (weil mein Freund in Vaters Abwesenheit ohne dessen Einverständnis bei mir war) und … was war es noch gleich? Ich glaube Betrug. Ja genau, Betrug, weil er sich weigert, zu zahlen.

Ich werde vorgeladen zur Zeugenaussage. Nach einer Stunde ist alles klar. Hat sich alles erledigt. Ich erzähle genau, was vorgefallen ist, und dass, wenn überhaupt einer, dann er, und zwar von mir, verführt worden ist.

Ich schwöre.

Nur die Wahrheit und nichts als die Wahrheit.

So wahr mir Gott helfe.

Die Eltern sind entsetzt. Wie konnte ich ihnen denn nur so in den Rücken fallen?

Ernsthaft? …

Vater bekommt die Stelle in München, wir ziehen um. Ich werde verschleppt und kann nichts dagegen machen.

Zunächst bin ich mit Vater allein in Forstenried, in einer Waldarbeiterbaracke, weil die Renovierung des Forsthauses im Fasangarten noch nicht abgeschlossen ist.

Mutter macht derweil allein Urlaub in Frankreich. Vater leidet und denkt, ich merke es nicht. Aber ich merke es. Und ganz ehrlich: Ich gönne es ihm, ich kann nicht anders nach den Geschehnissen der letzten Zeit, auch wenn ich mich deshalb schäme.

Ich bin zwar nicht so empfindlich wie Mutter, aber dass in der Baracke in den Pfannen im Küchenschrank noch das Fett von vor drei Monaten steht, so wie die Saisonwaldarbeiter aus dem Hochgebirge, die Waldler, alles verlassen haben, das ist selbst mir zu viel.

Ich schrubbe alles sauber. Zuerst die Küche, dann die Duschen (*widerlich!*). Ich verschönere mein kleines Zimmer, so gut es geht, besorge von meinem letzten Taschengeld eine Pfeife, etwas Tabak und ein Tragl[2] Schneiderweiße[3] und mache es mir gemütlich.

Vor der neuen Schule graut mir bereits, aber noch sind ja Ferien.

---

[2] Kasten

[3] Biermarke

Vater macht einen Deal mit mir. In der Woche kaufe ich auf dem Markt für insgesamt 50 D-Mark ein, das soll reichen (tut es auch, ist aber immer knapp) und es gibt jeden Tag etwas frisch Gekochtes. Das ist mein Job.

Am Wochenende gehen wir dann beim Jugoslawen um die Ecke essen. Ich jugoslawisch, er Wiener Schnitzel.

Jeden Sonntag.

Wenn Vater ins Revier muss, schleiche ich mich zur nahegelegenen Telefonzelle und versuche, Gerhard anzurufen. Ist das schön, endlich wieder die geliebte Stimme zu hören. Lange dauert es nicht, bis der Alte mir draufkommt. Das Taschengeld wird gekürzt. Solange, bis es vollständig weggekürzt ist. Na super!

Inzwischen besuche ich das neue Gymnasium in Harlaching. Alles neu und fremd. Irgendwie unwirklich.

Ein Zwillingspaar geht in meine Klasse, Bruder und Schwester. Sie scheinen Kummer zu haben. Ich spüre es vom ersten Augenblick.

Es stellt sich heraus, dass ihr Vater bereits verstorben ist und die beiden ihre krebskranke Mutter pflegen. Zwei Monate nach Schulbeginn tragen wir ihre Mutter zu Grabe.

Es ist unverzeihlich, aber ein einziger Gedanke ist damals übermächtig in meinem Kopf: Warum diese arme Frau? Warum nicht meine Mutter?

Ich versuche wirklich, mich dieses Gedankens zu schämen. Es gelingt mir nicht. Während der Beisetzung weine ich bitterlich. Niemand weiß, warum.

Die neue Schule gefällt mir zwar nicht, aber den Deutschunterricht finde ich interessant. Jetzt, in der Elften, beschäftigen wir uns mit Lyrik. Wir lesen „Die Todesfuge“

von Paul Celan. Sie schlägt mich in ihren Bann. Ich lese weitere Werke von Celan, von Gottfried Benn und Jakob Michael Reinhold Lenz und beginne selbst, lyrische Gedichte zu schreiben. Immer dann, wenn mich Schmerz und Wut zu zerreißen drohen. Das Schreiben macht mich ruhig, es heilt meine Seele, hilft mir, alles besser zu ertragen.

Namenlose

Eisgraue Schluchten
Mit Nebel gefüllt

Getaucht
In das schwarze Geheimnis

Nur ein winziger Stern
Sich widerspiegelnd
In den düsteren Fluten

Doch die Luft
Ist zu stickig
Um sich wiederzufinden

Der Schein sickert
Mühsam nur durch

Stürme der Kälte
Des Unverstandes

Einsamkeit
Weiß noch nicht
Was sie will

In den Abgrund geraten
Halb gestürzt, halb gestoßen
Was nun?

Bunte Lichter
Die dich packen
Dich tragen

Du musst an mich denken
Dann steig auf
Zur Sonne

Ausbruch
Aus der Bewusstlosigkeit
Für Sekunden

Überfall der Lebensfreude

Denn es ist Nacht
Die Zeit des Todes
Spiele mit Feuer und Eis
Schattenspiele

Und ein Zittern
Gleitet
Über den roten
Morast

Auch die Musik hat eine ganz ähnliche Wirkung auf mich. Schon seit Jahren spiele ich Gitarre. Jetzt schreibe ich Texte, komponiere Melodien dazu, spiele meine Lieder auf der Gitarre und singe dazu. Auch beim Schulfest. Kein offizieller Auftritt. In einem Nebenraum, mit ein paar Mitschülern.

Einer der Zuhörer macht selbst Musik und fragt mich, ob wir meine Lieder einmal gemeinsam aufnehmen wollen, sie seien so herrlich surreal. Erst weiß ich nicht so recht, dann sage ich zu. Schließlich geben mir die Eltern kein Taschengeld mehr. Vielleicht kann ich mit meinen Liedern ein wenig Geld verdienen.

Wir nehmen die Lieder auf. Das macht Freude.

Vor dem ersten Auftritt vor Publikum ist mir ganz schlecht vor Aufregung, aber das legt sich bald. Wir treten gemeinsam auf. Ich trete allein auf. Meist in Giesing, in den Studentenkneipen. Manchmal als Vorband, manchmal gemeinsam mit anderen Liedermachern.

Ich lerne so viele interessante Menschen kennen. Unter anderem Wolfgang Ambros. Er mag meine Lieder. Er erzählt mir, dass er die Lieder seiner Jugendzeit nicht aufgehoben hat, dass ihn das jetzt schmerzt. Er sagt: „Pass bloß gut auf deine Lieder auf, vergiss sie nie."

Es ist interessant, es ist aufregend. Aber es ist nicht das, was ich wirklich will. Ich will nach Hause, zu meinem Freund.

Ja sicher, ich verdiene Geld mit den Auftritten und kann es gut gebrauchen. Nach getaner Arbeit lasse ich meine Baskenmütze herum gehen und so kommen pro Abend etwa 60 D-Mark zusammen. Das reicht gut für ein warmes

Abendessen, drei große Bier und ein langes Telefonat. Lauter Dinge, die gar nicht nötig wären, wäre ich daheim.

Bekannte der Eltern besitzen eine Eigentumswohnung in Fürstenried. Dort kann Mutter bis zum Abschluss der Renovierung wohnen. Die Waldarbeiterbaracke kann ihr nun wirklich nicht zugemutet werden. Auch ich werde dorthin umgesiedelt. Vater kommt später nach.

Drei Menschen, die sich nicht ganz grün sind, auf 35 Quadratmetern. Es ist eng. Viel zu eng. Viel zu emotional. Das kann nicht gut gehen. Meine schulischen Leistungen lassen inzwischen stark zu wünschen übrig. Ich telefoniere verbotenerweise. Ich bin so oft wie möglich abwesend. Ich ziehe mit der Gitarre durch die Kneipen, anstatt Hausaufgaben zu machen. Es schmeckt mir zu Hause nicht mehr. Ich komme abends betrunken heim. Meine armen Eltern.

Sie versuchen, mich wieder in den Griff zu bekommen. Mutter provoziert mich, ich gebe kontra, sie geht mit dem großen Küchenmesser auf mich los.

Ich klettere im siebten Stock auf den Balkon, fest entschlossen, zu springen.

Mutter steht hinter mir, lacht laut und hysterisch.

„Spring doch, du blöde Kuh! Dann haben wir endlich unsere Ruhe!“

Da geht mir plötzlich auf, was für ein Blödsinn das ist. Ich springe nicht, ich denke ja gar nicht daran! Das wäre zu einfach. Wenn ich auch fürchte, was noch alles kommen kann. Ich habe den Mut, am Leben zu bleiben.

Mutter lässt ihren Frust an Vater aus. Das macht ihn wütend. Er kränkt mich, er demütigt mich. Dieses Mal gebe ich nicht klein bei. Was habe ich schon zu verlieren? Ich wehre mich meiner Haut. Ich halte den Mund nicht mehr. Ich sage: „Schlag mich doch tot, das wolltest du ja immer schon."

Er verliert die Beherrschung. Er packt mich mit seinen riesengroßen Pratzen an den Handgelenken und schüttelt mich, bis ich fast ohnmächtig werde.

Ein Handgelenk angebrochen, das andere gestaucht.

Das reicht fürs Jugendamt.

Jetzt ist endgültig Schluss. Ich muss hier raus.

Die Eltern verstehen die Welt nicht mehr. Das eigene Kind stellt sich gegen sie. Macht sie schlecht, zerrt sie in den Schmutz. Vor fremden Menschen. Dieses Kind hat kein Schamgefühl. Hätte man es nur damals nach der Geburt gleich in die Toilette gespült (O-Ton Mutter). Wieviel wäre einem erspart geblieben.

Die Sozialarbeiterin des Jugendamtes will mit mir sprechen. Es wird ein Termin vereinbart. Die Eltern wollen dabei sein. Das wird abgelehnt. Wir treffen uns in Giesing. Am Abend, in einer Kneipe. Sie fragt mich aus. Über alles, was war. Über meine Beziehung zu den Eltern, zur Schwester, zum Freund. Was ich mir vom Leben erwarte?

Ich mache Fehler. Sie merkt, dass ich müde bin, dass ich einfach nur Ruhe und Frieden möchte. Ich sage, ich hätte gern die Ehemündigkeit.

Sie stimmt nicht zu. Sie möchte, dass ich erst einmal zur Ruhe komme. Sie kennt ihren Job.

4. Internat

Wir schließen einen Kompromiss. Ich komme in ein Internat in Oberbayern. Ich werde mich dort gut betragen, zumindest nehme ich mir das fest vor und verspreche es auch. Die Eltern müssen einen Teil der Kosten tragen. Nicht alles, das wäre viel zu teuer, denn es ist ein Internat für Gutbetuchte. Ich werde dort meine Ruhe haben. Niemand wird mich mehr schlagen und bedrohen. Ich atme auf.

Ich beziehe dort ein kleines Zimmer und bringe neben dem Fenster ein Maßband an. Wie beim Bund. Jeden Tag werde ich einen Zentimeter abschneiden. So lange bis der 15. März 1982 gekommen sein wird. An diesem Tag werde ich 18 Jahre alt sein. Volljährig. Gerhard wird mich abholen. Wenn es doch nur schon so weit wäre.

Kurz nach der Aufnahme ins Internat muss ich einen Intelligenztest machen. Das Ergebnis teilt man mir nicht mit, obwohl ich mehrmals darum bitte. Allerdings fällt mir auf, dass mich einige Lehrer neuerdings besonders aufmerksam mustern und mich offenbar genauer als andere beobachten. Ich gewöhne mich daran und denke nicht weiter darüber nach. Wie beschnuppern uns, die Bonzenkinder und ich. Ich bin der linke Proletarier. Viele haben zwar schulisch keinen Plan, aber immer Recht und vor allem viel Kohle. Schon von Haus aus. Das hier ist nicht meine Welt. Ich denke mir meinen Teil. Checke erst mal alles aus. Das Essen ist ganz okay. Die Lehrer sind nett und bemüht. Ich hab schnell raus, was wo warum wie läuft. Bin eben gerne informiert.

Neben dem Curriculum gibt es eine ganze Reihe Workshops. Für jeden ist etwas dabei: Töpfern, Metallarbeiten, Betreuung der Teestube, Literatur, Tanz.

Ich mag nicht. Ich möchte nach Hause. Ich weiß, es wird noch lange dauern. Ich sitze hier meine Zeit ab.

Wer am späten Abend unbemerkt das Internat verlassen will, nimmt den Weg über das Schreinereidach, auf das man durch die Fenster auf der Rückseite des ersten Stocks gelangt. Die Schreinerei erstreckt sich hier direkt an der Kante eines Steilhangs bis zu der schmalen Teerstraße, die ins tiefer gelegene Dorf führt. Am Ende des Daches gelangt man mit einem Sprung aus über zwei Metern Höhe direkt auf die Straße. Die Sache ist nicht ungefährlich, ein Fehltritt auf dem Dach, und man rutscht ab und bricht sich im Abgrund das Genick. Es ist aber der einzige Weg, unbemerkt das Gelände zu verlassen, denn die Pauker haben keinen Einblick in diesen Bereich.

Um nach „Torschluss", also nach 22.30 Uhr, wieder unbemerkt den Bau zu entern, gibt es zwei Methoden:

Entweder man kennt jemanden, der einen Nachschlüssel für das Haupttor hat. Man leiht sich den Schlüssel und ist damit dem anderen mehr oder weniger ausgeliefert, denn er weiß ja Bescheid. Eher nicht mein Mittel der Wahl.

Oder der Blitzableiter. Nicht einfach, sich daran zwei Stockwerke nach oben zu kämpfen. Nach einigen Wochen Training geht es aber ganz gut. Man muss beim „Aussteigen" natürlich unauffällig, aber sicher den Fensterriegel blockieren, sonst macht womöglich irgendein Mitschüler das Fenster zu und man kann nicht mehr einsteigen.

Dann ist da noch eine dritte Variante: Babysitten.

Die Französischlehrerin ist alleinerziehend und braucht dringend einen Babysitter. Sie hat zwei wirklich niedliche und aufgeweckte Jungen, drei und sechs Jahre alt.

Die Kinder lieben mich und die Mutter ist so begeistert, wie problemlos alles klappt, dass ich für zweimal Babysitten in der Woche nicht nur gut bezahlt, sondern auch noch über Nacht angefordert werde, also offiziell Ausgang bis zum Wecken habe.

Ich schaffe mir Freiräume, wo immer möglich, und warte währenddessen darauf, dass ich endlich 18 werde.

Die meisten Mitschüler haben Geld, Alkohol und Zigaretten, aber nur mäßige Zensuren. Im Gegensatz zu mir: Ich habe gute Noten, an allem anderen fehlt es mir.

Es ist an der Zeit, für etwas mehr Gleichgewicht zu sorgen. Ich gebe Nachhilfe und fertige Hausarbeiten für Mitschüler an. Ich tausche Denkleistung gegen Drogen.

In der Dorfkneipe schreibe ich die Hausarbeiten für die reichen Herrschaften. Täglich ein bis drei Stück. Gegen Bares, Whisky und Zigaretten. Ein lukrativer Job.

Eine umfangreiche Hausarbeit ist den Mitschülern 50 D-Mark wert. Dafür kann man schon einmal etwas nachdenken und ein wenig Zeit investieren.

Der Kellner kommt alle zwei bis drei Gläser Bier nachsehen, ob sich mein Schriftbild ändert, gibt aber nach dem achten Glas auf.

Um mich abzulenken, bin ich oft in der Dorfkneipe zu finden, bei Bier und Schnaps, das lässt vieles erträglicher erscheinen.

Anfangs werde ich von den Einheimischen noch skeptisch beäugt, denn ich spreche nicht bairisch. Das gibt sich aber schnell. Das mit dem Beäugen so gut wie das mit dem Dialekt.

Test: „Geh, sog amol Oachkatzlschwoaf."

Mach ich doch glatt und ohne Problem. Alle staunen. Jetzt soll ich übersetzen.

„Wos hoaßt nacha des?"

Die Frage erstaunt mich. Ist doch klar: „Eichhörnchenschwanz."

„Holla, die is ned bled."

„Geh, etza sog amol Rrremmbrremmerdinger."

Schön das r gerollt, fast wie spanisch. Läuft.

„Wos hoaßt etza des?"

Ist sicher ein bayerischer Nachname.

Bingo.

Es tut gut, ein wenig Abwechslung und Ansprache zu haben, ein wenig herumzualbern. Manchmal vergesse ich für ein paar Stunden, was mich bedrückt, und lebe einfach im Moment.

Mit den Jungs aus dem Dorf schließe ich Wetten ab. Wenn ich es schaffe, drei Wochen lang tagsüber in der Kneipe keinen Alkohol zu trinken, erst am Abend ab 19 Uhr, dann habe ich vier Wochen lang alle Speisen und Getränke frei. Wenn nicht, hat der Gewinner einen Wunsch bei mir frei.

Klar gewinne ich. Wenn nicht, wär's auch nicht schlimm. Ich kann ja wählen, mit wem ich wette.

Ich lerne die Sitten der Stammgäste kennen und mache mit. Wir trinken literweise Bier und machen Obstlermaßsaufen. Dafür wird ein Fünf-Liter-Eimer mit Obstler fast bis zum Rand gefüllt. Der Deckel, der daraufgesetzt wird, ist zum Trinken mit fünf Schläuchen versehen. Der Eimer geht am Stammtisch immer reihum. Solange bis er leer ist oder alle unter dem Tisch liegen.

Mein erster Filmriss. Keine Erinnerung mehr am nächsten Morgen. Geht den anderen aber auch nicht besser. Ein Glück! Vielleicht kam es auch vom Paprikaschnaps. Den braut der Kellner selbst. Ein Schnapsglas, drei Viertel Korn, ein Viertel Tabasco. Schaurig gut. Wenn man's verträgt … Die meisten trinken sofort Wasser oder Bier nach. Keine gute Idee, denn dann brennt es erst richtig. Ich weiß, was zu tun ist: trocken Brot kauen. Das habe ich von Opa Hans gelernt. So hat halt jeder seine Strategie.

Der Kellner denkt sich gerne schräge Sachen aus, wenn nicht viel los ist. Besonders viel Vergnügen bereitet ihm das Panzerspiel. Man braucht nur einen passionierten Raucher, und schon kann es losgehen:

„Kennst du das Panzerspiel schon?“

„Nein, was ist das? Erklär mal.“

Der Kellner nimmt die Zigarettenschachtel des Opfers (möglichst noch so gut wie voll) und stellt sie auf den Tisch. Er zieht zwei Groschen und einen Fünfer aus der Tasche und positioniert sie vor der Zigarettenschachtel. Die Groschen vor den Ecken der Schachtel, den Fünfer dazwischen. Dann sagt er: „Stell dir vor, die Schachtel ist ein Panzer, der Fünfer bin ich und die Groschen sind meine Kumpel. Wir stehen dem Panzer gegenüber. Er feuert. Bumm!!! Mein Kumpel an der rechten Ecke ist tot. Er feuert noch einmal. Bumm!!! Mein Kumpel an der linken Ecke ist tot. Da krieg ich einen Riesenzorn und hau den ganzen Panzer in Klump!“ In dem Moment haut er mit der Faust von oben auf die Zigarettenschachtel und genießt das entsetzte Gesicht des Rauchers. Danach bezahlt er ihm natürlich die Schachtel. Das ist ja wohl das Mindeste. Allein der Schreck ist grausam!

Ich lache gern über die Possen, die hier gerissen werden, lasse mich gern ablenken und unterhalten. Hier in der Kneipe werde ich mit einbezogen, so wie ich bin. Hier vergeht die Zeit wie im Fluge, im Internat dagegen scheint sie stillzustehen.

Eines feuchten Abends habe ich keine Lust mehr, noch zu Fuß zum Internat hinauf zu gehen. Da bin ich ganz froh, als sich einer anbietet, mich mit dem Auto mitzunehmen. Betrunken wirkt er nicht, ein bisschen beschwipst vielleicht.

Ich sollte besser zu Fuß gehen, er ist wohl nicht ganz nüchtern, das kann gefährlich werden.

Ach was, es wird schon nichts passieren.

Ich frage ihn, ob er sich denn noch fit genug zum Fahren fühlt.

„Na klar.“

In der dritten Kurve kommt er mit dem rechten Vorderrad gegen den Bordstein und verliert die Kontrolle über den Wagen.

Wir schießen quer über die Kreuzung und prallen gegen eine Mauer. Ich bin nicht angeschnallt und schlage nach dem Aufprall mit dem Gesicht auf das Armaturenbrett, nachdem einen Augenblick zuvor die Windschutzscheibe herausgeflogen ist. Ganz sauber. Komplett mit Rahmen und Dichtung.

Ich habe ja so ein unverschämtes Glück. Wären da noch Glassplitter gewesen, hätten sie mir die Halsschlagader aufschneiden können.

In Zukunft sollte ich besser befolgen, was meine innere Stimme sagt, anstatt auch noch zu diskutieren.

Danke, Schutzengel!

Es ist weiter nichts passiert. Leichter Schock, der linke obere Schneidezahn steht nach hinten. Ich muss zum Zahnarzt, der Zahn wird angebohrt und das Loch mit Medikamenten gefüllt. Grausame Schmerzen. Nach drei Wochen werde ich zum Kieferchirurgen nach Rosenheim überwiesen. Da bleibt nur eine Wurzelresektion.

„Eine was bitte?"

„Eine Wurzelresektion. Das ist nicht schlimm. Der Kiefer wird operativ etwas geöffnet und die Wurzel entfernt, dann ist der Schmerz vorbei."

Also gut. Termin in drei Tagen.

Ich warte eine Stunde. Ich werde aufgerufen. Ich betrete das Behandlungszimmer, es riecht verbrannt. Der Chirurg kommt herein und lächelt mich freundlich an. Er sieht aus wie ein Schlachter. Seine knielange OP-Schürze ist von oben bis unten voll Blut. Ich krieg Panik. Er redet mir gut zu, bringt mich soweit, mich auf den Behandlungsstuhl zu setzen, und gibt mir mehrere Betäubungsspritzen in den Kiefer. Dann nimmt er die Knochensäge zur Hand. Als er anfängt, zu sägen, wird mir klar, wo der Brandgeruch vorhin herkam. Ich werde ohnmächtig. Eine Stunde später ist es überstanden. Er hat Recht. Es wird besser, der Schmerz lässt nach zwei Wochen endlich nach.

20 Jahre später werde ich den Zahn trotz allem verlieren, aber das kann er ja nicht wissen. Jetzt ist es jedenfalls erst einmal gut.

Das Maßband wird allmählich kürzer, ganz allmählich, viel zu langsam. Lange kann ich das nicht mehr mitmachen. Ich rauche viel zu viel. Drei Schachteln am Tag. Ich trinke viel zu viel. Vater sagt immer, manche Dinge seien eben nur im Suff zu ertragen. Da hat er wohl recht.

Am Ende der Elften soll ich eine Auszeichnung bekommen. Jahrgangsstufenbeste. In dem Verein keine große Leistung, meiner Meinung nach. Die Feierstunde ist gegen Mittag, ich erinnere mich nicht mehr so genau. Kurz vor Ende schlage ich dort auf. Lull und lall. Es ist mir nicht einmal peinlich.

In den nächsten Tagen werde ich bequatscht und bekehrt. Gespräch mit der Internatsleitung. Abmahnung. Das kann ich gerade leiden. Ich gelobe Besserung und ziehe mich von da an total in mich zurück.

Nachts bin ich unterwegs, ich weiß ja, wie das unbemerkt geht. Tagsüber schlafe ich mich im Unterricht aus. Ich warte. Dass es vorbei geht. Dass der März 1982 kommt. Irgendwann muss es soweit sein.

An einem Wochenende besuche ich eine Mitschülerin, eine Externe, die in der Nähe wohnt.

Ihre Mutter unterrichtet auch im Internat. Zu gern würde ich von dort aus mit dem Zug in den Spessart fahren. Nur für ein paar Stunden. Aber es ist zu riskant.

Und doch gibt es jede Menge Trubel wegen dieses harmlosen Ausflugs zu meiner Schulfreundin.

Just an besagtem Wochenende erscheinen meine Eltern unangekündigt zu Besuch im Internat. Und ich bin nicht da. Wer weiß, was das zu bedeuten hat. Man hatte ihnen doch versichert, dass ich dort gut weggeschlossen wäre. Und jetzt das! Ein Drama!

Wie gut, dass ich nicht wirklich in den Spessart gefahren bin. So sind die Wogen doch schnell wieder geglättet als die Eltern erfahren, dass ich nur eine Mitschülerin besuchte.

Der nächste Termin beim Jugendamt. Ich versuche, die Erlaubnis zu bekommen, Gerhard übers Wochenende im Spessart zu besuchen. Angeblich geht das nicht. So wenig wie er mich im Internat besuchen darf. Ich finde das grausam und zudem lächerlich.

Also gut, dann lege ich jetzt mal meine Sicht der Dinge dar. Es ist ganz einfach zu verstehen: Entweder Gerhard darf mich offiziell im Internat besuchen, oder ich haue hier bei Nacht und Nebel ab, setze mich in den nächsten Zug und fahre zu ihm.

„Bevor ihr mich zu fassen bekommt, bin ich vielleicht schon schwanger. Weil ihr nicht in der Lage wart, auf mich aufzupassen. Dann wünsche ich euch viel Spaß. Wollt ihr das wirklich? Ich bin bereit."

Klare Ansage.

Offenbar wurde die Message verstanden und ernst genommen. Er bekommt die Genehmigung, mich zu besuchen. Na endlich. Es ist wunderschön, aber so schnell vorbei. Und der Abschied ist so schwer.

Beliebt gemacht habe ich mich nicht gerade mit dieser Aktion. Das ist mir egal. Alle (bis auf den Einen) hacken auf mir rum. Sollte mir egal sein. Geht mir trotzdem auf die Nerven. Ich wehre mich auf meine Art.

Ich tue nicht nur nichts mehr für die Schule, jetzt gebe ich auch die Klausuren leer ab. Das hat Konsequenzen. Verweise, Nachsitzen. Die können mich mal.

Ich setze mich ab. Hab in letzter Zeit ganz gut verdient. Das sollte reichen. Ich kenne Leute in München. Wir wollten schon länger mal gemeinsam weg. Ist zwar noch ziemlich kalt im Februar, aber in Italien ist es vielleicht schon wärmer.

Der nächste Zug ist der Unsere. Wirklich warm ist es um diese Zeit auch in Italien nicht. Draußen kampieren kommt leider noch nicht infrage. Der Karneval in Venedig ist trotz der Kälte beeindruckend.

Ich belagere mit Freunden und mit Leuten, die ich gar nicht kenne, gemeinsam eine Brücke über den Canale Grande. Wir singen: „pagare per passare“[4], sperren die Brücke ab und verlangen Maut. Nach der dritten Flasche Rotwein und dem zweiten Joint verliere ich das Gleichgewicht und falle in den Kanal. Die Brühe stinkt grauenhaft.

---

[4] „Bezahlen für den Durchgang“

Meine selbstgestrickte Wolljacke muss sehr oft gewaschen werden, bis sie wieder halbwegs normal riecht. Aber ich brauche sie, sie ist meine Einzige.

Das Geld reicht leider nicht so lange wie geplant. Ein Freund schlägt vor, zurück nach Deutschland zu fahren. Nur zum Geldholen. Dort kommt er an sein Sparbuch, in Italien nicht.

Es geht zurück Richtung Rosenheim. Wir trampen, das ist billiger. Die letzten 100 Kilometer bis Deutschland mit einem Lkw.

Wir kommen bis Kiefersfelden. Fahndung läuft. Sie haben ein Foto von mir. Verdammt! Der Lkw-Fahrer flucht, als mich die Beamten abführen. Die anderen trampen weiter, wir wollen uns später in der Kneipe treffen.

Ich werde verhört. Ich trinke mit den Beamten Kaffee und rauche von ihren Zigaretten. Wir unterhalten uns, ich lerne viel über ihre Arbeit.

Als ein Streifenwagen frei wird, werde ich zurück ins Internat gebracht. Das ist nicht wirklich das, was ich wollte. Ich war nur eine Woche weg, davon nur zwei Fehltage in der Schule, der Rest waren Faschingsferien. Warum also diese Aufregung?

Wieder hin zur Internatsleitung. Noch so ein Ding, und ich fliege vom Internat.

„Ja. Gut. Begriffen. Nein. Mach ich nie wieder.“

Wo sind die anderen? Schon weg?

Nein, zum Glück nicht. Unten in der Kneipe. Wie abgemacht. Sie warten auf mich.

„Was ist passiert?“

Ich erzähle.

„Und das lässt du dir gefallen?“

Nein, tue ich nicht. Aber was nun? Ich bin pleite. Einer bietet mir an, auszuhelfen. Ich kann es irgendwann zurückzahlen. Das hat keine Eile. Er hat Freunde im Allgäu. Da kann ich umsonst wohnen. Bald ist März. Dann wird alles gut. Aber jetzt krieg ich hier keine Luft mehr. Ich muss hier raus.

Ich laufe ins Internat, hole die nötigsten Sachen und wir fahren. Ich bin mir sicher, dass man mich sofort wieder suchen wird. Ich muss zum Friseur.

Ich lasse mir die Haare abschneiden. Jetzt sind sie nur noch zwei Zentimeter lang. Das sollte reichen, damit man mich auf Fotos nicht erkennt.

Die restliche Zeit bis zu meinem Geburtstag verbringe ich im Allgäu. Ich gehe kaum vor die Tür. Es könnte mich doch jemand erkennen, das will ich nicht riskieren. Die Leute, die mir Asyl gewähren, sind Ende 20 und richtig nett. Ich helfe im Haushalt, dafür kann ich wohnen und essen. Wir verstehen uns gut.

Am 15. März mache ich mich früh morgens auf den Weg. Ich trampe zurück. Richtung Rosenheim. Ich bin aufgeregt. Hoffentlich komme ich rechtzeitig. Hoffentlich verpassen wir uns nicht.

Gegen Mittag bin ich in der Kneipe. Ich erfahre, dass man mich inzwischen offiziell aus dem Internat geworfen hat. Urteil in Abwesenheit.

Ich bin mir sicher, ich werde in der Dorfkneipe abgeholt. Gerhard ist inzwischen im Internat. Er ist mit einem Bekannten mit dem Fiat Kombi hergefahren. Damit man meine Habseligkeiten alle mitnehmen kann. Ich bin nicht im

Internat. Sie warten stundenlang auf mich. Gerhard ist traurig und enttäuscht. Er will nur noch nach Hause. Sein Bekannter schlägt vor, erst noch einmal in der Dorfkneipe nachzusehen. Na schön, dann also ein letztes Mal dorthin.

Gott sei Dank!!! Das wäre beinahe schief gegangen. Fast hätte ich es vermasselt. So lange haben wir beide gewartet auf diesen Tag. Nur darauf hingelebt. Wir beide.

Wir fahren hinauf zum Internat und packen meine Sachen ins Auto. Dann fahren wir nach Hause. Eine lange, schweigsame Fahrt.

Ich bin völlig durcheinander. Ich fühle mich kaputt, wie ausgehöhlt, so dumm und gedankenlos. Ich stehe neben mir. Es tut mir leid, Gerhard so verletzt zu haben. Das war nicht meine Absicht.

Als ich nicht zur vereinbarten Zeit am vereinbarten Ort war, kamen ihm wohl Zweifel an meiner Liebe und Zuverlässigkeit. Es wäre ja auch möglich, dass ich es mir doch anders überlegt habe. Dann ist das eben nicht zu ändern.

Wir sind doch recht verschieden. Er nimmt die Dinge hin, wie sie sind, ich nicht. Ich bin davon überzeugt, dass sich jederzeit alles ändern kann. Dass ich etwas ändern kann. Ich muss mir nur ein Herz fassen, meine Angst überwinden, mutig sein. Dann wird alles gut.

Zufahrt zur Schäferei

5. Heimkehr

Es ist spät geworden. Gegen 22 Uhr kommen wir in der Schäferei an. Wir sind alle müde und nachdenklich. Die Sachen werden aus dem Kombi geräumt, der Bekannte verabschiedet sich eilig, er hat noch eine Stunde Heimfahrt vor sich.

Gerhard wohnt nicht allein. Bärbel, seine jüngste Schwester, wohnt mit ihrer Familie am Gehöft. Sie hilft bei der täglichen Arbeit am Hof, ihr Mann ist berufstätig, nach Feierabend hilft auch er, ihre Tochter geht noch zur Schule. Wie wird man mich wohl aufnehmen? Die Antwort auf diese Frage lässt nicht lange auf sich warten. Kaum bin ich aus dem Auto gestiegen, da streckt Gerhards Nichte schon den Kopf zur Haustür heraus und ich höre, wie sie nach drinnen, zur Mutter, ruft: „Oh jesses, die is wirklich dabei!" Ist das also schon geklärt. Hier wollen sie mich auch nicht.

Irgendwie wird es schon werden. Wir müssen uns eben erst aneinander gewöhnen, seine Familie und ich. Sie werden merken, dass es uns beiden ernst ist. Es wird gutgehen.

Noch in diesem März wollen wir heiraten. Aber es stellt sich heraus, dass das zu kurzfristig ist. Schon vom Aufgebot her nicht zu machen. Auch von der Arbeit her ist es schwierig. Dann eben im April. Auf diese Hochzeit haben wir jahrelang gewartet. Da kommt es auf einen Monat hin oder her nun auch schon nicht mehr an.

Eigentlich will ich ja gar nicht heiraten. Mir scheint es viel besser zu sein, ohne Trauschein glücklich zusammenzuleben. Aber ich sehe ein, dass das problematisch ist auf dem platten katholischen Land und möchte nicht, dass die Kinder, die wir uns wünschen, eines Tages darunter leiden müssen. Also wird geheiratet.

Gerhards Geschwister sehen diese Hochzeit nicht gern. So wenig, wie er der richtige Schwiegersohn für meine Eltern ist, so wenig, wenn nicht noch weniger, bin ich die richtige Schwägerin für sie und erst recht nicht die richtige Schäferin für diesen Hof. Ein kleines dummes Schulmädchen. Direkt vom Gymnasium, wo man sowieso nichts Brauchbares lernt. Bestimmt nichtsnutzig, faul, verdorben und überheblich. Kochen, backen, waschen, nähen, putzen – das kann und will ich sicher alles nicht. Geschweige denn, die tägliche Arbeit am Hof verrichten. Das kann und wird nicht gutgehen.

Bärbel verlässt mit ihrer Familie das sinkende Schiff, sie ziehen aus. Aber sie lässt ihren Bruder nicht mit seinem Unglück allein.

Sie kommt jeden Tag, damit alles seine Ordnung hat. Sie kennt sich aus, sie schafft an, sie heizt mir ein, bringt mich auf Trab.

Nichts, was ich tue, ist richtig. Nichts reicht aus. Sie weiß alles besser und kann alles besser. Sie lässt nichts unversucht. Sie rät mir, den Kaffee morgens nur bloß nicht zu stark zu machen. Ihr Bruder hat so ein schwaches Herz und wird so oder so nicht alt werden.

Ich denke mir: Du kannst mich mal. Ich lass mich nicht ins Bockshorn jagen. Ich kämpfe. Es ist schwer. Ich bin gerade 18 Jahre alt.

Der Einzige, der mir beistehen könnte, ist den ganzen Tag bei der Herde. Ich bin am Hof und erledige die Arbeit, so gut ich kann. Ich versuche, alles so schnell und so gründlich wie möglich zu lernen. Das meiste lerne ich auch wirklich schnell. Manches dauert etwas länger. Dinge wie Wäsche waschen. Damit hatte ich noch nie zu tun. Ich habe keinen Bezug zu dieser Waschmaschine und brauche immer wieder Bärbels Hilfe.

Am Telefon schildere ich, welche Wäsche ich waschen will und frage, welches Programm ich dafür benutzen muss. Dreimal hilft sie mir. Dann sagt sie: „Du kannst dir doch sonst jeden Scheißdreck merken." Und schon steh ich wieder mittendrin im Fettnäpfchen.

Sie sagt mir, was ich unbedingt kochen und backen muss, weil Gerhard es so mag und nur so gewöhnt ist. Das durchschaue ich nach der Sache mit der Wäsche ganz schnell. Jetzt schreibe ich mir nämlich alles auf, was sie mir sagt. Sie weiß es nicht. Treffer! Dreimal die gleiche Frage, drei komplett verschiedene Antworten. So läuft das also. Da hätte ich schon bei der ersten Mahlzeit draufkommen können, als Gerhard meinte, so hätte er das Gericht noch nie zuvor gegessen. Na warte.

Allmählich werde ich besser. Auch kräftiger. Hof fegen, Silage schippen, 20-Kilo-Eimer schleppen, Schweinestall misten, Hunde füttern. So nach und nach bekomme ich es in den Griff. Und trotzdem reicht es noch nicht aus.

Morgens bekomme ich Herzklopfen, wenn Bärbel mit dem Auto auf den Hof fährt. Ich kann die nächste Gemeinheit förmlich riechen und leide darunter, weil mein Bedarf an Krieg bereits über alle Maßen gedeckt ist. Ich mag es auch nicht, dass sie immer noch alle Schlüssel hat. Theoretisch kann sie jederzeit und überall neben oder hinter mir stehen, wenn sie will.

Eines Morgens ist das Maß voll. Sie kommt mit dreckigen Schuhen. Nicht ein bisschen dreckig, nein, richtig dreckig. Und sie läuft durch das halbe Haus damit. Ich versuche, sie aufzuhalten. Ich bitte sie, das nicht zu tun.

Sie lacht und meint, ich könne doch wieder putzen, hätte sowieso den ganzen Tag Langeweile.

Mir kommen die Tränen. Vor Wut.

Jetzt reicht's!

Glücklicherweise ist Gerhard an diesem Morgen daheim. Jetzt kann er mir beistehen. Wir werden das gemeinsam klären. Er wird die Schlüssel von ihr zurückfordern. Es wird endlich Ruhe und Frieden einkehren.

Er kommt in die Küche, ich sehe ihn flehend an und warte auf seine Unterstützung. Er sieht mich flüchtig an, dreht sich um und geht.

Alles dreht sich. Was soll das? Ich bin fassungslos. Seine Schwester grinst.

Ich fange mich wieder. In ruhigem Ton fordere ich die Schlüssel, während mir das Herz vor Aufregung bis zum Halse klopft.

Sie sagt, ich habe hier gar nichts zu bestimmen, das müsse schon ihr Bruder entscheiden. Der aber ist inzwischen weg. Zur Herde.

Erneut fordere ich die Schlüssel von ihr ein und verlange, dass sie geht.

Sie wirft die Schlüssel auf den Küchentisch und verlässt das Haus.

Mir ist schlecht. Ich heule, als sie weg ist.

Ich schleppe mich durch den restlichen Tag.

Ich fühle mich unendlich allein.

Bärbel meint es sicher nicht böse, im Gegenteil: Sie will für ihren Bruder das Beste, ihn vor mir schützen. Es ist einfach ihre Art, mit der neuen Situation umzugehen. Ich denke, ihr ist gar nicht klar, wie schwer sie mir manchmal das Leben macht. Irgendwann werden wir hoffentlich gemeinsam darüber lachen können.

Am Abend kommt Gerhard von der Herde zurück. Ich frage ihn vorwurfsvoll, warum er mir nicht geholfen habe. Die Antwort ist so simpel wie plausibel. Er sagt, er sei zu selten zu Hause, um mir jedes Mal helfen zu können, wenn es nötig sei. Ich müsse lernen, mich selbst zu behaupten und jedem unmissverständlich klar zu machen, dass ich mir nichts gefallen lasse, dass ich jetzt hier die Chefin bin.

Stimmt. Darauf hätte ich weiß Gott selber kommen können. Ich muss nicht nur das Arbeiten lernen, auch was die Logik angeht, ist bei mir noch viel Luft nach oben. Es geht mir wieder gut.

Die Arbeit ist ungewohnt und schwer. Meine Muskeln und Gelenke müssen sich erst daran gewöhnen. Morgens hänge ich mit meinem ganzen Körpergewicht an den Gurten, um die Rollläden zu öffnen.

Als ich den Tisch zum Vespern decken will, fällt mir das Wurstglas aus der Hand und geht auf den Fliesen zu Bruch. Mir ist einfach die Hand aufgegangen.

Ich habe eine Sehnenscheidenentzündung, langwierige Sache. Ich trage nun elastische Bandagen an den Handgelenken, um überhaupt noch arbeiten zu können. So nach und nach wird es aber besser. Mein Körper wird kräftiger, alles wird gut werden.

Wir planen die Hochzeit. Eine große Hochzeit wäre schön. Ein Bekannter könnte eine Kutsche organisieren. Vierspännig, mit Schimmeln.

Das wird leider alles nicht möglich sein. Mutter hat gedroht, Gerhard mit Vaters Revolver eigenhändig zu erledigen, falls er es wagen sollte, mich zu ehelichen.

Mir ist immer noch nicht klar, wie weit sie wirklich gehen würde. Ich habe Angst und gehe lieber auf Nummer sicher. Alles muss geheim bleiben. Zumindest vorerst.

Wir suchen Trauzeugen. Nicht so einfach, wenn die ganze Welt gegen diese Verbindung ist.

Zwei Schafscherer erklären sich schließlich doch bereit. Ein Hindernislauf. Bei dem Einen soll dessen Vater am Tag der Hochzeit die Schafe hüten, was dieser nur ungern tut. Die Familie des Andern steht nicht hinter seiner Zusage und versucht bis zur letzten Minute, ihn davon zu überzeugen, dass es besser sei, uns abzusagen.

Die Herden der Beiden weiden nah beieinander. Der Hund pariert nicht, die Herden laufen zusammen und müssen wieder auseinander sortiert werden. Meine Güte, was für eine Aufregung!

Abends um 18 Uhr soll die Trauung sein. Wir warten auf die Trauzeugen. Endlich kommen sie, wenn auch mit Verspätung.

Wir heiraten im kleinen Kreis. Heimlich.

Jedes Mal, wenn das Telefon klingelt, melde ich mich mit meinem Mädchennamen. Mindestens sechs Wochen lang. Dann traue ich mich irgendwann doch, mich mit meinem neuen Namen zu melden.

Hauptgewinn: Mutter ist am Telefon. Sie fragt entgeistert, ob ich nun verheiratet sei. Ich bejahe. Sie sagt: „Na Prost

Mahlzeit.“ Ich merke an, dass man für gewöhnlich so etwas wie Herzlichen Glückwunsch sagt, da hat sie schon aufgelegt.

Ich hoffe, dass alles gutgeht und mein Vater den Revolver gut weggeschlossen hat. Es geht gut.

Mitte Mai dann die kirchliche Hochzeit. Ich trage ein knallrotes Kleid und schwarze Lackschuhe, beides habe ich heute noch. Nicht weit vom Hof gibt es eine kleine Kapelle mitten im Wald. Ich schneide einen großen Waldstrauß. Er riecht gut nach Erde, Laub und Holz und sieht wunderschön vor den bunten Glasfenstern aus, durch die die Sonne scheint. Wir sind wieder nur Wenige: Der Priester, eine Ordensschwester, die Trauzeugen und wir beide.

Während der Zeremonie trabt draußen unter melodischem Hufgeklapper ein Tross Reiter vorbei. Unvergesslich.

Nach und nach bekommt unser Umfeld mit, dass wir verheiratet sind. Die einen gewöhnen sich schnell daran, die anderen schließen Wetten ab, wie lange das wohl gutgehen wird. Wieder andere sind beleidigt, weil wir es verheimlicht haben.

Ab und zu begegnet mein Mann alten Bekannten, die verwundert feststellen, wie gut er aussieht, geradezu gesund. Er wird gefragt, wer denn für ihn kocht und wäscht, wer putzt und die Arbeit am Hof erledigt. Schon klar, aus welcher Ecke das kommt. Da steh ich inzwischen drüber. Eigentlich sogar ganz lustig.

Wir sind glücklich, das ist das Einzige, was zählt.

Inzwischen habe ich viel gelernt und vieles geht schon gut von der Hand, aber manchmal scheint die Liste der Dinge, die noch fehlen, die noch zu erlernen und zu bewältigen sind, schier endlos. Hätte der Tag mehr als 24 Stunden, so wäre es doch nie möglich, einmal alles restlos erledigt zu haben. Betreuung der Herde, Aussaat und Ernte, Hof und Maschinen in Schuss halten, Organisation und Buchführung, Verwaltungskram, Finanzen, nebenher den Haushalt schmeißen, und, und, und …

Sämtliche Fahrten muss bisher Gerhard übernehmen. Ich habe noch keinen Führerschein. Unimog bin ich auf der Weide ja schon oft gefahren, habe auch im Feld damit gearbeitet und bin gut damit zurechtgekommen. Jetzt soll ich den Führerschein machen.

Gar nicht mein Fall. Am liebsten würde ich alles per pedes oder mit dem Fahrrad erledigen, das finde ich umweltfreundlicher und irgendwie gemütlicher, aber mir ist bewusst, dass das schon rein zeitlich nicht möglich ist.

Also melde ich mich schweren Herzens zur Fahrstunde an und los geht's. Die Theorie finde ich einfach, fahren geht ganz gut, aber es fällt mir noch schwer, gleichzeitig zu fahren und die Verkehrszeichen zu beachten. Es kommt mir fast vor wie Schach, da bin ich auch nicht gut, weil ich oft den Überblick verliere.

So falle ich auch in der ersten Praxisprüfung durch. Und warum? Nur, weil mich die Sonne blendet und ich mich daraufhin, ohne dem Prüfer den Grund dafür zu nennen, einfach nach den Verkehrsschildern richte. Ampel rot (kann ich nicht erkennen), ich taste mich unter Beachtung der Verkehrsschilder in die Kreuzung, der Fahrlehrer bremst: Ende der Prüfung! 200 Meter vor dem Prüfungsende an der Fahrschule. Na super!

An sich folgerichtig. Etwas in mir sträubte sich von Anfang an gegen diese Prüfung.

Bei der nächsten Prüfung habe ich schon zu Beginn totale Panik und das nicht ohne Grund: Sie ist weit schwieriger als die erste Prüfung. Aber irgendwie schaffe ich es dann doch.

So, wie ich alles immer irgendwie schaffe. Einfach, weil es sein muss. Weil ich nicht aufgebe.

Jetzt kann ich mit unserem kleinen Renault 4 selbständig zum Einkaufen fahren, Bankgeschäfte erledigen, Aushilfskräfte abholen, zur Herde und wieder nachhause bringen, Arzttermine wahrnehmen, und so weiter und so fort.

Wie gesagt: Begeistert bin ich nicht vom Autofahren, aber ich sehe ein, dass es notwendig ist, und es ist praktisch, nun nicht mehr warten zu müssen bis jemand Zeit hat, die eine oder andere Tour zu übernehmen.

Auch die Landmaschinen kann ich jetzt auf öffentlichen Straßen fahren, ohne befürchten zu müssen, dass ich von der Polizei ohne Führerschein angetroffen werde.

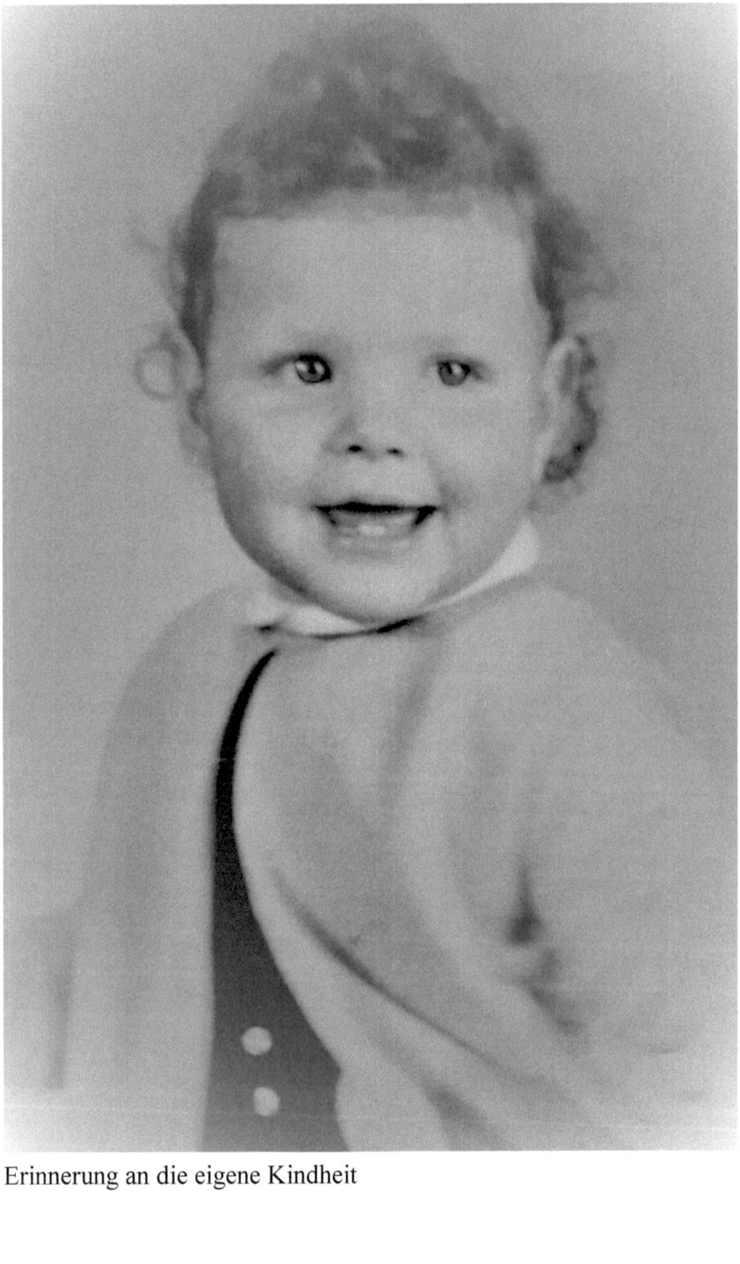
Erinnerung an die eigene Kindheit

6. Kinder, Kinder

Wir wünschen uns Kinder. Ich will das Rauchen aufgeben, denn das ist nicht gut in der Schwangerschaft. Nach mehreren vergeblichen Anläufen packt mich die Wut.

Das kann doch nicht sein, dass ich mir etwas vornehme und dann nicht schaffe! ICH bestimme, was ich tue und was nicht!

Anfang Juli nehme ich meine angebrochene Schachtel Zigaretten und einen alten Kochtopf, der zur Hundefütterung gedacht ist. Ich leere den Inhalt der Schachtel in den Topf, breche die Kippen in kleine Stücke und zünde das Ganze an. Ein kleines, furchtbar stinkendes Lagerfeuer.

Es fällt mir schwer, durchzuhalten. In den ersten Tagen lahmt meine Verdauung ohne Nikotin. Ich weiß nicht, wohin mit meinen Händen, bin unruhig und nervös. Sonst sind wir abends ab und zu ausgegangen, in den nächsten Wochen möchte ich das nicht. Ich weiß genau, dass ich in Gesellschaft von Rauchern bei Wein oder Bier sofort rückfällig werde. Nach einem Monat wird es langsam besser. Wir können wieder ausgehen. Ich verspüre noch oft das Verlangen, mit den anderen eine mitzurauchen, kann mich aber gottlob beherrschen. Ich weiß genau, dass eine einzige Zigarette reicht, um alles wieder kaputtzumachen.

Ich habe den Absprung geschafft, bin nun Nichtraucherin.

Wir warten schon seit Monaten darauf, dass meine Regel ausbleibt. Jetzt, im August, kurz nach der Führerscheinscheinprüfung, ist es soweit. Ich bin so froh! Endlich werden wir die Kinder haben, die wir uns schon so lange wünschen.

Ich sage, ich hätte am liebsten sechs oder sieben. Ich bin ja sozusagen als Einzelkind aufgewachsen, das war nicht schön. Gerhard lacht und fragt, ob das nicht vielleicht ein bisschen viel sei.

Inzwischen bin ich körperlich topfit und arbeite weiterhin viel und gern. So eine Schwangerschaft ist ja auch schließlich keine Krankheit. Das Baby wächst und beginnt, sich zu bewegen. Es boxt und trampelt. Wie herrlich!

Es wird Winter, die Herde kommt in den Stall und muss gefüttert werden. Kein Problem.

Weihnachten ist nicht mehr weit und eines Nachmittags nach dem Füttern, mein Mann hat noch anderes zu tun, gehe ich mit Axt und Säge in den Wald, einen Weihnachtsbaum holen. So kenne ich das aus Kindertagen und die selbst gefällten Bäume waren immer die schönsten.

Es dauert lange, bis ich einen Baum sehe, der mir gefällt. Er kommt mir ein wenig groß vor, aber ich denke mir, man kann ihn ja noch einkürzen. So fälle ich ihn, umfasse ihn am dicken Ende des Stammes und schleife ihn hinter mir her den Berg hinunter zum Gehöft. Mit der Zeit wird der Baum doch recht schwer. Gottlob geht es bergab. Da habe ich mich in der Größe des Baumes doch wohl ziemlich verschätzt.

Mein Ehemann weiß nicht, ob er weinen oder lachen soll, als ich nach Hause komme und er den Baum sieht. Er fragt mich, ob der für den Schafstall oder für die Kirche gedacht sei. Er setzt die Säge an, um mal gleich mindestens einen Meter abzuschneiden.

Ich protestiere laut.

Bis der Baum ins Wohnzimmer passt, muss er insgesamt um knapp drei Meter gekürzt werden. Irgendwie habe ich die Bäume meiner Kindheit viel größer in Erinnerung.

Im fünften Monat bekomme ich Wehen und muss ins Krankenhaus an den Tropf. Das war's dann erstmal mit körperlicher Anstrengung, aber Gott sei Dank geht alles gut.

Der Winter weicht dem Frühjahr, die Herde kann wieder auf die Weide und ich hüte ab und zu die Schafe, wenn es erforderlich ist. Das ist eigentlich ganz schön, davon abgesehen, dass ich inzwischen fast 30 Kilogramm zugenommen und Wasser in den Beinen habe. Richtig lästig wird es, wenn der Hund nicht pariert und ich selbst laufen muss, denn ich bin in diesem Zustand einfach zu langsam und schwerfällig.

Unser Kind kommt planmäßig und gesund im Mai zur Welt. Ich bin schon am Tag vor der Geburt mit Wehen im Krankenhaus. Der Chefarzt, der mich sonst betreut, hat Urlaub. Seine Vertretung muss also nach mir sehen. Ein jugoslawischer Oberarzt. Der Schwarm aller Patientinnen, wie sich schnell herausstellt.

Meiner nicht. Aussehen ist nicht alles. Ich hatte schon bei der ersten Begegnung mit ihm ein ungutes Gefühl.

Am frühen Abend, als die Wehen noch sachte sind, beginnt er, mir brutal den Muttermund zu dehnen, damit die Geburt zügig vorangeht. Am nächsten Tag ist Christi

Himmelfahrt und er will diese Geburt erledigt wissen, bevor er am Abend auf eine Feier geht. Ich bekomme zunächst rasende Schmerzen von seiner Aktion, die Wehen aber sind unverändert, werden weder stärker noch häufiger. Gegen 22 Uhr werden die Wehen dann stärker, die Hebamme benachrichtigt den Arzt und bittet ihn, in die Klinik zu kommen. Er trägt ihr auf, mir Valium zu geben, dann habe die Geburt Zeit bis zum nächsten Tag. Ich lehne es ab, Valium zu nehmen, auch die Hebamme ist dagegen. Die Wehen werden immer stärker.

Fünf Minuten nach halb zwei kommt unsere Tochter heil zur Welt. Karolina soll sie heißen, wie meine Oma Lina. Mit zweitem Namen Dorothea, nach ihrer Patin, Bärbels Tochter.

Gegen zwei Uhr muss sich der Arzt dann doch ins Krankenhaus bemühen, denn ich bin bei der Geburt stark eingerissen, es muss genäht werden.

Gut gelaunt ist er nicht gerade. Er zieht die Spritze für die örtliche Betäubung auf und setzt sie. Das allein ist schon so schmerzhaft, dass ich es kaum ertrage, obwohl ich weiß Gott nicht zimperlich bin.

Er schnauzt mich an, ich solle mich nicht so anstellen, legt die Spritze weg, greift nach der Nadel und beginnt sofort, den Riss zu nähen. Von örtlicher Betäubung noch keine Spur. Wie ein Metzger. Ich hätte ihn anzeigen sollen.

Da habe ich nun dieses wunderbare neue Wesen auf dem Bauch liegen und darf es zum ersten Mal stillen. Sie dreht den Kopf zur Seite. Sie ist wohl so erschöpft wie ich und hat noch keinen Hunger.

Die kommenden Monate sind schwer und anstrengend. Karolina ist ein Schreibaby. Sie trinkt schlecht, brüllt stundenlang und ausdauernd. Am besten geht es uns, wenn wir gemeinsam draußen bei den Schafen sein können. Dann schläft sie oft zwei oder drei Stunden am Stück, ganz friedlich.

Der große Hund, der früher so eifersüchtig auf mich war, steht nun neben ihrem Körbchen und passt auf sie auf. Er knurrt jeden böse an, der sich dem Körbchen nähert. Kaum zu glauben, wunderbar.

Zu Hause ist es schwieriger mit ihr. Ständig habe ich Angst, dass sie zu wenig trinkt. Fünf Monate lang versuche ich, sie zu stillen, aber es wird nicht besser. Erst als sie in der Lage ist, Gemüse- und Fleischbrei zu sich zu nehmen, entschärft sich die Situation. Sie hasst alles, was mit Milch zu tun hat. Auch Milchbrei mag sie nicht.

Ich gebe auf und stille nicht mehr, denn es ist für uns beide eine Qual. Sie dreht immer noch den Kopf weg und vermeidet jeden Körperkontakt zu mir.

Ich fühle mich schlecht, habe dauernd Kopfschmerzen und Herzrasen. Von postnataler Depression habe ich zu dieser Zeit noch nichts gehört, aber so etwas Ähnliches muss es wohl gewesen sein.

Ich fühle mich auch schuldig, denn ich bin genauso dumm wie damals mein Vater. Ich war doch tatsächlich im ersten Moment enttäuscht, dass unser erstes Kind kein Junge ist. Ich nehme mir vor, sie zu lieben.

Ich liebe sie wirklich und tue es heute noch, auch wenn wir es nicht immer leicht miteinander haben.

Sie entwickelt sich trotz aller Startschwierigkeiten prächtig und beginnt sehr früh, zu sprechen.

Ihr erstes Wort ist „Baba“ (Papa).

Wir fahren mit unserer Tochter zu meinen Großeltern nach Oberfranken. Sie sind die Einzigen aus meiner Familie, zu denen ich noch Kontakt habe.

Unsere Beziehung ist über die Jahre sehr innig geworden und wir genießen die Besuche bei ihnen. Gerhard mögen beide sehr gern und sie freuen sich jedes Mal, uns und die Kleine zu sehen.

Großmutter spielt für uns auf der Zither und Großvater hält derweil seine Urenkelin auf dem Arm wie ein Kleinod.

Sie ist im Mai geboren, er wird im September 84 Jahre alt.

Natürlich sind wir zu Opas Geburtstagsfeier eingeladen. Aber wie soll das gehen? Meine Eltern werden sicher auch dort sein. Begeistert bin ich von diesem Gedanken nicht. Ich bin mir ganz sicher, dass es zu Konflikten kommen wird, und möchte das Fest nicht verderben.

Großvater lacht nur verschmitzt und meint, das sei alles kein Problem. Uns habe er zwar gesagt, dass die ganze Familie erscheint, die anderen aber wolle er mit uns überraschen. Es sei sein sehnlichster Wunsch, dass wir kommen und ich solle mir keine Sorgen machen. Alles werde gut.

Ich kann es ihm nicht abschlagen. Wer weiß schon, wie oft wir uns noch wiedersehen?

Dennoch ist mir so ganz und gar nicht wohl bei dem Gedanken.

Wir fahren also zu Großvaters Geburtstag nach Oberfranken. Meine Verwandtschaft ist kurz vor uns angekommen. Großvater hatte Recht. Wir sind seine Überraschung, eine, wie er meint, gelungene Überraschung: Schreckstarre. Entgeisterte Gesichter.

Wir gehen erst einmal auf sichere Distanz zu meinen Eltern. Immerhin sind genug andere Gäste da, dass man sich nicht sofort miteinander unterhalten muss.

Nach dem Mittagessen in der Gaststätte bemerke ich, dass Mutter ständig zu uns herüberschaut. Sie kann den Blick nicht mehr von dem Kind auf meinem Arm wenden. Irgendwann fasse ich mir ein Herz, stehe auf, gehe zu ihr und frage, ob sie die Kleine vielleicht mal auf den Arm nehmen wolle.

„Natürlich! Gerne!“

Ich gebe ihr das Kind, sie hebt es auf Augenhöhe und betrachtet es. Dann schnuppert sie von oben bis unten an unserer Tochter, blickt mich erstaunt an und sagt: „Das Kind riecht ja gar nicht.“

„Bitte, was? Nach was soll Karolina denn riechen?“

„Naja, nach Schafstall, nach Kot und Dreck.“

Ich weiß nicht, was ich denken oder sagen soll, ich bin platt. Mir fehlen die Worte. Der restlichen Gästeschar auch.

Ich bitte Mutter, mir mein Kind wiederzugeben, gehe nach draußen und versuche, ruhig durchzuatmen. Gar nicht so einfach. Aber so ist das eben. Das ist Mutter.

Seit dieser Zeit werden wir regelmäßig von meinen Eltern besucht. Ich leide darunter, denn diese Besuche verlaufen nie harmonisch. All das erinnert mich stark an die Besuche meiner Großeltern, als ich klein war.

Am liebsten würde ich jeglichen Kontakt sofort wieder abbrechen, aber ich denke, ich habe kein Recht, meinem Kind die Großeltern vorzuenthalten. Ein böser Fehler, wie sich später herausstellen wird. Man sollte einfach den Mut haben, auf seine innere Stimme zu vertrauen. Den Mut, sich zu wiedersetzen.

Im Februar des darauffolgenden Jahres muss ich wegen einer Zyste und ständiger Schmierblutungen in die Klinik zur Kürettage[5]. Vier Tage muss ich dortbleiben.

Gerhard kommt mit Karolina zu Besuch ins Krankenhaus. Beide sehen ein wenig erschöpft aus und als ich nachfrage, berichtet mein Mann, was er und unsere Tochter kurz zuvor erlebten:

Vor dem Losfahren will er noch schnell bei der Kleinen die Windeln wechseln. Sie liegt auf dem Wickeltisch und strahlt ihn an, aber sobald er sie hochnimmt, um frische Windeln unterzulegen, beginnt sie zu weinen.

Beim ersten Mal ist er erschrocken. Hat er sie zu fest an sich gedrückt?

Beim zweiten Versuch dasselbe: sie weint, er ist ratlos. Beim dritten Mal bemerkt er endlich den Grund ihres Missbehagens: Er trägt ein schönes grünes Hemd mit großen Hirschhornknöpfen. Jedes Mal, wenn sie mit dem nackten Bäuchlein gegen die Knöpfe kommt, tut ihr das weh. Rätsel gelöst, aber beide sehen jetzt noch leicht fertig

---

[5] Ausschabung

aus. Trotzdem sind alle Mitpatientinnen ganz hin und weg von diesem niedlichen kleinen Mädchen.

Jetzt lacht sie ja auch wieder.

Im April werde ich erneut schwanger. Die ersten zwei Monate habe ich keine Ahnung davon, denn meine Regel bleibt nicht aus.

Die Schafe werden geschoren, ich arbeite für zwei, bis zum Umkippen, ich schone mich nicht.

Als der Gynäkologe die Schwangerschaft feststellt und ich ihm sage, dass ich bisher regelmäßig Blutungen hatte, rät er mir, mich auf eine Fehlgeburt einzustellen. Er verordnet mir ein Medikament, das eventuell helfen könne, aber nur bei strikter Bettruhe.

So hüte ich sechs Monate lang Bett und Sofa. An Arbeit nicht zu denken, nicht einmal Hausarbeit. Das ist eine bittere Zeit für mich. Ich habe meine liebe Not, nach der „Großen" zu sehen.

Vier Wochen vor dem Geburtstermin beginne ich zaghaft wieder, stundenweise aufzustehen und leichte Arbeiten im Haus zu erledigen. Wenn jetzt die Wehen einsetzen, ist das kein Risiko mehr.

Etwa drei Wochen vor der Geburt brennt ein Teil des Nachbarhofes nieder. Im Schlafzimmer höre ich die Feuerwehrsirene und die Martinshörner der Löschfahrzeuge, Gerhard und Bärbel sind im Schafstall. Es ist Winter, ein harter Winter mit viel Schnee und eisigen Temperaturen von bis zu minus 22 Grad. Mein Mann stapft durch den Schnee zum Nachbarhof, um zu sehen, ob er den Nachbarn helfen kann.

Er hilft, das Vieh in Sicherheit zu bringen. Gemeinsam mit anderen Helfern kann er gerade noch verhindern, dass die Tiere in den brennenden Stall zurücklaufen.

Da ich viel liegen muss, bekomme ich alles nur am Rande mit. Ich komme mir vor wie in Watte gepackt, wie in einer Parallelwelt. Hoffentlich kann ich bald wieder am normalen Leben teilhaben.

Unser alter Diesel läuft in den letzten Tagen vor der Geburt Tag und Nacht, damit man jederzeit in die Klinik fahren kann. Das Risiko, dass er bei dieser Kälte nicht anspringt, ist einfach zu groß.

Inzwischen ist es Ende Januar und ich bin schon einige Tage über den Termin. Jeden zweiten Tag ist Fruchtwasserspiegelung angesagt, am vierten Tag nach dem Termin muss ich stationär bleiben.

Da sitze ich jetzt und habe immer noch keine Wehen. Ich beginne, die Treppen gemütlich hinauf und hinunter zu laufen, stundenlang. Solange, bis die Wehen einsetzen. Dann an den Wehenschreiber. Der zeigt nichts an.

Na, manche sind eben empfindlich und bilden sich Wehen nur ein.

Nein! Das hätte man mir vielleicht beim ersten Kind weismachen können. Aber ich weiß doch, wann ich Wehen habe. Sie werden immer heftiger, die Abstände immer kürzer. Erneut an das Gerät. Nein, keine Wehentätigkeit festzustellen.

Ich werde böse.

Ich verlange, sofort manuell untersucht zu werden.

Der Diensthabende erklärt sich endlich bereit.

Überraschung! Der Muttermund ist vollständig geöffnet, jeden Moment kann das Kind kommen. Na super!

Schnell Hebamme und Kindsvater telefonisch verständigen. Die beiden liefern sich ein Kopf-an-Kopf-Rennen und treffen fast gleichzeitig im Kreissaal ein.

Ich trage das leinene Nachthemd, das Oma Lina nach unserer Hochzeit für mich genäht hat. Es reicht fast bis an den Knöchel. Es ist weiß und schlicht, nur der Ausschnitt ist mit roter Stickerei gesäumt.

Für die Geburt wird es hochgezogen bis knapp über die Hüfte. Jetzt noch zweimal kurz pressen, und schon ist das Kind da. Gut, das hätte ich also beinahe allein geschafft. Ohne Hebamme und ohne meinen Mann. Der schwierige Teil aber kommt erst noch.

Die Kürettage fand nur zwei Monate vor Beginn der Schwangerschaft statt. Den Rat, im nächsten halben Jahr zu verhüten, habe ich glatt in den Wind geschlagen, denn wir wollten ja so schnell wie möglich das nächste Kind, damit die Geschwister zusammen aufwachsen können.

Jetzt ist die Plazenta angewachsen und löst sich nicht von allein. Um sie zu holen, gibt es einen speziellen Griff, den auch die Hebamme beherrscht. Sie darf das aber nicht. Da muss der Arzt ran.

So, der Arzt also. Aha.

Es ist wieder mitten in der Nacht und ich weiß genau, wer Dienst hat. Ich habe nicht versäumt, mich vor der Geburt zu erkundigen. Es ist der Metzger. Ich will ihn nicht sehen. Es wird schon so gehen. Alles wird gut.

Da ist nun unser zweites Kind. Ein Junge. Jonas. Wie schön er ist! Man sieht, dass er lange ausgetragen wurde. Er sieht für ein Neugeborenes schon richtig erwachsen aus und ist am ganzen Körper behaart wie ein Pelztierchen. Der kleine Kerl, der nicht in dieses Leben kommen wollte. Lieb und eigensinnig.

Von mir kann er das nicht haben, ich habe es ja noch.

Gerhard sitzt am Kreißbett und hält meine Hand. Ich bin blass und fühle mich kraftlos. Die Hebamme kümmert sich um Kochsalzlösung. Sie hängt mir die Infusion an und sagt, dass sie gerne den Arzt holen würde, ihr sei unwohl bei meinem Anblick.

„Nein!"

In der nächsten halben Stunde bittet sie mich dreimal um Erlaubnis, den Arzt holen zu dürfen. Ich weigere mich.

Der Mann an meiner Seite beginnt, unruhig zu werden. Die Hand, die er hält, ist eiskalt. Ich bin schneeweiß im Gesicht und das ganze Kreißbett ist voll Blut. Bis über die Hüfte. Auch das Nachthemd schwimmt mittlerweile im Blut.

Die Hebamme fängt wieder vom Arzt an, leise und vorsichtig, sie kennt mich inzwischen.

Ich möchte widersprechen, aber die Stimme versagt.

Da spricht Gerhard ein Machtwort: „Der Arzt muss her, ganz egal, was meine Frau dazu sagt."

Der Arzt, den ich verachte, wird eilig gerufen. Wenig später betritt er den Kreißsaal, sieht auf das Kreißbett und sagt: „Was? Schon wieder DIE? Schon wieder nachts um halb Zwei?"

Ich habe es geahnt. Ich möchte wegrennen. Ich will nicht, dass er mich anfasst. Das bringt mich um. Ich kann mich nicht bewegen, nicht wehren. Ich merke kaum noch, wie er die Narkose setzt. Alles dunkel. Gott im Himmel, hilf mir!

Innerhalb der nächsten Stunden bekomme ich drei Bluttransfusionen und strenge Order, nicht aufzustehen. Ich höre den Arzt sagen, dass ich das in dieser Verfassung sowieso nicht kann.

Gerhard hat mir das Leben gerettet.

Am nächsten Vormittag weckt mich eine Babystimme. Ich bin mir sicher, das ist Jonas. Mit dem Infusionsständer, an dem inzwischen die dritte Blutkonserve hängt, wanke ich ins Kinderzimmer und stille meinen Sohn. Auf dem Rückweg ins Zimmer begegnet mir der Arzt. Er schäumt vor Wut. Er hasst mich genauso wie ich ihn.

Während ich in der Klinik bin, ist meine Mutter am Hof und versorgt Karolina.

Gerhard harrt die ganze Nacht bei mir im Krankenhaus aus und fährt erst am frühen Morgen nach Hause. Er weicht das blutdurchtränkte Nachthemd im Waschbecken ein. Mutter bemerkt es kurz nach dem Aufstehen. Ihr graut. Sie erkundigt sich vorsichtig, was passiert sei und wäscht es dann. Gerhard muss sich wieder um die Herde kümmern. Übernächtigt und besorgt.

Nachdem ich mich gründlich ausgeschlafen habe, verlasse ich mit unserem Sohn auf eigene Verantwortung das Krankenhaus, dieses Mal aber nicht kommentarlos.

Unterredung mit dem Chefarzt.

Der Oberarzt wechselt kurze Zeit später die Klinik.

Der Kleine ist im Vergleich zu seiner Schwester richtig pflegeleicht. Er sucht von Anfang an körperliche Nähe.

Er weint nur, wenn er Hunger hat oder wenn die Windel gewechselt werden muss. Ihn stille ich fast ein Jahr lang.

Karolina beginnt, wieder in die Windeln zu machen. Sie ist eifersüchtig und macht auch keinen Hehl daraus.

Eines Mittags lege ich beide Kinder wie gewöhnlich zum Schlafen hin. Karolina in das Kinderbett, Jonas in die Wiege.

Plötzlich wird es im Schlafzimmer laut. Ich höre ihn weinen und sie lachen.

Als ich die Tür öffne, sehe ich sie vor der Wiege stehen. Sie holt aus und schlägt ihm, so kräftig sie nur kann, mit der Faust auf den Bauch, genau auf den kleinen Nabel. Ich kann es nicht mehr verhindern. Zuerst bleibt ihm die Luft weg, dann weint er bitterlich. Sie lacht laut.

Das ist das erste Mal, dass ich sie schlage.

So wie auch ich früher geschlagen wurde. Entsetzlich. Ich bin so hilflos. Ich schäme mich so sehr. Wie kann ich ändern, was verkehrt läuft? Kann ich überhaupt bewusst Einfluss auf die Entwicklung der Dinge nehmen? Wenigstens kann ich es versuchen. Irgendwann wird bestimmt alles gut.

Die Kinder werden zwischen Stall und Weide groß. Karolina ist ein „Babakind“, von mir will sie nicht viel wissen. Sie genießt es, wenn die Herde am Hof ist und ihr Baba zu Hause die Schafe hütet. Sie hat zwar seit kurz nach der Geburt ihres Bruders wieder die dicke Mullwindel um, aber sie ist den ganzen Tag mit Baba bei den Schafen, auch mit Windel.

Beide Kinder leiden unter starker Windeldermatitis und so bleibt eben nur die gute alte Mullwindel und dick Penatencreme. Bei uns auf dem Wäscheplatz sieht es aus wie im Kinderheim: Die ganze Leine voll Mullwindeln und Höschen, aber Pampas oder Ähnliches geht nun mal nicht, sonst sind sofort die Popos blutig.

Als die Herde wieder auf eine andere Weide umgetrieben werden soll, sagen wir Karolina, dass sie an diesem Tag nicht zum Baba auf die Wiese kann, weil er die Schafe woanders hintreibt. Sie schaut traurig und nickt. Baba packt seine Vesper ein, nimmt die Hunde und macht sich auf den Weg. Ich füttere das eine Kind, dann stille ich das andere.

Nanu! Wo ist denn plötzlich Karolina hin? Ich suche sie. Zuerst im Haus, dann im Hof, danach im Stall. Weg. Ich bin außer mir vor Angst und Sorge. Wo mag sie sein? Während des Stillens war sie doch noch da.

Mein Blick schweift über das Gelände und da sehe ich auch schon von Weitem etwas Kleines. Das muss sie sein. Unterhalb des Hofes, dort, wo die ganze Woche über die Herde graste, etwa 500 Meter entfernt, ein kleines buntes Etwas. Mit Jonas auf dem Arm gehe ich ihr entgegen. Ihr Kopf ist hochrot, das Gesichtchen nassgeschwitzt und das Wasser läuft wohl aus der Windel schon in die Schläppchen. Oh je.

„Ich habe dir doch gesagt, der Baba ist nicht da. Komm, wir gehen heim."

Wir gehen nach Hause, sie hört nicht auf, zu schluchzen. Ich ziehe sie frisch an, binde mir den Kleinen im Tuch um und sage, wir können ja mal ein Stück den Weg durch den Wald gehen, den der Baba heute mit den Schafen gegangen ist. Sie nickt.

Wir gehen los, aber nicht weit vom Hof wird sie immer langsamer, ihr Blick immer ängstlicher.

Wir begegnen einem Fuchs. Ich fasse sie am Arm und sage aufgeregt: „Schau doch mal, ein Fuchs, wie schön!"

Sie beginnt, laut zu heulen und weigert sich, auch nur einen Schritt weiter in den Wald zu gehen. Also kehren wir um.

20 Jahre später erzählt sie mir, dass sie damals dachte, ich wolle sie umbringen. Mir verschlägt es erstmal die Sprache vor Ungläubigkeit und Entsetzen. Ich frage, wie sie nur so etwas denken konnte. Sie sagt, sie weiß es nicht. Ich lasse nicht locker. Das muss doch einen Grund haben. Sie braucht eine Weile, denkt nach, sucht nach einer möglichst harmlosen Formulierung für die böse Wahrheit und findet zunächst keine. Endlich kommt es raus: „Oma hat immer wieder gesagt: ‚Eure Eltern sind dumm und primitiv. Euer Vater ist ja harmlos, der ist einfach nur dumm. Vor eurer Mutter aber musst du dich in Acht nehmen, die ist hinterhältig und gefährlich. Jonas ist ihr Liebling, dem wird sie nichts tun. DU aber musst immer auf der Hut sein vor ihr'. Ich habe ihr damals geglaubt und war ständig auf das Schlimmste gefasst."

Das erklärt Vieles. Meine eigene Mutter hat die Seele meiner Tochter vergiftet. Warum? 20 Jahre lang war ich ahnungslos und habe gegrübelt, was um Himmels Willen ich denn besser machen könnte, habe die Schuld an allem bei mir gesucht. Gut, dass wir endlich miteinander sprechen können. Wir sind beide erleichtert. Alles auf Neuanfang.

Im Prinzip ist es ganz schön, die Kinder überall mit hinnehmen zu können. Sie sind bei allen Arbeiten dabei und immer an der frischen Luft. Doch jedes System hat seine Tücken. An manchen Tagen, an denen es bitterkalt ist oder bei Nässe unter freiem Himmel gearbeitet werden muss, sind die Kleinen doch immer wieder einmal für einige Stunden allein im Haus und sich selbst überlassen, denn meine Eltern wohnen nicht in der Nähe und auch Bärbel hat nicht immer Zeit, bei Bedarf auf die Kinder aufzupassen. Ein Kindermädchen können wir uns nicht leisten.

Drinnen ist es ja schön warm und es gibt genug Spielsachen, also weiter kein Grund zur Sorge.

Solange, bis ich einmal kurz nach dem Rechten sehen will und Karolina kerzengerade im Laufstall sitzt, den Blick wie in Hypnose auf das Pendel der alten Wanduhr gerichtet. Sie bemerkt nicht einmal, dass ich den Raum betrete, obwohl ich mich nicht bemühe, mich anzuschleichen.

Sie fixiert das Pendel der Uhr, wiegt den Kopf im gleichen Takt hin und her und flüstert: „ticktack, ticktack, ticktack … bimbam“ (in diesem Moment schlägt die Uhr)

Ich bin entsetzt. Mir fällt sofort Kaspar Hauser ein. Ich darf die Kinder nicht stundenlang sich selbst überlassen, zumindest muss ich in regelmäßigen kurzen Zeitabständen nach ihnen sehen, wenn es wirklich wieder einmal nicht möglich ist, sie die ganze Zeit draußen dabei zu haben.

Natürlich gibt es auch lustigen Zeitvertreib an solchen Tagen. Man kann wunderbar die große Sockenschublade des Schlafzimmerschranks ausräumen und sich gegenseitig mit schafwollenen Arbeitssocken bewerfen. Oder das Spielzeug aus der Kommode räumen, es über das ganze Wohnzimmer verteilen und sich dann selbst in die nun leeren großen Schubladen legen, einer oben, einer unten.

Manchmal geht natürlich auch aus Versehen etwas zu Bruch. Nicht weiter schlimm, das kann man verstecken, beispielsweise unter dem Sessel.

Ich staune nicht schlecht, als ich beim Hausputz plötzlich die Hand voller Stacheln habe. Das unter dem Sessel ist ein Kaktus und sein zerbrochener Übertopf.

Die Große schiebt dem Kleinen all ihre Ungezogenheiten in die Schuhe. Er beißt und kneift sie dafür, so fest er kann.

Ich wünsche mir so sehr, dass die Kinder sich vertragen. Dass sie zusammenhalten, im Zweifel sogar gegen mich. Das war der Grund, warum wir nach dem ersten Kind so schnell wie möglich das zweite bekommen wollten. Damit sie gemeinsam aufwachsen und nicht wie Einzelkinder.

Im Sommer 1986 stirbt mein geliebter Opa Hans im Alter von 86 Jahren. Im September wäre er 87 geworden. Ich bin unglaublich traurig. Wie schön, dass er Jonas noch kennengelernt hat. Ich weiß, er war bereit zu sterben, mehr als bereit. An seinem letzten Geburtstag meinte er schon, dass er keine Geburtstage mehr mag. Das sei kein Grund mehr zum Feiern, sondern eine rechte Plage. Jetzt hat er seine wohlverdiente Ruhe. Trotzdem komme ich noch nicht damit zurecht.

Als meine Hamburger Oma gestorben ist, war das nicht so schlimm für mich, sie war weit weg, wir hatten nie so einen engen Kontakt und ich war damals noch ein Kind.

Jetzt bleibt also Oma Lina allein zurück. Sie steht völlig neben sich. Wie gut, dass meine Cousine in der Nähe ist und sich um sie kümmert.

Zwei Jahre darauf stirbt auch meine Großmutter mit 87 Jahren. Allein hatte sie keinen Grund mehr, zu leben.

Es fühlt sich so ungewohnt, so leer an. Sie waren da, solange ich denken kann. Großvater hat früher mich auf den Knien gehalten, später meine Kinder. Er hat mit mir Karten gespielt und Wanderungen unternommen. Großmutter hat immer so schöne Weisen auf der Zither gespielt und auch mir das Zitherspielen ein wenig beigebracht. Alles vorbei. Alles vergänglich.

Ich frage mich, was wohl nach dem Tod kommt. Was mit dem Körper in Abhängigkeit von der Bestattungsmethode passiert, ist schon klar. Aber was ist mit der Seele? Aus toten Organismen wachsen neue, Asche düngt den Boden. Ein ewiger Kreislauf, eine Art natürliches Recycling. Wie aber werden die Seelen recycelt? Das werde ich wohl, wenn überhaupt, erst nach meinem eigenen Tod erfahren.

Inzwischen kommen alle vier bis sechs Wochen meine Eltern zu Besuch. Sie schleppen bergeweise Geschenke und Süßigkeiten an. Sie sagen den Kindern, dass sie ihnen all das mitbringen, weil Mama und Papa so arm sind, dass sie sich so etwas nicht leisten können. Dass sie uns so oft besuchen kommen, weil Mama und Papa ja für ihre armen Kinder keine Zeit haben.

Wenn alle Geschenke angeschaut sind und schon viel genascht wurde, finden es die Kinder nicht mehr lustig, dass die Großeltern die ganze Zeit bestimmen wollen, was gemacht und gespielt wird. Das sind sie nicht gewöhnt, sie haben ihren eigenen Kopf.

Das ist der Moment, in dem mein Vater sich beschwert, die beiden seien ja total verwildert.

Ich würde das eher selbstbewusst und kreativ nennen, aber da gehen die Meinungen eben stark auseinander.

Mutter geht im Ort in den Supermarkt. Großeinkauf. Den Wagen hoch aufgetürmt.

An der Kasse sagt sie ganz nebenbei zur Kassiererin: „Ach wissen Sie, das ist ja alles nicht für mich. Ich komme nur jeden Monat einmal zu Besuch zu Tochter und Schwiegersohn. Die zwei sind bis über beide Ohren verschuldet und können ihre Kinder nicht angemessen ernähren. Also kaufe ich dann für meine Enkelkinder ein, und das muss ja bis zum nächsten Besuch wieder reichen."

So laut, dass es der ganze Supermarkt hört. Ich wünschte, der Boden täte sich auf und würde mich verschlucken. Leider nein. Ohne Worte.

Ja, es ist richtig. Der Hof wurde von Grund auf renoviert. Wir haben Verbindlichkeiten, die zu bedienen sind. Oft ist es hart, denn die Schafe haben immer wieder neue Krankheiten und es gibt je nach Wetterlage immer wieder einmal eine Missernte. Wir haben wirklich nicht so viel Geld, dass wir es zum Fenster hinauswerfen könnten. Aber es hat noch immer gut zum Leben gereicht.

Wenn meine Eltern endlich wieder abreisen, bekomme ich 100 Mark und einen Zettel, auf dem steht, was davon alles einzukaufen ist: Milch, Joghurt, Käse, Obst, Multivitaminsaft, Cornflakes … Ich bedanke mich artig, weil das die einzige Möglichkeit ist, keinen Riesenkrach herauf zu beschwören. Ich weiß, was jetzt von mir erwartet wird. Beim nächsten Besuch habe ich die Kassenzettel vorzuzeigen. Nicht, dass ich noch auf die Idee käme, das Geld zur Bank zu bringen, um das Konto auszugleichen.

Dann beim Wegfahren noch der obligatorische Text, dass andere Großeltern bei Weitem nicht so spendabel seien, und wir das alles nicht zu schätzen wüssten in unserer Undankbarkeit und Primitivität.

Wir lassen die Prozedur über uns ergehen. Wir denken immer noch, es sei Unrecht, den Kindern die Großeltern vorzuenthalten.

Manchmal macht man dumme Fehler, einfach weil man es gut meint. Ich hätte nie um des lieben Friedens willen schweigen dürfen, ich hätte verhindern müssen, dass meine Eltern die Kinder gegen uns aufhetzen, ich hätte den Kontakt abbrechen sollen. Sofort. Ich habe es nicht getan, habe es gut gemeint, dachte, es ertragen zu müssen.

Ich bin es leid, immer gegen alles anzukämpfen, will nicht immer die Böse sein. Ich bin so müde. Manchmal denke ich darüber nach, was mich denn so müde macht. Wann die meiste Arbeit im Jahr anfällt, welche Arbeit am schwierigsten ist, welche am anstrengendsten, was ich tun könnte, damit alles noch besser läuft.

Mir wird bewusst, dass die Dinge, die körperlich anstrengen, oft mehr Spaß, meist auch mehr Sinn machen als andere, dass der ewige Kampf, den meine Eltern gegen Gerhard und mich führen, für mich das Schlimmste und Anstrengendste ist. Dass es mich unendlich traurig und hilflos macht, zu sehen und zu fühlen, wie meine Eltern im Laufe der Zeit einen großen Keil zwischen uns und die Kinder treiben. Immer wieder frage ich mich, wie ich gegensteuern kann, ohne jemanden zutiefst zu kränken. Immer wieder hoffe ich, dass schon irgendwann alles gut wird. Eines Tages werde ich begreifen, warum sich alles so zugetragen hat und nicht anders.

Im Augenblick versuche ich einfach, aus allem das Beste zu machen, in allem etwas Positives zu sehen.

Mein Glas ist halb voll, nicht halb leer.

Der Herbst ist immer anstrengend, aber schön. Es ist Erntezeit, sowohl im Feld als auch beim Obst.

Wir nennen etwa 100 Obstbäume, meist Apfelbäume, unser Eigen. Zuerst wird behutsam das Obst gepflückt, das zum Verzehr verkauft oder eingewintert werden soll. Dann wird das restliche Obst heruntergeschüttelt und aufgesammelt. Bei so vielen Bäumen kommt da eine ganze Menge zusammen. Die Äpfel werden in die Kelterei gebracht. Wir lagern etwa 2000 Liter Saft für Apfelwein in Fässern in unserem Sandsteingewölbekeller ein. Die restlichen Äpfel werden an die Kelterei verkauft.

Im Winter füttern wir die Schafe mit Apfeltrester, dem Rückstand, der beim Keltern entsteht, mit ausgepressten Äpfeln also. Wir holen den Trester in der Kelterei, fahren mehrmals in der Woche am späten Abend mit Unimog und Anhänger dorthin, um ihn aufzuladen. Von September bis Ende November. Natürlich muss nach jedem Aufladen auch der Hof der Kelterei gefegt werden, da breitgefahrener Trester glitschig wird und gefährlich ist. Meist hat sich mein rechter Arm vom vielen Schaufeln und Fegen gerade eben so erholt, bevor die Schafe im Dezember wieder eingestallt und gefüttert werden müssen.

Jonas ist jetzt neun Monate alt, er läuft noch nicht und spricht auch kaum, robbt aber blitzschnell von A nach B, wenn ihn etwas interessiert.

Die Schafe sind noch auf der Sommerweide und werden regelmäßig zur Klauenbehandlung durch ein Fußbad mit Formaldehyd getrieben. Der große Formalinkanister wird draußen in der Garage aufbewahrt, im Keller steht ein ehemaliges Gurkenglas mit etwas Formalin darin, das bei der Klauenpflege zum sofortigen Auftragen verwendet wird.

Die Apfelernte ist abgeschlossen, wir wollen keltern, die Fässer müssen sauber gemacht werden. Das geht am besten draußen im Hof vor dem Kellereingang. Dort gibt es Wasser und einen Ablauf.

Karolina ist heute bei der Tante, Jonas nehme ich mit in den Hof. Er plantscht in meiner Nähe im Wasser herum. Es macht ihm Spaß, sich von oben bis unten nass zu machen. Die Sonne scheint warm, goldener Oktober.

Als ich mich aus einem der großen Fässer, die ich mit der Wurzelbürste ausschrubbe, wieder aufrichte, sehe ich Jonas nicht mehr, aber ich höre leises Gewimmer. Es kommt aus dem Keller.

Ich lege die Bürste weg und gehe nachsehen. Kaum im Kellerflur angekommen, rieche ich schon das Formalin. Jonas hockt auf den Kellerfliesen, reibt sich die Augen und weint jämmerlich. Da sehe ich auch schon das zerbrochene Gurkenglas neben ihm auf dem Boden.

Ich klemme mir das Kind unter den Arm, renne nach oben ins Bad, wasche ihm Gesicht und Hände ab, setze es auf den Teppich und rufe den Arzt an.

Er sagt, ich solle den Kleinen auf keinen Fall zum Erbrechen bringen, da er womöglich die ätzende Flüssigkeit geschluckt habe, und rät mir, sofort ins Krankenhaus zu fahren und die Sache abklären zu lassen.

Ich nehme das Kind, schließe das Haus ab und mache mich auf den Weg. Im Auto ist es kaum auszuhalten. Der Kleine hat wohl Formalin an die Kleidung bekommen, das dünstet jetzt aus, und er schreit immer lauter.

Unterwegs begegne ich einem Polizeiauto, ich stoppe daneben und frage nach dem Weg, denn ich weiß nicht genau, wo die neue Kinderklinik ist. Sie fahren mit Blaulicht und Martinshorn bis zur Klinik vor mir her.

Der Kinderarzt schaut Jonas an und telefoniert dann sofort mit der Giftzentrale in Berlin. Nachdem er aufgelegt hat, sagt er, ich solle ganz ruhig bleiben, aber er könne mir leider nicht viel Hoffnung machen.

Das Kind ist weiß, grün, gelb, blau, violett und grau im Gesicht, wahrscheinlich hat es Formaldehyd geschluckt, das verätzt die Innereien und innerhalb kurzer Zeit ist alles vorbei. Man könne zwar nichts mehr für ihn tun, falls er wirklich etwas von der Substanz geschluckt habe, aber immerhin könne man ihn ins Kreiskrankenhaus zur Speiseröhrenspiegelung bringen, dann wisse man wenigstens Bescheid.

Ob ich das denn wolle?

„Bitte, was? Ach so! Ja! Natürlich!"

Mit Blaulicht ins Kreiskrankenhaus.

Jonas röchelt nur noch leise, schreien kann er nicht mehr, er ist völlig erschöpft. Ich wünsche mir, es sei ein böser Traum, aus dem ich gleich erwachen werde. Ich darf nicht mit hinein, muss auf dem Gang der Klinik warten. Eine Stunde oder zwei? Ich erinnere mich nicht, habe kein Gefühl mehr für die Zeit. Gelähmt von Angst und Hilflosigkeit. Gequält von Selbstvorwürfen.

Dann endlich die erlösende Botschaft: Keine Verätzungen erkennbar. Wir fahren gemeinsam zurück ins Kinderklinikum, offenbar hat er das Formalin nur an die Hände bekommen und sich dann ins Gesicht gefasst. Das stinkt und brennt höllisch. Vorsichtshalber soll er während der nächsten drei Tage per Kanüle künstlich ernährt werden und zur Beobachtung in der Klinik bleiben.

Jetzt schläft er, ich soll und muss nach Hause, Karolina braucht mich am Abend. Ich fahre also heim und berichte.

Als ich am nächsten Tag in die Klinik komme, um Jonas zu besuchen, steckt er in einem Babyschlafsack und ist am Bettgitter angebunden. Man erklärt mir, dass er sich, kaum erwacht, die Kanüle aus dem Arm gerissen und versucht habe, weg zu robben. Sie hätten keine andere Wahl gehabt als ihn anzubinden.

Er will nach Hause. Ich sage ihm, er müsse noch zwei Tage bleiben, aber ich käme jeden Tag zu Besuch. Ich verlange, dass man ihn losbindet. Protest. Dann gibt man doch nach.

Kaum befreit, reißt sich das Kind die Kanüle erneut aus dem Arm. Ich sehe ein, dass er wieder angebunden werden muss. Er würdigt mich keines Blickes mehr. Traurig fahre ich nach Hause.

Zwei Tage später kann ich ihn endlich wieder mitnehmen. Zu Hause hat er ebenfalls einen Babyschlafsack, exakt so einen wie in der Klinik. Den mochte er immer sehr gerne, jetzt nicht mehr. Er beruhigt sich erst, als ich ihm sage, ich werde den Schlafsack verschenken, was ich dann auch zügig erledige. Jonas erholt sich schnell.

Es wird Winter, die Schafe kommen in den Stall und schon naht Weihnachten und damit auch der obligatorische Besuch meiner Eltern.

Alle Jahre wieder: Berge von Geschenken, Süßigkeiten und Schmeicheleien für die Kinder, Berge von Vorwürfen und bösen Sticheleien für mich.

Mutter sagte schon immer, dass jeder bekommt, was er verdient. Sie versteht auch gar nicht, was mich am zweiten Feiertag daran aufregt, dass die Kinder sich gegenseitig mit Schokolade und Plätzchen bewerfen und sich die neuen Spielsachen um die Ohren hauen, als wir mittags aus dem Stall kommen. Ihrer Ansicht nach kommt das nicht daher, dass einfach alles viel zu viel des Guten ist, sondern eher daher, dass ich nicht in der Lage bin, meine Kinder angemessen zu erziehen. Bei ihr hört der Spaß erst auf, als die Kinder ruckzuck das neue Spielzeug kaputt machen. Schließlich seien wir in der Pflicht, darauf zu achten, dass die teuren Dinge gut behandelt werden, das sei wesentlich wichtiger als die blöden Schafe. Mein Hinweis, dass es ja nicht nötig sei, so teure Spielsachen zu kaufen, die außerdem, der Altersangabe nach zu schließen, für ältere Kinder bestimmt seien, wird empört gekontert mit den Worten: „Wir können mit unserem Geld machen, was WIR wollen, IHR habt ja keins."

Da wird es Gerhard aber doch zu bunt. „Dann beschwert euch auch nicht, wenn die Kleinen was kaputt machen!“, bringt er Mutter wütend zum Schweigen.

Wir nehmen die Kinder wieder mit in den Stall. Besuch hin oder her. Dort können sie mit den Lämmchen spielen, Bescheid sagen, wenn ein Wasserbottich fast vollgelaufen ist, im Stroh sitzen und mit den Katzen spielen.

Karolina kann sogar schon die kleine leichte Holzhürde auf und zu machen, die den Stall von der Tenne trennt und durch die wir mit den großen, mit Trester beladenen Schubkarren zu den Futterraufen fahren. Nach jeder Durchfahrt muss sie geschlossen werden, sonst laufen die Schafe aus dem Stall auf die Tenne.

Das ist eine wichtige Aufgabe, Karolina weiß das und es macht ihr Spaß. Aber nicht, wenn sie weiß, dass drinnen die Großeltern sind.

Oma tröstet sie dann auch gleich, als wir aus dem Stall kommen. Sie sagt, ihre Enkeltochter sei eine wunderschöne kostbare kleine Prinzessin und habe es überhaupt nicht nötig, niedere Arbeiten zu verrichten, auch, beziehungsweise gerade dann nicht, wenn es die Eltern verlangen. Die sind schließlich primitiv und dumm und puhlen den ganzen Tag nur im Schafmist herum. Von solchen Leuten muss sich niemand etwas sagen lassen.

„Das habe ich gehört.“

„Ja, ist völlig in Ordnung, solltest du auch.“

Ohne Worte.

So wundert es weiter nicht, dass ich sagen kann, was ich will, während Fräulein Tochter tut, was SIE für richtig hält. ICH habe ja schließlich keine Ahnung.

Zum Gehöft führt ein Privatweg und nicht weit vom Haus entfernt ist der Überlauf der Quelle, die uns mit Trinkwasser versorgt, sowie ein runder Sammelschacht direkt am Weg. Der erhöhte Schacht ist sehr beliebt bei den Kindern, sie klettern gerne darauf herum und setzen sich auf den Deckel. Von dort aus hat man einen guten Blick. Man sitzt dort wie ein König auf seinem Thron.

Solange es warm ist, ist das auch alles okay, aber nicht bei Nässe und Kälte.

Kaum schimpfe ich, dass man bei diesem Wetter ganz schnell krank wird auf dem feuchten kalten Beton, schwupp, schon sitzt Madamchen wieder auf dem Schacht.

So eine Blasenentzündung ist nun wirklich kein Spaß. Ich gehe mit ihr zum Arzt. Das mag sie nicht, sie hasst Ärzte. Wieder zu Hause, setze ich alle erhaltenen Anweisungen um, damit es dem Kind möglichst schnell wieder besser geht: heißes Vollbad, heißer Tee, heiße Wickel, Tabletteneinnahme, dickes Federbett und noch eine Wolldecke darüber.

Sie wehrt sich vehement.

Sie kreischt, schlägt um sich und tritt nach mir.

Als all ihre Gegenwehr vergeblich ist, weint sie bitterlich und ausdauernd.

Meine fürsorglichen Maßnahmen sind für sie nur ein weiterer Anhaltspunkt dafür, dass ich sie quälen will und womöglich noch Schlimmeres im Schilde führe.

Karolina wird schnell wieder gesund und alles scheint vergessen.

Die nächste Vorsorgeuntersuchung beim Kinderarzt steht an. Er sagt, die Kinder entwickeln sich prächtig. Nur Jonas‘ Nabelbruch sollte besser operiert werden, damit er sich nicht eines Tages einklemmt.

Ich sehne mich nach Ruhe und Normalität, aber die Argumente des Mediziners sind einleuchtend. Inzwischen ist Jonas gut zwei Jahre alt und seit kurzem sicher und mit viel Freude auf zwei Beinen unterwegs.

Ich versuche, ihm zu erklären, dass wir ins Krankenhaus müssen, um den Nabelbruch operieren zu lassen.

Krankenhaus hätte ich nicht sagen sollen.

„NEIN!!!“

„Doch, es ist unvermeidbar. Ich werde jeden Tag kommen und niemand wird dich anbinden.“

Er schmollt und schimpft, aber ihm bleibt keine Wahl.

Ich warte darauf, dass Jonas aus der Narkose erwacht. Jetzt will er aus dem Bett. Ich frage nach, ob ich ihn herumtragen darf. Ja, das geht. Er zappelt und will runter, laufen. Ich frage wieder nach und erhalte die Auskunft, er dürfe alles, nur nicht hinfallen. Das gefällt ihm nun schon besser. Zur Sicherheit halte ich ihn an den Händchen und wir laufen gemeinsam vom Zimmer in den Flur, ins Schwesternzimmer, ins Bad und wieder zurück. Gottseidank ist er von der Narkose noch ziemlich müde, so kann ich ihn bald ohne Protest wieder ins Bett legen. Es ist ein hoch vergittertes Bett, damit er nicht hinausfallen kann. Das macht ihm nichts aus. Gitterbett kennt er von zu Hause. Hauptsache, nicht angebunden werden.

Ich muss wieder nach Hause an die Arbeit, verspreche, morgen wiederzukommen. Er nickt und schläft schon halb.

Als ich am nächsten Tag in die Klinik komme, finde ich ihn quietschfidel im Schwesternzimmer auf dem Schoß der Oberschwester sitzend, den Mund voll Keks, in der Hand einen Keks. So lässt sich's leben. Ich denke gerade, wie schön es ist, dass dieses Mal wohl alles ohne größere Katastrophe über die Bühne geht, da beginnt die Oberschwester, mir von den Aufregungen der letzten Nacht zu berichten.

Jonas musste um Mitternacht herum dringend auf die Toilette. Seitdem er keine Windeln mehr braucht, versteht er da keinen Spaß und würde auch in der größten Not um keinen Preis der Welt mehr einnässen. Den Klingelknopf findet er nicht. Keines der drei anderen Kinder im Krankenzimmer bekommt er wach. Also klettert er auf den Gitterrand seines Bettes und springt aus einer Höhe von etwa ein Meter sechzig auf den Fußboden, läuft ins Schwesternzimmer, trippelt und sagt: „Pipi machen."

Die Naht hat gehalten. Wie durch ein Wunder.

Eines von vielen. Jonas' Schutzengel hat immer viel zu tun.

Am Tag der Entlassung bringe ich für die Schwestern ein kleines Geschenk mit. Zum Dank für die gute Pflege und Fürsorge, die sie meinem Sohn angedeihen ließen. Er selbst bedankt sich bei allen mit einem Bussi. Einige haben beim Abschied feuchte Augen. Sie meinen unisono, er wird ihnen fehlen, so ein süßer kleiner Bengel.

Er hat eben die Gabe, alle um den Finger zu wickeln.

Eine Woche später ist beim Kinderarzt der Termin zum Fäden Ziehen angesetzt. Wohl nicht weiter schlimm.

Das Kind betrachtet etwas skeptisch Schere und Pinzette.

Als der Arzt den ersten Faden mit der Pinzette leicht anhebt und die Schere zur Hand nimmt, zuckt der Kleine ein wenig, was dazu führt, dass die Schere nicht nur den Faden kappt, sondern auch ein bisschen in die Haut zwickt. Kann passieren, nicht weiter tragisch. Die Arztschwester tupft das Blut ab, ich versuche, mein Kind zu beruhigen. Vergeblich.

Drei weitere Versuche. Ich soll Jonas dabei festhalten, damit er nicht zappelt. Würde ich ja gern, ist aber zwecklos, denn ich habe nur zwei Hände und inzwischen bäumt sich der kleine Körper mit ganzer Kraft in alle Richtungen.

Ich lasse ihn los, hole tief Luft, denke nach und schlage dann vor, selbst die Fäden zu ziehen.

Jonas nickt und entspannt sich. Also greife ich zu Pinzette und Schere und ziehe die ersten Fäden meines Lebens. Es geht ganz leicht.

Ich wusste nicht, dass ich so etwas kann. Das hätten wir mit weit weniger Aufregung auch zu Hause machen können, doch auf diese Idee wäre ich niemals gekommen.

Wieder daheim, lasse ich die Situation noch einmal gedanklich Revue passieren.

Was hat mich dazu bewogen, vorzuschlagen, dass ich selbst die Fäden ziehe, obwohl mir dabei mehr als mulmig war? Warum hat das so gut funktioniert? Was gibt mir die Sicherheit, nie zuvor getane Dinge zu wagen? Wer gibt mir die richtigen Gedanken und Worte zur rechten Zeit? Warum passiert das immer wieder?

Es gibt keine stichhaltige Antwort auf diese Fragen, nur Vermutungen.

Es ist Intuition. Ein aufmerksames Hören auf meine innere Stimme innerhalb eines Bruchteils von Sekunden.

Aber wer oder was ist diese Stimme? Wo kommt sie her? Warum hat sie immer recht?

Ich werde sicher weiter darüber nachdenken, vielleicht manche Antwort finden, ganz sicher immer neue Fragen.

Fakt ist, dass ich mich auf sie verlassen kann. Immer. Ich bin weder allein noch hilflos, muss nur gewissenhaft hinhören. Das übt sich mit der Zeit.

Fakt ist ebenfalls, dass mich jede so gemeisterte Situation stärkt für alles, was noch kommen wird.

Meine Ideen sind oft unkonventionell, aber wirksam. Das gibt mir die Kraft, an Rückschlägen nicht zu verzweifeln.

Das macht mir Mut, mit Vernunft und ohne Angst aus Liebe zur rechten Zeit am rechten Ort das Richtige zu sagen und zu tun.

Mut, den ich noch öfter brauchen werde als mir lieb ist.

Im Mai wird Karolina schon vier Jahre alt. Natürlich haben meine Eltern bereits ihren Besuch angekündigt.

Einige Tage vor der Feier wird auch schon das Geburtstagsgeschenk angeliefert: Ein großes buntes Schaukelgestell mit einer Strickschaukel, einer zweisitzigen Schaukel in Wippenform und einer Kletterleiter. Ein guter Bekannter erklärt sich bereit, das Gestell neben dem Wäscheplatz einzubetonieren.

Kaum ist alles fertig, will Jonas auch schon schaukeln. Karolina betrachtet das neue Ding skeptisch. Nein, sie möchte nicht schaukeln, aber es ist IHRE Schaukel. Jonas darf nur schaukeln, wenn SIE es ihm erlaubt. Das tut sie aber nicht.

Er soll nicht auf ihrer Schaukel schaukeln.

Er soll ihre Schaukel nicht anfassen.

Er versteht das nicht, fängt an zu zetern. Kurzes Gerangel, und schneller als ich schauen kann, lässt er sich vor Wut fallen und schlägt mit der Stirn auf einem der frischen Betonfundamente auf.

Karolina lacht erst, wird aber ganz still, als sie sieht, wie ihm das Blut von der Platzwunde an der Stirn in Strömen über die linke Gesichtshälfte rinnt. Das sieht böse aus.

Wir müssen sofort zum Arzt. dort werden die kleinen Betonkrümel mit einer Pinzette aus der Wunde entfernt, dann wird diese gereinigt und geklammert. Was für ein Schreck!

Hört das denn nie auf? Was kommt als nächstes?

Auf dem Heimweg fangen die Kinder allmählich wieder an, miteinander zu schäkern, während ich darüber nachgrübele, warum mein Sohn sich ständig verletzt, ob es wirklich Menschen gibt, die vom Pech verfolgt sind, was der tiefere Sinn solcher Vorfälle ist.

Ich nenne sie bewusst Vorfälle, nicht Unfälle oder Unglück, denn ich bin mir nicht sicher, um was genau es sich hier handelt, was genau Ursache, was Wirkung ist. Vielleicht geschehen solche Dinge planmäßig und rechtzeitig, um daraus zu lernen, bevor Schlimmeres passiert. Vielleicht muss man sich ab und zu ängstigen und erschrecken, um das kleine tägliche Glück wieder besser schätzen zu können.

Ich bin jedenfalls glücklich, dass das nochmal glimpflich ausging.

Zu Hause angekommen, steigt uns schon an der Haustür ein eigenartiger scharfer Geruch in die Nase. Der Hausflur sieht vernebelt aus. Da fällt es mir siedend heiß ein: Ich hatte kurz vor dem Sturz den Kartoffeldämpfer für das Abendessen aufgesetzt, das ist nun schon fast drei Stunden her. Du meine Güte! Das Wasser ist schon lange verdampft und die Emaille-Beschichtung verschmort. Das ist es, was so stinkt. Das ganze Gehöft hätte abbrennen können!

Plötzlich spüre ich schon beinahe körperlich, dass jemand schützend seine Hand über uns hält. Alle Schmerzen und Schrecken werden mit der Zeit vergehen, dieses Gefühl aber wird bleiben und Gewissheit werden.

Inzwischen bedrängt mich die gesamte Verwandtschaft, Karolina endlich in den Kindergarten zu geben, immerhin ist sie schon vier und muss schnellstens unter Kinder ihres Alters.

Ich denke darüber nach und frage sie, ob sie denn gern dorthin möchte.

Nein, will sie nicht.

Das kommt mir entgegen, denn der Kindergarten ist nicht billig und es kostet auch Zeit, das Kind täglich zu bringen und abzuholen. Zeit, die ich eigentlich dringend im Betrieb brauche. Aber im nächsten Jahr wird kein Weg daran vorbeiführen. Ich denke, sie sollte die Gelegenheit haben, ihre zukünftigen Klassenkameraden im Kindergarten kennenzulernen, damit sie nach der Einschulung nicht zwangsläufig zur Außenseiterin wird. Ich reserviere einen Betreuungsplatz für das kommende Jahr.

Die Zeit vergeht wie im Flug. Kein Wunder, Langeweile kommt nie auf. Für Betrieb, Haushalt und Kinder könnte ich gut noch ein weiteres Paar Hände gebrauchen, aber die Tilgung der Verbindlichkeiten hat Vorrang.

Etwa eine Woche bevor Karolina zum ersten Mal in den Kindergarten gehen soll, gibt es erneut ein riesiges Tamtam. Jonas hat Wind bekommen und verlangt, auch in den Kindergarten zu gehen, schließlich ist er nun auch schon dreieinhalb.

Ich frage nach, es lässt sich tatsächlich machen. Alles wieder gut. Drei Tage lang.

Die Leiterin des Kindergartens bestellt mich zum Gespräch. So funktioniert das nicht. Der kleine Bruder beansprucht die große Schwester für sich allein, lässt kein anderes Kind in ihre Nähe. Beide weigern sich, am allgemeinen Ablauf teilzunehmen.

Das war's. Jonas muss wieder zu Hause bleiben.

Zeter und Mordio.

Nach ein paar Tagen kehrt endlich wieder Ruhe ein.

Ich atme auf.

Täglich frage ich Karolina, wie es im Kindergarten war. Sie erzählt nicht übermäßig viel, sagt aber, es sei schön, die Kinder seien nett und sie ginge gern dorthin.

Nach zwei Monaten lädt mich die Leiterin erneut zum Gespräch. Meine Tochter nehme nicht am Geschehen teil, spiele nicht mit den anderen Kindern, sitze stattdessen den ganzen Tag still an einem Fleck und starre die Wand an.

Ich verstehe nicht. Was Karolina daheim erzählt, klingt ganz anders. Was läuft denn hier wieder schief?

Empfehlung: Termin beim Kinderpsychologen. Also gut. Natürlich. Alles, was dem Kind hilft, ist in Ordnung.

Der Psychologe beschäftigt sich länger als eine Stunde mit Karolina. Ergebnis: keine Auffälligkeiten. Ein ganz normal entwickeltes fröhliches fünfjähriges Kind mit ausgeprägter Fantasie. Sehr kreativ, guter Wortschatz, erzählt ausführlich von den schönen Spielen und sonstigen Aktivitäten im Kindergarten.

Und jetzt? Allgemeine Ratlosigkeit.

Immerhin begreift sie nun, dass ihr gewohntes Verhalten im Kindergarten nicht akzeptiert wird und möchte offenbar weitere Arzttermine vermeiden. Sie ändert ihr Verhalten, passt sich an und beginnt, mit den anderen Kindern zu spielen. Ein kleiner Erfolg, und doch lässt mir die Sache keine Ruhe. Nach Aussagen der Kindergärtnerinnen zeigt das Kind autistische Züge. Mir lügt sie zu Hause das Blaue vom Himmel.

Wie ist es ihr in diesem Alter gelungen, dem Psychologen das glückliche Kind vorzuspielen? Ist sie denn glücklich in ihrer Welt? In welcher Welt lebt sie überhaupt? Wie kann ich sie erreichen? Will sie überhaupt erreicht werden? Wie ist es zu dieser Entwicklung gekommen? Was ist mein Anteil daran?

Ich denke an meinen eigenen Mutter-Tochter-Konflikt. Daran, wie wenig meine Mutter und ich uns verstehen, wie wenig wir einander helfen können. Daran, wie viele Prügel ich bezogen habe, weil sich meine Eltern nicht anders zu helfen wussten. Daran, wie oft ich aus demselben Grund meine Tochter geschlagen habe. Aus Ohnmacht.

Wahrscheinlich ist alles meine Schuld. Wahrscheinlich bin gerade ich die, die dem Kind am wenigsten helfen kann. Ich darf sie nicht bedrängen, muss sie akzeptieren, wie sie ist. Mir bleibt nur, sie spüren zu lassen, dass ich für sie da bin, was auch passiert. Sie wird es mir nicht glauben, so wenig, wie ich es meinen Eltern glaube.

Guter Gott, gib mir Geduld und Feinfühligkeit. Hilf meinem Kind auf den richtigen Weg.

Aus dem Kindergarten kommen keine weiteren Klagen.

Im Herbst 1989 wird Karolina eingeschult und Jonas darf endlich in den Kindergarten. Dieses Mal ohne Probleme. Er findet schnell Freunde und ist allseits beliebt, das freut mich.

Karolina sagt, die Schule mache ihr Spaß. Das höre ich zwar gern, aber die Erfahrungen aus der Kindergartenzeit haben ein gewisses Misstrauen bei mir hinterlassen.

Hausaufgaben macht sie nur dann freiwillig, wenn sie Bilder malen soll, ansonsten weigert sie sich ganz beharrlich auf ihre eigene Weise.

Sie versteinert regelrecht, verharrt bewegungslos, reagiert nicht, wenn ich sie anspreche, fängt stattdessen an zu schwitzen.

So etwas habe ich noch nie erlebt. Sie schwitzt sozusagen auf Kommando. Sowie man etwas von ihr verlangt, was sie nicht möchte, läuft ihr der Schweiß in dicken Perlen über das Gesicht.

Mich veranlasst das dazu, den Kampf um die Hausaufgaben aufzugeben. Ich versuche, ihr klarzumachen, wie wichtig schulischer Erfolg für ihr weiteres Leben ist, auch wenn sie dafür noch reichlich jung ist.

Ich frage sie, wie sie sich denn ihr weiteres Fortkommen in der Schule und ihre Zusammenarbeit mit den Lehrkräften vorstellt.

Sie meint, sie ginge da solange hin, bis sie schwitze und keine Lust mehr habe.

Als ich ihr erkläre, dass sie verpflichtet ist, mindestens neun Jahre lang die Schule zu besuchen, egal, ob sie schwitzt oder nicht, ist bei ihr für den Rest des Tages der Ton weg.

Ich bereite mich innerlich schon einmal auf weitere interessante Jahre vor und erinnere mich bei dieser Gelegenheit daran, dass auch ich nicht gern die Schulbank gedrückt und daher vorzeitig die Flucht ergriffen habe.

Es gibt keine Diskussionen mehr über das Thema Schule.

Ich gehe, weil ich es mir wünsche, einfach davon aus, dass sich schon alles irgendwie richtig ergeben wird. Dass Beschwerden von Seiten der Lehrer ausbleiben, nehme ich gerne als Indiz für die Richtigkeit meiner Annahme.

Jonas fühlt sich bei seinen Freunden im Kindergarten wohl. Ich atme auf.

Im Betrieb läuft alles wie am Schnürchen. In finanzieller Hinsicht kann ich schon den Silberstreif am Horizont erkennen.

Nur die obligatorischen monatlichen Besuche meiner Eltern belasten mich nach wie vor sehr.

Beide Kinder sind nach diesen Wochenenden regelmäßig völlig von der Rolle und ich weiß immer noch nicht, wie ich besser damit umgehen kann.

Die Verschnaufpause, in der sich statt größerer Katastrophen nur der ganz normale tägliche Wahnsinn abspielt, hält fast ein Jahr an und ich habe sie bitter nötig.

Der Herbst 1990 ist ausgesprochen warm und sonnig.

Direkt unterhalb des Gehöftes haben wir einen Acker mit Mais angebaut, der für die Winterfütterung der Schafe gehäckselt und siliert werden soll. Da es in diesem Jahr in unserer Gegend viele Wildschweine gibt, hat der Jagdpächter das Maisfeld zum Schutz vor den Schweinen mit Elektrozaun eingezäunt, um nicht für Wildschaden aufkommen zu müssen.

Am Vorabend der Maisernte bringe ich die Kinder, die beide leicht erkältet sind, nach dem Abendbrot ins Bett und lege ihnen ans Herz, brav zu sein und schön zu schlafen. Sie versprechen es mir.

Draußen ist es noch hell und ich möchte einen letzten Rundgang über die Wiesen machen, um Champignons zu ernten. Am nächsten Tag würden die Schlepper während der Maisernte die guten Pilze plattfahren.

Als ich schon ein ganzes Stück vom Hof entfernt bin, sehe ich, wie der Jeep des Jagdpächters auf das Maisfeld zurollt. Drei Gestalten steigen aus und errichten einen kleinen Hochsitz, denn es ist damit zu rechnen, dass sich in den Tagen nach der Ernte die vorher ausgesperrten Wildschweine einfinden, um sich die Erntereste einzuverleiben. Eine gute Gelegenheit, zum Schuss zu kommen.

Offenbar haben auch die Kinder den Jeep bemerkt. Besonders Jonas mag den Jäger sehr gern, da dieser ihm schon des Öfteren Süßigkeiten zugesteckt hat und ihn mit der ungeladenen Waffe spielen ließ. Zu verlockend. Mutter und Versprechen hin oder her. Sie ist ja nicht hier. Schnell wieder anziehen und ab nach draußen.

Ich bücke mich gerade nach einem Champignon, als ich plötzlich schauerliche Schreie höre. Ich weiß in diesem

Augenblick weder, wo sie herkommen, noch, welches Wesen sie ausstößt. Es muss ein Tier sein. So etwas habe ich bislang nie gehört.

Mir gellen noch heute die markerschütternden Schreie in den Ohren, wenn ich daran zurückdenke.

Als ich um mich blicke, sehe ich eine kleine Gestalt zwischen Gehöft, Jeep und meinem Standort. Man sieht nur die Jeans und die rotgelben Ärmel des Pullovers, der Rest wird von irgendetwas Braunem verdeckt.

Kein Zweifel, das ist Jonas!

Ich renne, so schnell mich die Füße tragen, in seine Richtung. Einen Augenblick später setzt sich auch der Jäger in Bewegung. Wir erreichen das Kind im selben Moment.

Der Jäger zerrt mit großer Kraftanstrengung den Raubvogel von Jonas‘ Körper. Es ist ein Habichtsadler, zur Jagd abgerichtet, den einer der Jagdkollegen an diesem Abend mitgebracht und versäumt hat, ihn anzupflocken. Der Vogel war der Erste, der das Kind bemerkte, als es zum Jäger wollte. Klein genug, um erfolgreich erbeutet zu werden.

Anflug. Landung mit den Krallen auf dem Bauch. Jonas wehrt sich, schlägt mit all seiner Kraft auf den großen Vogel ein. Erfolglos. Der Vogel greift instinktiv zuerst die Augen an, die Beute muss wehrlos gemacht werden.

Welch ein Glück, dass Jonas seit geraumer Zeit eine Brille tragen muss und dies auch konsequent tut. Welch großes Glück, dass die Brille aus Kunststoff ist und nicht aus Glas.

Ich nehme ihm die Brille ab. Die Augen sind unversehrt. Das ganze Gesicht ist blutüberströmt. Wange, Schläfe und Augenbraue sind aufgehackt.

Mir wird schlecht vor Angst als ich sehe, wie das Blut aus den Ärmeln tropft, in die Jonas seine Hände zurückgezogen hat.

Der Jäger bietet an, uns zum Arzt zu fahren. Ich schreie ihn an, er solle sich zum Teufel scheren mit dem Biest, denn in diesem Moment weiß ich noch nicht, dass es nicht sein Vogel ist und auch nicht seine Schuld.

Ich will Jonas‘ Hände sehen. Langsam und vorsichtig kommen sie zum Vorschein. Alle Finger sind noch da und beweglich. Das Blut quillt aus den aufgehackten Handrücken. Gottseidank!

Da hat der Schutzengel mal wieder ganze Arbeit geleistet.

Ich bin erleichtert, nehme mein Katastrophenkind auf den Arm und haste zum Hof. Anruf beim Arzt. Wieder Glück: Er wollte gerade die Praxis abschließen. Er wartet, wir sollen sofort kommen.

Die Wunden werden gereinigt und desinfiziert. Ich halte Jonas währenddessen fest und beruhige ihn, niemand außer dem Arzt und mir darf ihn anfassen. Ich kann Jonas überzeugen, dass die Wunden genäht werden müssen und ich das nicht kann. Schließlich kann der Arzt seine Arbeit tun. Alles fachmännisch erledigt.

Durchgehalten bis zum Schluss. Von einem Moment auf den anderen wird es still und dunkel um mich. Das war offenbar ein bisschen zu viel. Arzt und Schwestern hieven mich auf die Behandlungsliege. Zehn Minuten später geht es wieder und wir treten den Heimweg an.

In den nächsten Tagen verkriecht sich Jonas wie ein verwundetes Reh. Sucht man ihn, so findet man ihn zusammengekauert im Bad neben der Dusche. Immer wieder murmelt er: „Ich hab ihm so auf die Federn geschlagen, aber er hat nicht aufgehört." Ansonsten spricht er kein Wort. Den ganzen Tag. Eine Woche lang. Ich nehme ihn oft in den Arm und streichle ihn, bis ich spüre wie er sich entspannt.

Die Wunden heilen, es bleiben Narben. Außen und innen.

Nach einigen Wochen scheint die Geschichte fürs Erste überstanden zu sein. Jonas spricht wieder, kabbelt sich wieder mit seiner Schwester und hortet Dinge.

Dinge, die ihm nicht gehören.

Ständig fehlt etwas. Ich vermisse Besteck, Geschirr, Wäschestücke, Kugelschreiber.

Karolina findet einen Teil ihres Spielzeugs nicht mehr.

Ich erkläre Jonas, dass das so nicht geht. Dass man fragen muss, wenn man etwas haben möchte.

Das sieht er nicht ein.

Ich schimpfe mit ihm. Er klaut weiter.

Ich brülle ihn an. Das fruchtet nicht.

Ich schlage ihn. Es wird nicht besser.

Als wir gemeinsam essen gehen, vermisst ein Gast plötzlich sein Feuerzeug. Alle sitzen drum herum, keiner bemerkt, wie es verschwindet.

Ich kann mir schon denken, wer es hat und so ist es auch. Das Feuerzeug wird zurückgegeben.

Jetzt wird's aber brenzlig, das Kind entwickelt sich zum Taschendieb. Dabei kann ich nicht tatenlos zusehen. Wie ist ihm das nur auszutreiben? Weder Worte noch Schläge haben bisher geholfen, das brauche ich gar nicht mehr probieren.

Da fällt mir etwas ein. Nächste Woche ist sein sechster Geburtstag, den wollte er mit Freunden aus dem Kindergarten feiern. Das ist einen Versuch wert.

Die Freunde werden ausgeladen, die Feier wird gestrichen, ich vereinbare stattdessen für diesen Tag einen Zahnarzttermin für Jonas und teile meine Entscheidung der ganzen Familie mit, damit sich alle darauf einstellen können.

Unverständnis und harte Vorwürfe gegen mich von allen Seiten. Das war klar, ändert aber nichts. Es ist MEIN Kind. ICH muss es irgendwie schaffen, dass aus ihm kein Krimineller wird.

IHR habt gut reden.

„Macht einen besseren Vorschlag."

„Wie wäre es, wenn du es mal mit Liebe und Güte versuchst?"

„Das tue ich schon seit Langem, es hilft aber leider nicht."

„Trotzdem. Das kannst du nicht machen."

Oh doch, ich kann.

Er tut so, als mache ihm das alles nicht das Geringste aus, aber seitdem verschwinden keine Dinge mehr.

Ich bin erleichtert, offenbar die richtige Gegenmaßnahme gefunden zu haben.

Im Laufe der Zeit habe ich das Gefühl, von Katastrophe zu Katastrophe zu schlingern. Ich frage mich, ob es in anderen Familien ähnlich zugeht, ob das normal ist. Ob jeder denkt, dass es nur ihm so geht, weil niemand gern über solche Dinge redet. Irgendwann muss das doch einmal aufhören, muss sich die Lage entspannen.

Ich denke, manchmal ist es gut, nicht zu wissen, was noch alles kommen wird. Sonst würde man den Mut verlieren, die Hoffnung, dass sich alles irgendwann zum Guten wendet.

Blick von der Schäferei ins Tal

7. Vertreibung aus dem Paradies

Der Vorbote des Unheils kommt in Gestalt eines Dr. Soundso (mein Gedächtnis hat seinen Namen verdrängt), Sachverständiger für Wasserschutz.

Er stellt sein Auto mitten in unserer Hofeinfahrt ab und beginnt, sich auf dem Gehöft umzusehen.

Ich bemerke ihn vom Küchenfenster aus, gehe in den Hof und frage höflich nach seinem Namen und dem Grund des Besuchs.

Er reagiert pampig, woraufhin ich ihm das Betreten des Grundstücks verbiete und verlange, dass er sein Auto unverzüglich aus der Einfahrt entfernt. Damit mache ich mich nicht beliebt. Egal.

Seine Aufgabe ist die Erstellung eines Gutachtens zum Wasserschutz für die Trinkwasserversorgung unserer Heimatgemeinde, die sich etwa einen Kilometer vom Gehöft entfernt im Tal befindet. Aufgrund seines Gutachtens wird das bereits bestehende Wasserschutzgebiet derart erweitert, dass unser Anwesen nun komplett in der Kernzone liegt. Der entsprechende Gemeinderatsbeschluss wird mit Widerspruchsfrist im Mitteilungsblatt der Gemeinde veröffentlicht.

Eigentlich lesen wir dieses Blatt regelmäßig und gründlich, aber nicht im Winter, wenn wir im Stall alle Hände voll zu tun haben. Genau da aber erscheint die entscheidende Information und so versäumen wir es, Widerspruch einzulegen. Wahrscheinlich wäre ein Widerspruch sowieso abgelehnt worden, aber man hätte es wenigstens versuchen können.

So kommt im Frühjahr 1991 das böse Erwachen: Das neue Schutzgebiet ist festgesetzt, Landwirtschaft in großem Stil ist innerhalb der Kernzone untersagt.

Was bedeutet das jetzt genau?

Entweder müssen wir den Stallboden betonieren und die Schafe ganzjährig im Stall halten oder auf der zehn Kilometer entfernten Sommerweide einen neuen Stall bauen, denn die Herde darf den seit über 100 Jahren genutzten Triebweg, der an den Trinkwasserquellen vorbeiführt, nicht mehr betreten.

Eigenartig. Der Betrieb besteht nachweislich bereits mindestens seit dem Jahr 1766, seit 1909 wird er von unserer Familie bewirtschaftet. Die umliegenden Quellen werden schon immer zur Trinkwasserversorgung der Gemeinde genutzt, nie gab es einen Konflikt zwischen Landwirtschaft und Wasserschutz.

Die geplanten Auflagen können wir nicht erfüllen. Noch dazu erhalten wir den Bescheid, dass, falls Bakterien oder sonstige Verunreinigungen im Trinkwasser nachgewiesen werden, wir in vollem Umfang schadensersatzpflichtig sind oder den Nachweis erbringen müssen, nicht der Verursacher zu sein. Auf gut Deutsch: Das war's.

Wir besorgen uns einen Anwalt. Es folgen zahlreiche Unterredungen, Anhörungen und Diskussionen mit Gemeinde und Landratsamt.

Die Gemeinde ist als Betreiber der Trinkwasserversorgung verpflichtet, uns den Hof abzukaufen, da sie uns die Existenzgrundlage entzogen hat.

Das ist die eine Sache, die wirtschaftliche Seite. Zwar nicht schön, aber schon irgendwie zu verkraften.

Mich quält etwas ganz anderes viel mehr: Dieser Hof ist das Erste im Leben, das wirklich mir gehört.

Zehn Jahre lang habe ich hart gekämpft, um den Hof zu halten, ein komplett neues Leben geführt, alles gegeben, mein ganzes Herzblut steckt in diesem Stückchen Erde. Und jetzt, genau in dem Moment, als sich die finanzielle Lage deutlich entspannt, soll ich alles aufgeben?

Vier Generationen unserer Familie haben alles hier aufgebaut und wir sollen jetzt alles verkaufen?

Wohin sollen wir gehen?

Was sollen wir tun?

Was soll mit der Herde werden?

Während sich noch alles in mir gegen diesen Verlust sträubt, gehe ich schon durch Haus und Hof und überlege, was alles mitmuss. Irgendwie scheint mir alles unentbehrlich. Das sind aber nur Dinge.

Schlimmer ist der drohende Verlust meiner Freiheit, meiner Selbständigkeit und nicht zuletzt auch dieses einzigartigen Fleckens Erde, der seit zehn Jahren meine Heimat ist.

Ein Albtraum.

Ich weine vor Hilflosigkeit, ich schreie vor Wut, ich bebe vor Angst und Entsetzen.

Die Rollläden bleiben nun auch tagsüber geschlossen. Ich kann den wunderbaren Blick über die weiten Täler nicht mehr ertragen, der mir über kurz oder lang genommen werden soll.

Ich bin depressiv. Ich rauche wieder.

Guter Gott, hilf mir, dies zu ertragen. Kannst du es bitte abwenden? Lass mich nicht im Stich! Lass mich doch hier-

bleiben! Lass mich nicht verzweifeln! Hilf mir, weiterzuleben! Mach meine Dunkelheit wieder hell!

Die Kinder merken schnell, dass mit mir etwas ganz und gar nicht stimmt. Ich weine schon, wenn man mich nur anspricht. Sie versuchen, mich aufzuheitern, kuscheln viel mit mir.

„Mama, du musst nicht weinen. Alles wird gut.“

Ich habe das Gefühl, wieder im Keller eingesperrt zu sein, so wie früher. Die Worte meiner Kinder sind jetzt der Sonnenstrahl, der durch das Kellerfenster auf mein Gesicht fällt. Ja, alles wird gut. Es entsteht ein Gefühl der Gemeinschaft, der Solidarität. Wir kommen uns so nahe, wie ich es mir schon immer gewünscht habe. Geschieht es deshalb?

Ich zeichne wieder. Porträts, mit Bleistift oder Kohle. Das letzte Porträt hatte ich in der Schule gezeichnet. Ich weiß gar nicht, ob ich das noch kann. Fotos dienen mir als Vorlage. Ich zeichne meinen Mann, die Kinder, meine schon längst verstorbenen Schwiegereltern. Auch mich, das ist am Schwersten. Die Porträts sind gut. Ich kann es noch. Es geht sehr schnell. Innerhalb weniger Stunden ist ein Bild fertig.

Ich zeichne wie im Rausch. Solange ich zeichne, muss ich nicht über mein Elend nachdenken.

Die Kinder werden gemobbt. Sie werden im Bus geschubst. Die anderen Kinder werfen ihnen vor, wir seien

Drecksbauern und unsere Schafe verkacken das Trinkwasser. Das haben sie sicher zu Hause aufgeschnappt.

Wandertag. Es werden noch Eltern als Begleitung gesucht. Das ist ja eigentlich nicht so mein Ding, im Moment schon ganz und gar nicht, aber dieses Mal komme ich mit, schon allein um Karolina vor erneuten Übergriffen zu schützen, falls nötig.

Ein Wildpark mit Kinderspielplatz und Imbissbude ist das Ziel. Die Kinder spielen vergnügt, auch Karolina.

Gottseidank.

Ich komme mit einer anderen jungen Mutter ins Gespräch. Sie trägt Batikkleidung, hat Henna in den Haaren und ist Vegetarierin. Warum auch nicht? Jeder wie er mag. Ich finde sie nett. Wir verstehen uns gut, diskutieren lange und lebhaft über dies und das. Mindestens eine Stunde lang.

Irgendwann kommt von ihrer Seite das Thema Trinkwasser zur Sprache. Sie berichtet über ungeheuerliche Sauereien, die sich in dieser nahe der Quellen gelegenen Schäferei mit Massentierhaltung abspielen.

Erst stutze ich, dann frage ich nach, woher sie diese Informationen denn habe.

Sie hat es angeblich selbst beobachtet, weiß es von Bekannten und überhaupt: „Das weiß doch jeder."

Ich denke, das sei eine gute Gelegenheit, so einiges klarzustellen und tue das auch.

Sie schaut ungläubig und fragt nun ihrerseits, woher ich das denn wisse.

„Weil mir der Hof gehört."

Schneller hätte man ein Gespräch nicht beenden können. Das wollte ich nicht. Sie stößt einen hysterischen Schrei aus, rafft all ihre Sachen von der Wiese zusammen und rennt panisch davon. Ich laufe ihr nach, rufe: „Lauf doch nicht weg, lass uns reden, komm doch zurück." Vergeblich. Es ist mir unverständlich, wie man einfach wegrennen kann, nachdem man sich so lange so gut mit jemandem unterhalten hat. Aber ich begreife, dass wir hier auf keinen Fall bleiben können. Wir werden geächtet. Wir brauchen eine Lösung, ein neues Zu Hause.

Wir beschließen, dass wir weiterhin Schafe halten wollen. Schon deshalb, weil beide Kinder sich für den Beruf zu interessieren scheinen. Das kann man auch anderswo.

In Bayern ist alles entweder zu klein oder zu teuer. In den anderen alten Bundesländern sieht es nicht anders aus. Dank der Wende gibt es ja noch andere Möglichkeiten. Das Problem ist, dass die neuen Bundesländer relativ weit entfernt sind und der Betrieb reibungslos bis zum Ende weiterlaufen muss. Gerhard kann also nicht einfach für einige Tage auf Reisen gehen.

Aber ich.

Telefonische Vorsondierung über Fachzeitschriften, Landwirtschaftsämter und Ministerien. Planung der Reiseroute. Die Kinder werden während meiner mehrtägigen Abwesenheit meist von Bärbel versorgt.

Ich besuche die Betriebe, die zum Verkauf angeboten werden, und entscheide vor Ort, welche Angebote für uns interessant sind.

Unser alter Diesel muss jetzt durchhalten. Ich lasse regelmäßig Ölwechsel machen, alle 10 000 Kilometer. Als ich mich das erste Mal bereits nach acht Tagen wieder zum

Ölwechsel anmelde, staunt der Werkstattbesitzer nicht schlecht: „Du warst doch letzte Woche erst da. Schon vergessen?"

„Nein, nicht vergessen, ich hab schon wieder 10 000 Kilometer mehr auf der Uhr."

Nach sechs Monaten und 70 000 Kilometern Autobahnmarathon steht es im Dezember 1991 fest: Wir siedeln um nach Mecklenburg-Vorpommern. Es ist mir gelungen, etwa 300 Hektar Land langfristig zu pachten. Für den voraussichtlichen Bauplatz für das Gehöft ist bereits die Bauvoranfrage gestellt und auch schon positiv beschieden.

Jetzt kommt die Planung im Detail. Das Ganze soll so groß aufgezogen werden, dass beide Kinder später eine solide Existenzgrundlage haben. Die Fläche reicht für etwa 2000 Schafe. Wir berechnen die notwendige Stallfläche und wie groß die Scheunen für Futter und Landmaschinen sein müssen. Ich zeichne Pläne und Grundrisse. Wir brauchen große Zugmaschinen, mit denen man zweiachsige Anhänger fahren kann. Das geht aber nur mit Lkw-Führerschein. Also melde ich mich in der Fahrschule an und lerne auf einem alten MAN-Zug (ohne Servolenkung!) der Deutschen Post den Umgang mit diesen langen schweren Fahrzeugen. Im Februar 1992 bestehe ich den Führerschein für 40-Tonner. Rechtzeitig vor dem Umzug.

Unser Hof, den nun die Gemeinde übernehmen muss, wird begutachtet. Gutachten, Gegengutachten, ein drittes Gutachten. Es handelt sich um eine enteignungsgleiche Maßnahme im öffentlichen Interesse. Die Gemeinde feilscht, will nicht zahlen. Den ideellen Wert werden wir sowieso nicht bekommen, aber wenigstens den reellen wirtschaftlichen Wert möchten wir haben. Wie es aussieht, wird das nur vor Gericht möglich sein und kann Jahre dauern.

Der Termin der Umsiedlung wird festgelegt. Sie soll am 27. April 1992 stattfinden. Bis dorthin werden alle Futterreserven aufgebraucht und die Beweidung der neuen Flächen möglich sein.

Außerdem hat Karolina am 26. April Kommunion. Es ist IHR Fest, auf das sie sich schon lange freut. Das wollen wir ihr auf keinen Fall vorenthalten, sie soll in Ruhe mit der ganzen Verwandtschaft feiern können.

Dass ich doch immer wieder denselben Fehler mache ...

Der Gottesdienst ist ausgesprochen feierlich. Anschließend bekommt Karolina von den Verwandten viele Geschenke, über die sie sich sehr freut. Das Essen in der Gaststätte ist ausgezeichnet. Das Wetter ist gut. Am Nachmittag toben die Kinder vergnügt draußen herum. Ein rundherum gelungener Tag.

Bis zum Abschied, da geht es los. Alle wissen, dass wir am nächsten Morgen den Hof verlassen werden. Niemand wünscht uns Glück, Mut oder ähnlich Nützliches. Im Gegenteil. Die Tanten fangen eine nach der anderen an zu heulen und zu jammern, wie furchtbar das doch alles sei und dass man sich nun über Jahre nicht mehr sehen werde. Man wisse auch, dass in der ehemaligen DDR alles so rückständig und muffig sei.

„Ihr armen Kinder."

Das war jetzt aber der völlig falsche Text. Haben die denn gar kein Hirn?

Nachdem sich alle ausgeheult und gottseidank endgültig verabschiedet haben, zahlen wir und fahren nach Hause. Es ist schon spät. Morgen früh um fünf Uhr wollen wir beginnen, die Herde zu verladen. Die Viehlaster stehen bereits jetzt an der Zufahrt.

Wir gehen zu Bett. Kurz darauf kommt die Große und fragt, ob sie bei uns schlafen darf. Aber sicher. Es ist eine kurze und unruhige Nacht. Karolina wälzt sich im Schlaf kreuz und quer durchs ganze Ehebett, gibt jämmerliche Töne von sich, schreit: „Nein, hör auf, lass mich!" und tritt dabei kräftig um sich. Ich bin am Morgen wie gerädert. Meine Rippen sind teilweise blau, denn ich konnte nicht all ihren Tritten ausweichen.

An der Ostsee: Auf das Gleichgewicht kommt es an.

8. Aller Anfang ist schwer

Nachmittags gegen zwei sind alle Schafe verladen, der nötigste Hausrat ist im großen Pkw-Anhänger verstaut. Auch die Hütehunde und Elektrozäune sind dabei. Wir vespern noch gemeinsam mit den Lkw-Fahrern und trinken einen letzten Kaffee in diesem Haus. Dann geht es los. Es eilt. Die Herde soll am Zielort sein, bevor es richtig dunkel ist. Mir bleibt nicht einmal mehr Zeit, das Geschirr abzuwaschen. Als seien wir auf der Flucht. Karolina fährt mit ihrem Baba im Auto mit, ich steige mit Jonas auf den Beifahrersitz in einen der Lastwagen.

Als die Lkws in der neuen Heimat ankommen, ist es bereits dunkel. Die Schafe werden auf einer großen Wiese abgeladen. Die Kinder dürfen währenddessen beim Bürgermeister und seiner Frau bleiben, wo auch wir zur Übernachtung eingeladen sind.

In der Dunkelheit bauen wir den Elektrozaun auf und müssen gleichzeitig die Herde in Schach halten, um sie auf dem unbekannten Gelände nicht zu verlieren. Gerhard baut den Zaun, so schnell er nur kann. Das ist im Dunkeln nicht einfach. Ich renne mit einem Hund an der Kette um die Herde herum. Normalerweise kann der Hund das ohne mich, aber in dieser Situation ist das zu riskant. Erstens kennt der Hund die Gegend nicht und es könnte sein, dass er einfach in Panik wegläuft. Zweitens bemerkt man im Dunkeln nicht, wenn er sich in ein Schaf verbeißt und das wäre fatal.

Für gewöhnlich hätte man ja zuerst den Pferch aufgebaut und dann die Herde direkt vom Lkw aus dort hinein laufen lassen, aber die Fahrer haben bereits den nächsten Auftrag und können nicht so lange warten.

Gegen Mitternacht ist es endlich geschafft. Die Schafe sind im Pferch, wir sind total erschöpft, aber zufrieden, denn trotz Eile und Finsternis ist keiner von uns zwischen Maulwurfshügeln und Wühlmauslöchern umgeknickt.

Auf dem Rückweg in das kleine Dorf begegnet uns ein prächtiger Fuchs. Mitten auf der schmalen Teerstraße, im Licht der Straßenlampe, ganz ungeniert. In der uralten Eiche am Ortseingang sitzt eine Eule. Wir können sie nicht sehen, aber hören. Die laue Nachtluft ist schwer und süß vom Duft der großen Linden, die die Dorfstraße säumen. Trotz fortgeschrittener Stunde erwartet uns das Bürgermeisterehepaar noch mit einem üppigen Abendbrot. Herzensgute Leute. Besser kann man wirklich nicht empfangen werden.

Ich nehme es als Omen für das, was kommen wird, und schlafe ganz beruhigt ein.

Am nächsten Morgen werden wir mit einem opulenten Frühstück verwöhnt, bevor wir unser vorläufiges Quartier beziehen.

Eine richtige Wohnung oder gar ein Haus war im Ort nicht frei, aber ich habe fürs erste eine kleine Einliegerwohnung in der alten Gutsscheune mieten können. 40 Quadratmeter, Ofenheizung, ein Wasserhahn in der Küche, kein Bad, kein Boiler, Toilettenhäuschen im Garten.

Die Kinder sehen einander bedröppelt an. Ich ahne, was sie denken: Die Tanten hatten also doch recht.

ICH bin zufrieden, dass wir ein Dach über dem Kopf haben. Für die Schafe konnte ich einen Stall und eine Offenhalle, ein sogenanntes Schleppdach, auf dem Gelände der ehemaligen LPG (Landwirtschaftliche Produktionsgenossenschaft) mieten. Das Ganze ist etwa drei Kilometer vom Dorf entfernt.

Ich kann leider nicht ausruhen, muss schon zwei Tage später wieder zurück in die alte Heimat. Dringend benötigte Landmaschinen müssen auf Güterwaggons verladen werden. Waschmaschine, Wäschetrockner, Gefriertruhe, Möbel müssen noch nach Mecklenburg. Auch die beiden Schäferkarren sollen mit.

Also wieder den großen Anhänger an den alten Diesel und los.

Unser Neffe erklärt sich bereit, die beiden Schäferkarren vom Spessart in die neue Heimat zu transportieren; mit einer Art kleinem Tieflader, den man an einen Geländewagen anhängen kann. Er wollte eh mal schauen, wo wir uns niedergelassen haben und hat am Wochenende Zeit.

Am Mittwoch, den 29. April, komme ich abends im Spessart an, wasche erst einmal das stehengebliebene Geschirr ab und beginne dann sofort, zu packen.

Am Donnerstag bin ich den ganzen Tag damit beschäftigt, Schlepper, Unimog und Erntemaschinen zum Bahnhof zu fahren und auf offene Güterwaggons zu verladen. Das ist anstrengend. Alles muss mit Draht fest verrödelt werden, damit beim Schienentransport nichts verrutscht. Außerdem ist es richtig heiß.

Am Abend fühle ich mich ausgemergelt und hungrig. Ich beschließe, essen zu gehen. Befreundete Landwirte betreiben eine Gaststätte, eben die, in der wir auch die Kommunion gefeiert haben. Da fahre ich hin.

Der alte Bauer meint, er habe gute Lust, in der Nacht mit in den Osten zu fahren, als ich ihm von der geplanten Fahrt erzähle. Morgen ist Maifeiertag und anschließend Wochenende. Da hat er Zeit und zurückfahren kann er später mit unserem Neffen. Ja gut, warum nicht. Er kommt nach dem Essen gleich mit mir mit.

Der Neffe ist auch schon am Hof, als wir eintrudeln. Zu dritt laden wir die Schäferkarren auf und beladen den Pkw-Anhänger mit Haushaltsgeräten, Möbeln und anderen benötigten Dingen.

Gegen Mitternacht starten wir im Konvoi. Der Neffe mit dem Jeep vorneweg, ich mit Auto und Anhänger hinterher. Der Bauer sitzt neben mir und ist gespannt. Ich bin schon vor dem Start richtig müde von den Anstrengungen des Tages und finde es von daher gar nicht schlecht, unterwegs etwas Ansprache zu haben.

Lange dauert es leider nicht, bis mein Beifahrer einschläft. Ich schalte das Radio an und öffne das Fenster einen Spalt. Er wacht wieder auf, bietet an, auch ein Stück zu fahren. Ich möchte das nicht, bin skeptisch. Der Anhänger ist groß und wirklich ausgeladen bis aufs Letzte, der Bauer ist schon über 60.

Ich lehne dankend ab, er nickt wieder ein, meine Augenlider werden auch immer schwerer. Kurz darauf ist er wieder wach und fragt erneut.

Eigentlich hat er ja recht. Er fährt zu Hause genau das gleiche Auto mit genau dem gleichen Anhänger. Er hat

Erfahrung, und so alt ist er ja nun auch wieder nicht, ich kann wirklich nicht mehr.

Wir wechseln. Ich sitze kerzengerade und angespannt neben ihm, wachsam wie ein Schießhund. Er fährt wie eine Eins, besser kann ich das auch nicht. Ich beruhige mich und schlafe ein.

Etwa eine Stunde später weckt er mich. Er verspürt Müdigkeit, ich übernehme wieder. Einige Zeit darauf erneuter Fahrerwechsel. Es ist gegen fünf Uhr morgens, es dämmert schon, wir fahren auf der A7, sind schon hinter Hannover in Richtung Hamburg. Noch etwa fünf Stunden, dann haben wir es geschafft. Ich bin wirklich dankbar, dass ich nicht die ganze Strecke allein fahren muss. Ein Stück voraus sehe ich die Rücklichter des Jeeps auf der rechten Spur. Dann schlafe ich ein.

Ein Schlingern reißt mich aus dem Schlaf. Ich versuche, ins Lenkrad zu greifen, aber da ist nichts mehr zu halten. Wir streifen die rechte Leitplanke, schlingern weiter, kommen krachend mit einem brutalen Ruck an der Leitplanke zum Stehen.

Etwas überholt uns. Der Anhänger! Er schießt an uns vorbei, im Zickzack über zwei Spuren der Baustelle. Einige hundert Meter vor uns kracht er in die Leitplanke und fällt auseinander wie ein Kartenhaus.

Ich frage den Bauern, ob ihm etwas passiert sei.

„Nein, alles in Ordnung.“

Meine Rippen schmerzen, ich versuche, mich zu orientieren, sehe in weiter Entfernung die Rücklichter des Jeeps immer schwächer werden.

Wir sind in einer Autobahnbaustelle. Vier Spuren ohne bauliche Abtrennung. Etwa 100 Meter von uns entfernt steht ein schwarzes BMW-Cabrio mit geöffnetem Dach, zwei Leute darin, die Köpfe an den Kopfstützen, sie bewegen sich nicht.

Der Bauer steigt aus, ich folge ihm über den Fahrersitz, denn meine Tür kann ich nicht öffnen.

Ich gehe auf das Cabrio zu, neben dem zwei Personen auf und ab gehen. Ich frage, ob ich helfen kann. Sie haben gesehen, aus welchem Fahrzeug ich komme und schreien mich an: „Hau bloß ab!!!"

Ihre Freunde im Cabrio sind tot. Genickbruch.

Ein junges Paar, 30 und 31 Jahre alt. Sie waren gemeinsam mit ihren Freunden auf dem Heimweg von der Disco. Ein schreckliches Ende.

Nacheinander treffen Feuerwehr, Polizei, Krankenwagen, Leichenwagen und Abschleppdienst ein.

Mir ist schlecht.

Ich friere.

Ich bete.

Ich sehe zu, wie die zwei Toten in Särge gelegt und in den Leichenwagen getragen werden.

Weit über die Autobahn verteilt liegen zersplitterte Möbel, Dauerwürste, Lederstiefel, Kindelspielzeug.

Wir werden von der Polizei verhört. Mein Fahrzeug hat den Unfall verursacht. Offensichtlich Sekundenschlaf des Fahrers.

Ich habe nicht aufmerksam genug auf die Stimme gehört. Ich hätte ihn nicht fahren lassen dürfen. Ich hätte auf einen Parkplatz fahren und schlafen müssen. Jetzt ist es zu spät.

Mir ist hundeelend. Der Abschleppdienst nimmt uns mit in eine Werkstatt. Von hier kann ich versuchen, meinen Onkel anzurufen. Er wohnt ganz in der Nähe. Meist ist er nicht zu Hause, aber heute habe ich Glück.

Er kommt sofort und fährt uns nach Mecklenburg. Er verspricht, uns einen günstigen Gebrauchtwagen zu besorgen.

Die Männer laden die Schäferkarren vom Tieflader. Nach ein paar Stunden Ruhepause fahren Neffe und Bauer mit dem Jeep wieder nach Hause.

Wir sind jetzt ohne Fahrzeug. Die Landmaschinen sind noch per Bahn unterwegs. Unser einziges Fortbewegungsmittel ist das Fahrrad, das wir beim ersten Transport mitgenommen hatten. Gut, dass die Entfernung zwischen Dorf und Weide nicht groß ist, man kann zu Fuß gehen oder mit dem Rad fahren. Die 25-Kilo-Säcke mit Mineralfutter für die Schafe werden auf dem Gepäckträger transportiert.

Jeden zweiten Tag laufe ich ins Nachbardorf und frage am Bahnhof nach, wann unser Transport erwartet wird. Keiner kann Auskunft geben. „Sicher bald." Gut, so genau wollte ich es jetzt auch nicht wissen.

Ich frage bei der Kfz-Versicherung nach, ob es eine Möglichkeit gibt, den entstandenen Schaden ersetzt zu bekommen. Immerhin sind die gesamten Wohnzimmermöbel und Haushaltsgeräte dem Unfall zum Opfer gefallen, vom Auto ganz zu schweigen. Man sagt mir, dass dafür die Privathaftpflicht des Unfallfahrers zuständig sei. Nur dumm, dass dieser keine Privathaftpflichtversicherung abgeschlossen hat. Ein Schaden von mindestens 10 000 D-Mark. Alles unwiederbringlich weg.

Aber was zählt das im Vergleich zu den Unfalltoten?

Ich weine mich jeden Abend in den Schlaf. Glücklicherweise schlafe ich momentan traumlos, was früher selten der Fall war. Zumindest habe ich keine Albträume. Das scheint eine Art Selbstschutz zu sein.

Am Morgen weiß ich im ersten Moment nach dem Erwachen weder wer noch wo ich bin. Wenig später glaube ich für einen Moment, alles nur geträumt zu haben. Bin ich erst richtig wach, ist alles wieder da. Es geht und geht nicht vorüber. Ich quäle mich durch die Tage, habe Angst vor dem Tag, an dem wir wieder ein Auto haben werden, vor dem Tag, an dem ich wieder fahren muss.

Drei Wochen nach dem Unfall bringt mein Onkel uns einen gebrauchten Opel, damit wir wieder mobil sind.

Erst da erzählt er mir, dass er die Unfallopfer gut kannte, dass sie in seiner Firma Tür an Tür mit ihm gearbeitet haben.

Ich habe zwar nicht am Steuer gesessen, aber ich will nie mehr Auto fahren. Nie mehr!!!

Doch ich muss. Irgendwie müssen die restlichen Sachen vom Spessart nach Mecklenburg transportiert werden. Wir kaufen einen gebrauchten Anhänger.

Am 26. Mai fahre ich wieder los. Mir bleibt nichts anderes übrig.

Als ich unweit des Dorfes auf die Bundesstraße abbiege, sehe im Rückspiegel ein BMW-Cabrio. Schwarz. Ich fahre langsam, hoffe, das Cabrio überholt und kommt schnell außer Sichtweite. Aber nein, es fährt ganz gemütlich mehrere Kilometer hinter mir her.

Ich kann nicht mehr, fahre auf den nächsten Parkplatz und warte eine halbe Stunde. Am liebsten würde ich umkehren. Aber es hilft ja nichts. Ich MUSS.

Ich fahre auf die Autobahn und schleiche zitternd mit knapp 100 Sachen mit dem alten Opel auf der rechten Spur entlang. Die ganze Fahrt über ist mir übel. Mir rinnt der Angstschweiß aus allen Poren.

Man hätte doch das Geld für einen professionellen Umzug in die Hand nehmen sollen, aber jetzt lohnt das auch nicht mehr für den Rest.

Inzwischen denke ich, dass es gut war, mich so schnell wieder ans Steuer zu setzen. Sonst wäre ich wirklich nie mehr gefahren.

An Christi Himmelfahrt komme ich mit meiner Ladung wohlbehalten nach Mecklenburg zurück. Die Zitterpartie ist vorbei. Meine Angst noch nicht. Trotzdem fahre ich inzwischen lieber als dass ich mitfahre. Es beruhigt mich, selbst bremsen, Gas geben und lenken zu können, alles im Blick zu haben.

In den nächsten Jahren bin ich eine lausige Beifahrerin. Ich erschrecke bei jeder Gelegenheit. Am schlimmsten ist es auf weiten Touren, wenn ich müde bin und für einen kurzen Moment eindusele. Dann reicht es schon, kurz vom Gas zu gehen oder sachte zu bremsen. Sofort schrecke ich auf und schreie vor Angst. Jede Kurve bringt mich aus der Fassung. Verringert sich der Abstand zum vorausfahrenden Fahrzeug, so trete ich fast das Bodenblech durch, weil ich bremsen will.

Jetzt bin ich erst einmal heilfroh, wieder da zu sein. Ich möchte Kontakt zu den Einheimischen aufbauen, mein Umfeld genauer erforschen.

Im Ort gibt es eine Kfz-Werkstatt und einen Laden, den sogenannten Konsum, sowie den Kulturraum, in dem Versammlungen und Feiern stattfinden. Nicht zu vergessen die freiwillige Feuerwehr, die das Dorfleben mit Festen und Grillabenden in Gang hält.

Die Grundschule befindet sich im etwa zwei Kilometer entfernten Nachbarort und ist bequem mit dem Fahrrad erreichbar. Ebenfalls im Nachbarort ist ein Tierarzt ansässig.

Bis zur Kreisstadt sind es sieben Kilometer. Alles in allem ein günstiger Standort.

Telefonieren kann man am öffentlichen Fernsprecher. Ich dachte, das sei eine Telefonzelle oder Ähnliches. Weit gefehlt. Das Telefon steht im Flur einer Dorfbewohnerin, die bei jedem Telefonat enorm lange Ohren macht. Auch im ehemaligen LPG-Büro im Nachbarort kann man gegen einen kleinen Obolus telefonieren. Das sind aber drei Kilometer Fußmarsch und man ist auch dort nie ungestört. Das sind wir nicht gewöhnt.

Mich stört es nicht einmal sehr, dass nicht andauernd telefoniert wird, meist genieße ich die Ruhe, aber wenn man einen Betrieb hat, ist ein eigenes Telefon doch besser.

Ich beantrage einen Telefonanschluss bei der Deutschen Telekom, aber es tut sich wochenlang nichts. Ich frage nach, angeblich weiß man von keinem Antrag.

Neuer Antrag. Wer weiß, ob es dieses Mal klappt und wie lange es dauert.

Mein Mann beschließt, ein Funktelefon anzuschaffen. Nicht zu vergleichen mit den modernen Handys von heute. Der Kasten misst 24 mal 18 mal 9 Zentimeter, wiegt zweieinhalb Kilo und kostet über 2000 D-Mark, hat allerdings auch überall zuverlässig Empfang. Wir können wieder jederzeit ohne Lauschangriff telefonieren und sind für Geschäftspartner erreichbar.

Leider auch für meine Eltern.

Den Einkauf erledige ich meist im kleinen Dorfladen, der ist mir lieber als die Supermärkte der Kreisstadt. Außerdem gibt es viele ältere Leute im Ort, für die es sehr ungünstig wäre, wenn der Laden schließen müsste. Man muss ihn unterstützen und erhalten.

Von der Ladeninhaberin lerne ich viel über das frühere Leben in der ehemaligen DDR. Meist halten wir einen ausgiebigen Plausch während des Einkaufs.

Sie erklärt mir, was Bückware ist. Gut, so etwas gibt es im Westen auch. Auch dort sind die teuren Markenprodukte auf Augenhöhe und die billige Hausmarke findet sich im untersten Regalfach.

Sie erzählt von Belieferungsengpässen, die aber niemanden weiter gestört haben, weil fast alle mit Garten und Kleintierhaltung Selbstversorger waren.

Ich lerne, dass in der DDR vieles nur mit Vitamin B (Beziehungen) zu machen war und dass es Südfrüchte ausschließlich in der Weihnachtszeit gab. Lebensmittelknappheit aber herrschte nie.

Ein Auto war teuer und man musste zehn bis 15 Jahre darauf warten. Man musste aufpassen, was man sagt und vor allem, wer zuhört.

Die Menschen hatten Geld (wofür sollten sie es auch ausgeben?) und waren vor der Wende fröhlicher und zufriedener, der soziale Zusammenhalt war groß.

Diese Gespräche sind Gold wert für mich, sie helfen mir, mein Umfeld besser zu verstehen.

Ich bin es gewöhnt, einmal in der Woche größere Mengen auf Vorrat einzukaufen, anstatt jeden Tag ein paar Kleinigkeiten. So kaufe ich auch das Bier nicht flaschenweise, sondern gleich eine ganze Kiste. Das reicht zwei Wochen oder länger.

Als ich nach einer Kiste Bier frage, holt die Mamsell sie aus dem Lager und fragt: „Un wat is mit Kööm?“[6]

Ja stimmt, ich könnte eine Flasche mitnehmen, damit ich etwas anbieten kann, wenn Besuch kommt.

Die anderen Kunden kaufen Alkohol anscheinend nur in homöopathischen Dosen und mustern mich neugierig. Beim Verlassen des Ladens höre ich noch hinter mir: „Dej schlappen över rin.“[7] Man denkt, ich verstehe kein Platt.

Beim nächsten Einkauf, als ich allein im Laden bin, schneide ich das Thema nochmal an und erfahre, dass die Leute hier mehrfach am Tag einige Flaschen Bier holen und meistens eine kleine Buddel Kööm dazu. Was gekauft wird, wird sofort konsumiert. Kein Wunder, dass man uns jetzt für Alkoholiker hält.

---

[6] „Und was ist mit Kornschnaps?“

[7] „Die saufen aber.“

Eine Nachbarin gibt mir den Tipp, Fleisch und Wurst im Laden des Schlachthofs in der Kreisstadt einzukaufen, weil dort immer alles ganz frisch und sehr günstig ist.

Mai ist Spargelzeit und der schmeckt doch erst so richtig gut mit einem schönen Stück frischem Schinken. Also fahre ich zum Schlachthof.

Neun Kunden sind vor mir. Ich stelle mich hinten an. Es dauert ewig, bis der erste Kunde fertig ist. Schwer bepackt mit vier großen Taschen und einem Rucksack verlässt er den Laden. Der hat bestimmt eine Großfamilie zu versorgen.

Beim nächsten Kunden dasselbe Spiel. 20 Kotelett, 30 Schnitzel, fünf Kilo gemischtes Hack, kiloweise verschiedene Sorten Wurst usw.

Ich staune und warte geduldig. Nach fast einer Stunde bin ich an der Reihe. Ich möchte das kleine Stück rohen Schinken aus der Theke.

„Wat noch?“

„Danke, das war’s.“

Die Verkäuferin schaut mich an, als käme ich vom Mars, schüttelt verständnislos den Kopf, kassiert und überreicht mir den eingewickelten Schinken.

Es ist Mittag, kurz vor Ladenschluss, nach mir sind keine Kunden mehr, also fasse ich mir ein Herz und frage, warum alle anderen vor mir eingekauft haben, als stünde eine Hungersnot bevor.

Sie lacht: „Sie sind wohl nicht von hier?“, und erklärt es mir.

Das ist noch ein Überbleibsel aus DDR-Zeiten. Die Menschen arbeiteten in verschiedenen Schichten. Mehrere Familien taten sich für den Einkauf zusammen, das heißt, derjenige, der während der Ladenöffnungszeiten frei hat, kauft für acht bis zehn Familien ein. Jetzt sind zwar leider viele arbeitslos, aber der Sammeleinkauf hat überlebt.

So ist das also. Alles klar. Dankeschön. Wieder etwas Neues gelernt, und Schlange stehen kann ich nun auch.

Jetzt noch zum Bauern in der Nähe, frischen Spargel kaufen.

Er weiß, dass ich die neue Schäferin bin, so etwas spricht sich schnell herum. Schäfer und Schafe mag er nicht, schon früher nicht.

Der Spargel ist sortiert, wie man es kennt. Ich überlege ein wenig hin und her, welche Qualität ich haben möchte, und entscheide mich schließlich für ein Bund Suppenspargel und zwei Kilo von dem richtig schönen teuren, der gut zu schälen ist.

Der Bauer legt den Suppenspargel zurecht und mustert mich.

„Dann bitte noch zwei Kilo zu acht D-Mark."

„Können sich die Schäfer denn so teuren Spargel leisten?"

Ich bin baff. Am liebsten würde ich einfach gehen. Ohne Spargel. Am Abend soll es aber Spargel geben und ich habe keine Lust, erst noch den nächsten Spargelbauern zu suchen.

Ich reiße mich zusammen, schlucke meine Wut hinunter und erwidere mit meinem schönsten Lächeln im Gesicht: „Ach, einmal im Jahr geht das schon."

Er brummt, wiegt den Spargel ab, ich zahle und verabschiede mich betont freundlich.

So ein arrogantes Aas, der sieht mich als Kunde bestimmt nicht wieder.

Die Meisten sind uns gegenüber anfangs sehr zurückhaltend, was nach ihren Erlebnissen der letzten Jahre nicht verwundert.

Kurz nach dem Mauerfall fielen die Wessis von allen Seiten ein, um abzusahnen: Holländer, Schleswig-Holsteiner, Niedersachsen und sonstige Schlitzohren.

Schließlich sind auch wir Wessis, und bei denen kann man nie wissen. Es dauert aber nicht lange, bis man uns nicht mehr misstrauisch beäugt, sondern in die Dorfgemeinschaft aufnimmt.

Unsere Feuertaufe findet Ende Mai statt, gut vier Wochen nach unserer Ankunft. Man feiert den internationalen Kindertag. Für uns das erste Dorffest in Mecklenburg.

Der Ort hat etwa 150 Einwohner, circa 90 davon kommen zum Fest. Alles, was sich auf den Beinen halten kann. Vom Kleinkind bis zu den Urgroßeltern. Behinderte im Rollstuhl, Babys im Kinderwagen.

Die Feuerwehr hat vor dem Kulturraum unter den alten Eichen Festgarnituren aufgestellt. Es gibt allerlei Belustigung für die Kleinen. Schließlich ist es ihr Ehrentag. Auch für die Großen gibt es Geschicklichkeitswettbewerbe und vieles mehr. Für das leibliche Wohl ist aufs Beste gesorgt. Grillfleisch, frisch gezapftes Bier und Schnaps in rauen Mengen.

Ich finde mich mit den Kindern bereits am frühen Nachmittag am Ort des Geschehens ein, esse eine Kleinigkeit, gönne mir ein Bier und beobachte das bunte Treiben.

Es ist angenehm warm und sonnig. Durch die Baumkronen der uralten riesigen Eichen ist der stahlblaue Himmel zu sehen, verziert von vereinzelten Schäfchenwolken.

Ich fühle eine Ruhe und Gelassenheit in mir wie schon lange nicht mehr. Die Kinder vergnügen sich, ich komme mit den Einheimischen ins Gespräch.

Am frühen Abend, nachdem die Herde versorgt ist, gesellt sich Gerhard dazu. Gegen 21 Uhr bringe ich die Kinder ins Bett, warte, bis sie eingeschlafen sind, und kehre zurück zur Feier.

Am späten Abend sind wir gefühlt mit dem ganzen Dorf per Du, was natürlich jedes Mal einen gemeinsamen Schnaps erfordert. Keine Gläschen, wie wir sie kennen. Oh nein, das sind schon halbe Zahnputzbecher. Mir schwant Schlimmes, aber ich halte durch. Die Mecklenburger sind beeindruckt von unserer Freundlichkeit und Trinkfestigkeit.

In der Morgendämmerung schwanken wir nach Hause. Straße, wie siehst du so wunderlich aus. Ich schaffe es bis an die Treppe, biege dann aber erstmal ab in den Garten. Was zu viel ist, ist zu viel und muss wieder raus.

Nach der durchzechten Nacht brummt mir der Schädel. „Wat mut, dat mut“[8], sagen die Mecklenburger. Ich halte den Kopf unter kaltes Wasser, trockne mich ab, setze mich aufs Rad und fahre zur Weide, nach der Herde sehen.

An der frischen Luft geht es mir schnell besser. Das war keine Feuertaufe, eher eine Schnapstaufe. Aber sie ist bestanden.

Mir gehen die Gespräche des Vorabends wieder durch den Kopf. Ich erinnere mich, dass das Fleisch für die Feier von einem Landwirt aus dem Ort gestiftet wurde und man stichelte: „Im nächsten Jahr seid ihr dran.“

---

[8] „Was sein muss, muss sein.“

Das greife ich beim nächsten Besuch im Konsum gleich mal auf. Ich biete an, für das nächste Fest ein Lamm zu stiften.

„Um Himmels willen, nein! Das war doch nur Spaß! Gut gemeint, aber Hammel isst hier keiner. Das ranzige Zeug mussten wir zu DDR-Zeiten essen."

„Nein, nein. Lamm, nicht Hammel. Das ist etwas ganz anderes, schmeckt richtig gut."

Die Mamsell schüttelt sich. Nach einigem Hin und Her werden wir uns dann doch einig, dass es einen Versuch wert sei. Im nächsten Jahr wird die Feuerwehr neben Schwein auch Lamm grillen. Was nicht verzehrt wird, nehme ich zurück und friere es für uns ein.

Im Juni kommen endlich unsere alten Landmaschinen per Bahn an.

Mein erster Arbeitseinsatz im Ackerbau findet auf einem etwa 35 Hektar großen Feldstück statt. Hier ist Schafschwingel angebaut, der nun gedroschen wird. Mit dem Mähdrusch ist ein Lohnunternehmen beauftragt, ich presse das Stroh zu Rundballen. Mit dem alten kleinen Traktor der Marke FIAT und unserer 18 Jahre alten Rundballenpresse. Beides funktioniert noch tadellos.

Ich fahre aufs Feld und kurbele die Schwadaufnahme hinunter, dann schwinge ich mich wieder auf den Traktor. Bevor ich starte, sehe ich mich noch einmal kurz um. Strohreihen soweit das Auge reicht. Auf so einem riesigen Feld arbeite ich zum ersten Mal. In Bayern war alles viel kleiner und übersichtlicher.

Ich presse Reihe um Reihe, lege Rundballen nach Rundballen ab. Immer wieder ein Blick über die Strohreihen. Es scheint kein Ende zu nehmen. Das macht mich wuschig. Ich sehe auf die Uhr, wie viel Zeit ich für eine Reihe brauche, überschlage, wie viele Reihen es schätzungsweise sind, berechne, wie lange es dauern wird, bis ich hier fertig bin. Ein Tag wird nicht reichen.

Ich merke, wie mich das runterzieht und überlege, was ich dagegen tun kann. Ich will mich nur noch auf Traktor und Presse konzentrieren, nur noch auf die Reihe sehen, in der ich gerade fahre, nicht weiter voraus.

Mir wird leichter. Es funktioniert.

Nicht nur im Feld. Diese Methode bewährt sich in allen unübersichtlichen Situationen. Immer, wenn ich mich überfordert fühle. Einfach konzentrieren. Auf den nächsten Schritt. Auf den nächsten Atemzug. Das gibt Gelassenheit.

Ich erinnere mich an die Geschichte vom Zen-Mönch, der von einem Besucher des Klosters gefragt wird, wie er bei all seinen vielen Beschäftigungen nur so gelassen sein kann.

Er antwortet:

„Wenn ich sitze, dann sitze ich. Wenn ich esse, dann esse ich. Wenn ich spreche, dann spreche ich. Wenn ich stehe, dann stehe ich. Wenn ich gehe, dann gehe ich."

Der Besucher erwidert erstaunt: „Aber das tue ich doch auch!"

Daraufhin sagt der Mönch:

„Nein! Wenn du sitzt, dann isst du schon. Wenn du isst, dann sprichst du schon. Wenn du sprichst, dann stehst du schon. Wenn du stehst, dann gehst du schon."

In der Ruhe liegt die Kraft.

Wir sind davon ausgegangen, dass die Kinder sich schnell einleben werden, das geht ja bei Kindern meist unkomplizierter als bei Erwachsenen. Weit gefehlt. Das Mecklenburger Platt ist ihnen fremd, anfangs verstehen sie wenig. Sie vermissen ihre Freunde und den früheren Wohnkomfort. Je länger wir in der Gutsscheune wohnen, umso deutlicher erinnern sie sich daran, dass die Tanten sagten, so ein schönes Haus, wie wir es hatten, werden wir nie wieder haben.

Zu allem Überfluss bekommen wir auch noch Besuch aus der angrenzenden Scheune: Flöhe. Die freuen sich über das unverhoffte Frischfleisch. Wir sehen bald aus wie die Streuselkuchen. Es juckt und brennt. So geht das nicht weiter.

Wir beauftragen ein Hygiene-Unternehmen mit der Schädlingsbekämpfung. Die ganze Wohnung wird mit einem Mittel ausgesprüht. Endlich Ruhe. Nun können wir sogar die Fenster öffnen, ohne dass Fliegen oder Mücken ins Zimmer kommen. Sie stürzen spätestens über dem Fensterbrett tot ab.

Wir versuchen, unsere Wohnsituation mit möglichst wenig finanziellem Aufwand zu verbessern. In der Küche lassen wir einen großen gebrauchten Boiler installieren. Im Wohnzimmer wird provisorisch eine Dusche eingebaut. Die Duschwanne wird in der Zimmerecke Richtung Küche aufgestellt, die Zuleitung kommt vom Boiler durch die Küchenwand. Aus Rohren wird ein quadratischer Rahmen in Größe der Duschwanne gebogen, der an der Decke befestigt wird. Daran wird mit Kupferhaken ein Duschvorhang aus Gewächshausfolie aufgehängt.

Jetzt können wir richtig duschen, wenn auch im Wohnzimmer. Jeden Tag, wann immer wir möchten oder es notwendig ist. Ich muss samstags nicht mehr die große Zinkwanne in die Küche schleppen und zum Baden Wasser auf dem Gasherd erhitzen. Das ist nun schon wesentlich angenehmer.

Im Oktober dann das nächste ernste Problem: Der Ostwind drückt den Rauch zurück in die Öfen, weil der Dachfirst höher ist als der Schornstein.

Die ganze Bude ist blau und stinkt nach Rauch. Als das zum ersten Mal passiert, muss ich direkt nach dem Anheizen das Feuer mit Wasser wieder löschen.

Die Leute im Ort sagen, das sei immer so bei Ostwind, da brauchen wir gar nicht erst anheizen: „Dat ward nüscht.“[9]

Der Sohn des ehemaligen LPG-Vorsitzenden wohnt, wie auch seine Eltern, im Gutshaus. Er schaut öfter mal bei uns herein und hilft auch ab und zu bei der Arbeit aus, in der Hoffnung, irgendwann in der Schäferei eingestellt zu werden. Im Moment arbeitet er als Traktorist in einem Saatzuchtbetrieb nahe der Kreisstadt, ist aber nicht gerade begeistert von diesem Job.

Er bietet uns an, dass die Kinder während des Ostwinds nach der Schule ins Gutshaus kommen können und auch wir die Abende dort gemeinsam verbringen. Dann müssen wir nicht anheizen, schlafen kann man auch kalt.

Wir nehmen gerne an, aber ein Dauerzustand ist das nicht.

---

[9] „Das wird nichts.“

Mindestens zwei Wochen hält der Ostwind an. Wir kaufen gemeinschaftlich Lebensmittel und Getränke ein und teilen die Kosten, kochen am Abend gemeinsam, schauen Fernsehen, unterhalten uns.

Zur Schlafenszeit gehen wir die paar Schritte zurück in unsere kalte Behausung. Heieiei. Aber immer noch besser als erstickt oder erfroren.

Schöner Nebeneffekt: Wir erfahren im Gespräch unglaublich viele interessante Dinge über das Leben in der früheren DDR. Das hilft, vieles besser zu verstehen.

So erzählt uns der Traktorist unter anderem, was er zu DDR-Zeiten erlebte, als er sich einen Farbfernseher kaufen wollte:

In einem Elektrogeschäft in der Kreisstadt sollten Farbfernseher angeliefert werden, das sprach sich herum. Er wusste, dass man sich rechtzeitig einfinden muss, um das Gewünschte zu ergattern und so fuhr er bereits am Vorabend gegen 23 Uhr in die Stadt, um am kommenden Morgen der Erste zu sein. Trotzdem waren schon fünf Leute vor ihm. Wie gut, dass er nicht noch später gekommen war. Es kamen noch weitere Kunden im Laufe der Nacht.

Am nächsten Morgen war die Schlange richtig lang. Er an sechster Stelle. Der Lkw fuhr um acht Uhr auf den Hof und wurde entladen. Dann öffnete das Geschäft. Drei Farbfernseher waren geliefert worden.

Die ganze nächtliche Warterei umsonst. Unglaublich. Und welch krasser Gegensatz zur Nachwendesituation.

Heute kann er über diese Episode lachen, ist sogar froh, dass es ihm damals nicht gelungen ist, einen der teuren Fernseher (6000 Ostmark!) zu erstehen. Seit der Wende sind sie viel billiger.

Kurze Zeit nach der Wende erzählt ihm ein Kollege, dass jetzt alle Geschäfte in der Stadt bis oben hin voll Waren sind. So etwas kann man sich gar nicht vorstellen, das gab es noch nie.

Er fährt in die Stadt. Das will er sehen.

Tatsächlich: Waren, soweit das Auge reicht.

Er brettert mit dem Wartburg nach Hause, klingelt bei seinen Eltern Sturm und ruft: „Vater! Vater, komm schnell! Ich muss dir etwas zeigen."

Sie fahren zurück in die Stadt und staunen gemeinsam. Sie verstehen nicht, was hier passiert ist, denken, dass in ein paar Tagen sicher wieder alles beim Alten ist.

Ist es nicht.

Dem ungläubigen Staunen über das plötzliche große Warenangebot folgt das Glücksgefühl, nun endlich alles kaufen zu können, was man möchte. Doch das schlägt schnell in Bitterkeit um, als immer mehr Menschen ihren Arbeitsplatz verlieren und das Geld knapp wird.

Früher hatte man Geld und konnte nichts kaufen. Jetzt kann man alles kaufen und hat kein Geld.

Ich verstehe nun, dass viele Menschen hier seit der Wende ein ernstes Problem haben. Sie hatten erwartet, dass ihr Leben in jeder Hinsicht besser wird. Stattdessen gehen nicht nur Arbeitsplätze verloren, sondern auch der soziale Zusammenhalt. Man fühlt sich verraten und verkauft.

Und dann kommen auch noch die Wessis in den Osten und reißen sich alles billig unter den Nagel, was sie nur kriegen können.

Ich verstehe, warum Wessi inzwischen zum Schimpfwort geworden ist und bin dankbar, dass ich offenbar mittlerweile nicht mehr als Wessi, sondern als Mensch wahrgenommen werde.

Kaum ist der Ostwind vorbei, wird im Gutshaus eine Wohnung frei.

Ganz ehrlich: Jetzt, wo das Feuer wieder brennt, wir eine Dusche haben und die Flöhe weg sind, habe ich eigentlich gar keine Lust, schon wieder umzuziehen. Auch wenn es nur 100 Meter sind. Ich würde lieber erst umziehen, wenn das neue Haus fertig ist. Aber gut. Wer weiß, wann der Ostwind wiederkommt.

Wir kündigen also die Wohnung in der Scheune und mieten uns im Gutshaus ein. Das ist zwar komfortabler als vorher, denn es gibt ein richtiges Bad und schöne Kachelöfen, aber die Wände schimmeln. Im Winter weicht außerdem die Kinderzimmerdecke durch, denn über dem Kinderzimmer befindet sich ein Balkon, von dem aus sich bei Tauwetter das Schmelzwasser durch die Decke drückt. Wir rücken eines der beiden Kinderbetten zur Seite und stellen Eimer unter. Die Mecklenburger haben in solchen Fällen einen sehr treffenden Ausspruch: Es ist nicht alles Gute beieinander.

Wir haben es nun jedenfalls sehr eilig, endlich mit dem Bau zu beginnen, aber das ist nicht einfach. Unsere alte Heimatgemeinde hat im August lediglich eine magere Abschlagszahlung geleistet. Wir sitzen finanziell so ziemlich auf dem Trockenen. Eigentlich wollen wir uns nicht mehr verschulden, aber allein der Kinder wegen setzen wir alles in Bewegung, um voranzukommen.

Im Frühjahr 1993 gibt es jede Menge zu tun. Wir stellen den Traktoristen ein. Als „Mädchen für alles."

Er stellt sofort klar, dass er gern jede Arbeit erledigt, aber mit den Schafen nichts zu kriegen hat. Trotzdem lernt er schnell, den Weidezaun aufzubauen, und hilft auch bei Impfungen und sonstigen Aktionen mit, wenn Schafe festgehalten werden müssen und eine kräftige Hand gebraucht wird.

Es läuft gut. Er stellt sich geschickt an, ist willig und sieht schnell, wo es fehlt.

Wir wissen, dass er Alkoholiker ist, er hat es selbst erzählt, aber er arbeitet gut und zuverlässig. Mir verschafft die neue Arbeitskraft den nötigen Freiraum für meine ehrenamtliche Tätigkeit im Landesschafzuchtverband, für Termine bei Landgesellschaft, Treuhand, Landwirtschaftsamt und Ministerium.

Wir werden unter der Rubrik „Wiedereinrichter" geführt, brauchen einen Wiedereinrichtungsplan, der vom Landwirtschaftsamt beurteilt und vom Ministerium genehmigt werden muss. Die Landgesellschaft erstellt gemeinsam mit uns den Plan. Bauleitung, Auftragsvergabe und Finanzierung, alles läuft über diese Gesellschaft.

Fördermittel und Kredite müssen beantragt werden.

Im Landwirtschaftsministerium stoßen wir zunächst auf Widerstand. Der zuständige Sachbearbeiter hält nichts von unseren Plänen.

„Können Sie nicht was Reelles machen? Milchkühe zum Beispiel."

„Nein, wir sind Schäfer und verstehen uns auf eben dieses Handwerk."

„Wissen Sie, wenn einer aus dem Westen kommt und hier den Großbauern spielen will, dann sollte nicht der Betrieb gewechselt werden, sondern der Betriebsleiter."

Da schwillt mir doch allmählich der Kamm. Zufällig weiß ich, dass unser Gegenüber selbst aus dem Westen kommt und kontere eiskalt: „Auch in den hiesigen Ministerien gibt es Kräfte, die im Westen nichts werden konnten und hier den dicken Max markieren. Lohnt sich ja auch, hier gibt es schließlich Buschzulage, und nicht zu knapp."

Er wird blass. Er schweigt. Ende der Debatte. Wir warten. Schließlich sage ich: „Nun gut, wenn Sie uns nicht weiterhelfen können, werden wir uns eben an Ihren Vorgesetzten wenden."

Da grinst er breit und meint gehässig: „Das machen Sie mal, dann werden Sie schon sehen, was Sie davon haben."

Wir verabschieden uns betont höflich und nehmen sofort Kurs auf das Büro des Vorgesetzten.

Ich hoffe, er ist da, wir haben ja keinen Termin bei ihm, aber ich kenne ihn. Bereits im vergangenen Herbst wurde ich anlässlich einer Schäferversammlung in den Vorstand des Mecklenburg-Vorpommerschen Landesschafzuchtverbandes gewählt und habe ihn bei dieser Gelegenheit kennengelernt. Wir haben uns auf Anhieb gut verstanden. Ein humorvoller Hüne mit dem Herz am rechten Fleck.

Wir treffen ihn auf dem Flur, er ist gerade im Begriff, nach Hause zu gehen. Puh, Glück gehabt!

Zufall? Nie und nimmer!

Natürlich nimmt er sich die Zeit, uns anzuhören. Er schmeißt sich weg, als ich ihm die Begegnung mit dem Sachbearbeiter schildere.

Er prustet vor Vergnügen, weil ich dem Selberwessi tadellos Paroli geboten habe.

Zur rechten Zeit am rechten Ort das rechte Wort. Ohne Angst alles genau auf den Punkt gebracht.

Der Plan wird genehmigt. Die Fördermittel auch. Ich bringe meine selbst gefertigten Pläne und Skizzen zur Landgesellschaft. Der Architekt staunt nicht schlecht. Die Pläne werden eins zu eins übernommen und professionell gezeichnet. Die Statik ist noch zu erstellen. Leicht verdientes Geld. Eine Bank wird gefunden, die bereit ist, das Projekt zu finanzieren. Die Gewerke werden ausgeschrieben, die Zuschläge erteilt.

Wir leben hier in der Diaspora. An den meisten Sonntagen besuchen wir mit den Kindern den katholischen Gottesdienst in der Kreisstadt. Mir scheint, dass ihnen das oft lästig ist, aber sie wissen genau, dass Meuterei in diesem Fall nichts bringt.

Nach der Kirche machen wir häufig kleine Ausflüge. Dafür hatten wir früher leider nie die Zeit. Für mich sind diese Sonntage Luxus pur.

Im späten Frühjahr hat Jonas Kommunion. Die Verwandtschaft ist eingeladen, viele sagen auch tatsächlich zu, trotz der weiten Anreise.

Noch wohnen wir im Gutshaus. Der Baubeginn steht kurz bevor. Allerdings reicht die Finanzierung vorerst nur für einen Schafstall und einen Bergeraum[10], geplant sind jeweils zwei.

Das Wohnhaus wird warten müssen, bis die alte Heimatgemeinde endlich zahlt. Noch zeichnet sich bei Gericht kein Fortschritt ab. Gut Ding braucht offensichtlich Weile.

Die Verwandtschaft ist erstaunt.

„Das ist ja hier doch nicht so hinter dem Mond wie gedacht. Eigentlich ganz nett. Schöne Landschaft. Und so große Felder und Maschinen."

Die Feier läuft harmonisch ab. Kurz vor Abreise der Gäste rücken die Baumaschinen an, um die Bauplatte auszuschieben.

Jetzt glaubt auch der Letzte, dass es vorangeht. Die Kinder schöpfen Hoffnung, wobei die Tanten noch kritisch anmerken, dass man zuerst das Wohnhaus bauen solle anstatt Schafstall und Bergeraum, schon der Kinder wegen.

Das ist ja alles schön und gut, aber wir verdienen nun einmal mit den Schafen unser Geld, nicht mit dem Haus.

Im Sommer wird wieder Kindertag im Ort gefeiert. Wir halten unser Versprechen und schlachten zu diesem Anlass ein Lamm. Als ich das Fleisch zum Kulturraum bringe, wird es zunächst misstrauisch begutachtet und berochen. Es riecht schon mal nicht eklig, anders als früher das Hammelfleisch.

Man ist in Feierlaune, prostet sich zu mit Bier und Kööm. Die ersten Portionen Lammfleisch brutzeln schon auf dem großen Gasgrill. Es riecht appetitlich. Der Alkohol macht

---

[10] Scheune

hungrig und mutig. Das Fleisch ist noch halbroh und vor lauter Aufregung hat niemand daran gedacht, es zu würzen. Jetzt muss aber unbedingt einmal probiert werden.

„Wie köstlich! Ein bisschen nüchtern vielleicht. Das soll Hammel sein?“

„Nein, Lamm!“

Egal. Es wird gewürzt und weiter gekostet. Bis das Fest richtig in Gang kommt, hat die Feuerwehr bereits einen Teil des Fleisches verputzt.

Die Gäste möchten natürlich vom Schwein. Solange, bis sich der Erste traut, Lamm zu bestellen. Kaum hat er gekostet und berichtet, dass es lecker schmecke, beginnt auch schon das Gerangel um die besten Portionen. Jeder möchte ein Stück Keule, möglichst viel Fleisch und wenig Knochen. Keine Rippen bitte.

Schnell ist alles verspeist. Auch das letzte Stückchen Rippe. Das muss beim nächsten Mal anders geregelt werden. Es wird in Zukunft Lammgulasch geben.

Zu den folgenden Dorffesten bereite ich immer einen großen Topf Lammgulasch zu, der jedes Mal ruckzuck leergefuttert ist.

1994 werden die ersten Wirtschaftsgebäude fertiggestellt, wir können den Stützpunkt im Nachbarort kündigen und räumen. Im kommenden Winter kann die Herde ihr neues Quartier beziehen, wir haben es nicht mehr so weit zum Stall. Es wird besser.

Wenn nur die Gemeinde endlich das restliche Geld bezahlen würde.

Anfang 1995 wird ein weiterer Gerichtstermin festgesetzt. Vielleicht klappt es ja dieses Mal.

Schweren Herzens schließen wir vor Gericht einen für uns nicht sehr vorteilhaften Vergleich mit der Gemeinde.

Ich bin strikt dagegen. Mein Mann und unser Rechtsanwalt bequatschen mich wie ein krankes Pferd, bis ich endlich einwillige. Danach schlafe ich wochenlang schlecht, fühle mich betrogen und vorgeführt. Bis zur turnusmäßigen Besprechung mit unserem Betreuer des landwirtschaftlichen Buchführungsverbandes.

Er teilt mir mit, dass in Kürze unsere Reinvestitionsfrist verstrichen wäre. Das heißt, der Teil des Verkaufserlöses, der bis zu dieser Frist nicht in den neuen Betrieb investiert wurde, ist voll zu versteuern. Ganz egal, ob das Geld bis dahin geflossen ist oder nicht. Die Steuer ist sofort fällig, im Zweifel muss sie über Kredit finanziert werden. Also selbst wenn wir weiter gestritten und mehr Geld herausgeholt hätten, wäre uns davon nicht mehr, sondern eher weniger geblieben.

Jetzt ist dieses leidige Kapitel auch für mich ein für alle Mal abgeschlossen. Ich schlafe wieder gut.

Wir beginnen mit dem Bau des Wohnhauses. Die ganze Familie ist froh, dass es endlich losgeht, dass wir endlich aus der schimmeligen Wohnung herauskommen. Doch bevor es soweit ist, sind noch einige Schrecken zu bestehen.

Von der Treuhand haben wir eine 20 Hektar große Koppel langfristig, also für zwölf Jahre, gepachtet. Im Vertrag findet sich ein Passus, der besagt, dass Alteigentümer Vorrang vor Wiedereinrichtern haben. Das bedeutet, man kann uns jederzeit die Kündigung aussprechen, falls ein in der ehemaligen DDR enteigneter Eigentümer der Fläche diese zurückfordert.

Natürlich habe ich das bei Vertragsabschluss gelesen, aber gehofft, dass es nie so weit kommen würde. Pech gehabt. Jetzt ist es so weit.

Der Alteigentümer der Koppel verlangt sein Land zurück. Die Treuhand kündigt unseren Vertrag. Der Alteigentümer will das Land nicht einmal selbst bewirtschaften, sondern verkaufen. Er ist ein Auswärtiger, wir kennen einander nicht.

Er fragt den ehemaligen LPG-Vorsitzenden, wer wohl Interesse an dem Grundstück habe, weil er weiß, dass dieser sich gut auskennt. Der sagt ihm, uns brauche er gar nicht erst fragen, wir hätten vor kurzem groß gebaut und seien jetzt knapp bei Kasse. Unkenntnis oder Absicht?

Der Alteigentümer verkauft daraufhin sein Land für wesentlich weniger Geld, als wir ihm gezahlt hätten, an einen Lübecker Makler, und wir kaufen in dem Bewusstsein, dass wir nicht auf 20 Hektar Weidefläche verzichten können, dieses Land vom Lübecker Makler für richtig viel Geld. Dumm gelaufen.

Es wird ein Notartermin in Lübeck vereinbart. Ich schlafe schon wieder schlecht.

Mir fällt auf, dass unsere Große seit einigen Tagen so blass und still ist. Ich frage, was denn sei.

„Nix."

Sie hustet krampfhaft. Ich fasse ihr an die Stirn. Einmal heiß, ein anderes Mal kühl.

„Geht es dir nicht gut?"

„Doch, doch, mir ist nur manchmal ein bisschen schwindlig. Ist weiter nix. Wirklich."

Am nächsten Tag kann sie sich kaum noch auf den Beinen halten, als sie aus der Schule kommt.

„Wir fahren jetzt zum Arzt, das muss geklärt werden."

„Nein, nicht zum Arzt, es ist nichts, es geht mir gut. Bloß nicht zum Arzt! Was soll denn das?"

Sprach's, zitterte am ganzen Leib und kippte um.

Jetzt aber los! Ich helfe ihr hoch, stütze sie, will mit ihr zum Auto.

Sie geht rückwärts und heult, wehrt sich, so gut sie kann. Also klemme ich mir das inzwischen fast zwölfjährige Mädchen trotz erbitterter Gegenwehr kurzerhand unter den Arm und stecke es ins Auto.

Sie zittert immer stärker und heult die ganze Fahrt über.

Ich beschließe, gar nicht erst zum Hausarzt zu fahren, sondern gleich in die Kinderklinik, ich habe ein ganz seltsames Gefühl in der Magengrube.

Dieses Mal kann ich die Stimme laut und deutlich hören: „Sofort in die Klinik, keine Zeit verlieren."

Als sie merkt, dass es Richtung Krankenhaus geht, wird sie hysterisch. Als wolle ich sie umbringen. Dabei habe ich doch selber Angst. Angst um mein Kind.

Sie wird sofort untersucht. Das Zittern lässt nicht nach. Kurz darauf wissen wir Bescheid: Sie muss in der Klinik bleiben. Hochgradige Lungenentzündung! Sie heult Rotz und Wasser, man gibt ihr Beruhigungsmittel. Ich bleibe noch eine kleine Weile, sage ihr, dass ich morgen wiederkomme.

Ich besuche sie jeden Tag. Sie bekommt Antibiotika und muss inhalieren. Am dritten Tag ihres Klinikaufenthaltes muss ich nach Lübeck zum Notar. Vorher fahre ich kurz in die Klinik. Ich bin fertig. Aufgeregt. Nervös. Meinem Kind geht es schlecht. Ich weiß nicht, ob ich das Richtige tue mit diesem Landkauf. Viel zu teuer. Aber die Schafe brauchen die Fläche. Ich rauche schon wieder zu viel. Wenigstens schwebt unsere Tochter nicht mehr in Lebensgefahr. Alles andere wird sich schon finden. Ich zieh das jetzt durch. Aber zuerst in die Klinik. Wer weiß, wie spät es am Abend wird.

Ich betrete das Krankenzimmer und sage: „Hallo“.

Sie sieht schon viel besser aus. Sie schaut mich einen Augenblick lang wortlos an, dann sagt sie ohne mich begrüßt zu haben: „Mama, kannst du bitte rausgehen, du stinkst nach Zigaretten.“

Ich schließe leise die Tür und gehe zum Auto, Tränen in den Augen. Die Zigarettenschachtel ist gerade angebrochen. Ich weiß, dass ich sie heute brauche. Dieser Termin macht mich fertig. Ich stecke mir eine an und rauche sie hastig zu Ende. Dann fahre ich nach Lübeck.

Ich unterzeichne den Vertrag, während ich neben mir stehe und zusehe, wie ich den Vertrag unterzeichne.

Bis zum Abend sind nur noch wenige Zigaretten übrig. Zu Hause angekommen, werfe ich die Schachtel in den Kachelofen.

Der Beginn weiterer zehn rauchfreier Jahre.

Am nächsten Tag fahre ich wieder in die Klinik. Frisch geduscht und Zähne geputzt. Pfefferminzdragee im Mund. Es geht ihr schon viel besser. Sie darf aufstehen. Wir gehen langsam im Flur auf und ab.

„Wie geht es dir heute?“

„Ganz okay. Wann darf ich wieder heim?“

„Weiß ich nicht, da müssen wir die Ärzte fragen. Tut mir leid wegen gestern. Ich habe aufgehört zu rauchen.“

Sie schaut mich erstaunt an und sagt nichts. Aber in ihren Augen sehe ich, dass sie sich fragt, wie lange das wohl anhalten wird.

Wir fragen nach, wann sie nach Hause darf. Ein paar Tage wird es wohl noch dauern, aber bei gutem Wetter dürfen wir in den nächsten Tagen während der Besuchszeit kurze Spaziergänge im Freien unternehmen.

„Ich will aber heim.“

„Geduld. Das wird schon.“

Wir haben in den nächsten Tagen Glück, das Wetter ist wirklich schön, die Spaziergänge tun ihr gut. Morgen darf sie heim. Ich freue mich.

Als ich am nächsten Tag in die Klinik komme, klagt sie über starke Schmerzen in den Beinen. Man kann sich nicht erklären, woher das kommt. Ich frage, ob es Nebenwirkungen der Medikamente sein können. Kategorisches Nein! Sie muss also noch bleiben.

Am Abend dann ein Anruf der behandelnden Kinderärztin, deren Tochter mit der unsrigen befreundet ist. Sie lädt für den nächsten Tag zum Gespräch ein.

Bitte beide, Mutter und Vater.

Gut. Wir fahren hin. Ich frage, was denn nun der Grund der Schmerzen sei. Sie meint, das eben sei der Grund für das Gespräch.

„Es ist kein medizinischer Grund vorhanden, die Schmerzen Ihrer Tochter sind psychosomatischer Natur.“

„Und das bedeutet…?“

„Die Schmerzen traten zum ersten Mal auf, als der Tag der Entlassung festgelegt wurde. Offenbar will Ihre Tochter nicht nach Hause.“

„Das kann gar nicht sein. Sie hat doch jeden Tag gefragt, wann sie endlich heim darf.“

„Misshandeln Sie Ihre Tochter?“

„Bitte?“

„Na, schlagen Sie sie, sind Sie gewalttätig?“

„Nein. Naja ... Manchmal rutscht mir schon die Hand aus, wenn sie mich bis zum Äußersten reizt.“

„Regelmäßig?“

„Nein.“

„Sind sie sicher?“

„Ja!“

„Missbrauchen Sie Ihre Tochter sexuell?“

„Nein.“

„Haben Sie sie in der Vergangenheit jemals sexuell missbraucht?“

„Nein, niemals!“

Ich bin so perplex, dass ich mich nicht einmal richtig aufregen kann.

„Dann wünsche ich Ihnen noch einen guten Tag.“

Wir erwidern nichts. Wir gehen wortlos.

Das war kein Gespräch, das war ein Verhör.

Gut, dass keine Zigaretten zu Hause sind.

Zwei Tage später wird unsere Tochter entlassen. Sie hat immer noch leichte Schmerzen in den Beinen, das vergeht aber rasch.

Bis heute kennen wir weder den Grund der Schmerzen noch den dieser haltlosen Verdächtigungen.

Am Tag vor den Sommerferien demoliert Jonas, unser kleiner Sturzflieger, beim Abschlussfest der vierten Grundschulklasse sein Knie.

Die Kinder sind auf einem Spielplatz, es werden Würstchen für sie gegrillt. Jonas wippt mit einem anderen Kind, als es heißt, die Würstchen seien nun fertig.

Er springt mit einem Satz von der Wippe, fällt unglücklich und schreit kurz auf. Die schwere Eisenwippe schlägt um und landet genau auf dem Innenknie unseres immer noch am Boden liegenden Kindes.

Es ist ja auch schon lange nichts mehr passiert.

Das Knie schwillt an, wird untersucht und mittels Kunststoffschiene für mehrere Wochen ruhiggestellt. Leider bringt das nicht den gewünschten Erfolg. Ohne Schiene schwillt es ganz schnell wieder an und Jonas hat Schmerzen beim Gehen. Die Ärzte sind ratlos, Sport wird ihm untersagt, er muss dauerhaft eine elastische Kniebandage tragen. Nach einiger Zeit trägt er die Bandage nur noch selten, nur wenn es schmerzt.

Er besucht jetzt das Gymnasium und nimmt auf eigenen Wunsch am Sport teil, natürlich mit Bandage. Wenn er weiter keine Probleme hat, nun gut. Man kann ihm ja nicht alles verbieten.

Ich frage mich, wann er endlich aufhört, sich blindlings in jede Gefahr zu stürzen. Dass Ermahnungen von meiner Seite nicht fruchten, ist mir schon lange klar. Aber auch er hat doch gewiss eine innere Stimme, eine Art Frühwarnsys-

tem. Da bin ich mir ganz sicher. Er hört einfach noch nicht hin. Ich hoffe, er wird es irgendwann lernen.

Neben all den kleinen und großen Katastrophen müssen Betrieb und Hausbau weiterlaufen. Es geht voran. Bald wird Richtfest gefeiert, dann kommt der Innenausbau.

Im September wird Gerhard 50. Wir feiern im Rohbau. Die Wände sind schon verputzt. Wir stellen Tische und Bänke der Feuerwehr im zukünftigen Wohnzimmer auf.

Am Vorabend wird das Abendessen in der Küche des Gutshauses zubereitet und dann in den Neubau gebracht. Die Verwandtschaft möchte in den Geburtstag hineinfeiern.

Wir schneiden Dahlien im Garten und schmücken die Tische. Eine große Baulampe beleuchtet den Raum. Wir essen und erzählen den ganzen Abend.

Um Mitternacht werden die Geschenke überreicht, es wird gratuliert, angestoßen und getanzt. Ein schöner Abend.

Die meisten Gäste haben eine weite Anreise, daher kommen einige schon eine Woche vor dem Geburtstag, andere bleiben danach noch etliche Tage. Sonst lohnt sich ja die Fahrt nicht. Also feiern wir fast zwei Wochen lang.

Morgens versorgen wir die Herde, danach kümmern wir uns um die Gäste. Wir zeigen ihnen die Gegend, besuchen gemeinsam die Hengstparade in Redefin, das Schweriner Schloss, fahren an die Ostsee und vieles mehr.

Am Geburtstagsabend gehen wir mit der ganzen Mischpoke in einer alten renovierten Windmühle essen. Sehr gemütlich. Zu diesem Anlass haben wir zwei Lämmer geschlachtet und dem Koch des Restaurants gebracht, der sie auf vielfältige Weise sehr lecker für uns zubereitet hat.

Auch eine Abordnung des Schafzuchtverbandes kommt zum Gratulieren. Nett.

Wir verbringen gute Tage. Anstrengend, aber schön.

Sieben Wochen später ist es endlich soweit: wir können umziehen. Herrlich! Endlich wieder in eigenen vier Wänden! 180 Quadratmeter Wohnfläche. Ein riesiges Wohnzimmer, eine schöne große Küche, jedes Kind hat ein eigenes Zimmer, das Schlafzimmer ist hell und geräumig. Alles genau so, wie schon vor vier Jahren geplant. Nur das Badezimmer ist noch nicht fertig. Das ist aber nicht schlimm, denn wir haben Waschbecken, Dusche und Toilette im Keller. Das Bad in der Wohnung soll richtig schön und komfortabel werden, keine Kompromisse.

Wenn wir schon des Betriebes wegen nie Urlaub machen können, möchte ich uns wenigstens zu Hause eine kleine Oase schaffen.

Der Raum misst zwölf Quadratmeter und hat ein großes Fenster. Ich wünsche mir zwei geräumige Waschbecken, ein Bidet und einen Whirlpool zur Entspannung nach den Anstrengungen des Tages. Mosaikboden, Granitfensterbrett und schöne Beleuchtung. Wohlfühlatmosphäre.

Dafür fehlt zurzeit noch das Geld. Ich kann warten. Alles zu seiner Zeit.

Mitten auf dem Acker, auf dem in den vergangenen Jahrzehnten Getreide, Mais oder Gras angebaut wurden, erheben sich nun Wirtschaftsgebäude und Wohnhaus, gut die Hälfte des insgesamt geplanten Gehöftes.

Das Umweltamt beauflagt uns mit einer Ausgleichspflanzung. Üblich sind Wind- und Sichtschutzhecken rund um das gesamte Anwesen als Bauausgleichsfläche, die bei jeder Baumaßnahme erforderlich ist. Sie sind schnellwüchsig und kaschieren bereits nach wenigen Jahren die Neubauten. Man kann dann nicht mehr in das Gehöft hineinsehen, hinaus aber ebenso wenig.

Das gefällt uns nicht. Wir möchten lieber eine schöne Allee und Obstbäume anpflanzen. Dieses Vorhaben am Umweltamt durchzusetzen, wird nicht einfach sein, denke ich. Der Sachbearbeiter ist dafür bekannt, kompromisslos festzusetzen, was ER für richtig und sinnvoll hält. Er wird auf Hecken bestehen. Trotzdem vereinbare ich einen Termin mit ihm, um ihm darzulegen, was wir uns als Ausgleichsmaßnahme vorstellen: Entlang der Zufahrtsstraße eine schöne Allee, zusammengestellt aus verschiedenen Sorten von Alleebäumen. Daneben eine Streuobstwiese mit verschiedenem Obst.

Ich muss keine Überzeugungsarbeit leisten, sondern renne vielmehr offene Türen ein. Der Sachbearbeiter ist entzückt, dass da tatsächlich jemand freiwillig Allee und Streuobstwiese anpflanzen möchte. Wir sind uns ganz schnell einig.

Einige Wochen später ist die breite Zufahrt bereits gesäumt von einer Allee aus je zwei Eichen, Blutbuchen, Kastanien, Linden und Ahornbäumen sowie einer Akazie. Die Streuobstwiese mit insgesamt 40 jungen Apfel-, Zwetschgen-, Birnen- und Kirschbäumen erstreckt sich westlich der Allee in Richtung Dorf.

Nach und nach scheinen die Widerstände geringer, die Probleme weniger zu werden. Es geht voran. Unser neuer Lebensmittelpunkt nimmt Form an. Langsam beginnen wir, uns hier heimisch zu fühlen. Die Erinnerung an die Vertreibung aus Bayern, an den Verlust des alten Hofes ist noch lange nicht verblasst, wird aber mit der Zeit für mich erträglicher.

Ich denke, hierher zu kommen, ganz neu anzufangen, war die richtige Entscheidung.

Zufahrt zur neuen Schäferei in Mecklenburg

9. Angekommen

Schnell spricht sich bei Bekannten und Kollegen herum, dass unser neues Gehöft Gestalt annimmt. 1996 fragt der Unterfränkische Schäferverein nach, ob man unseren Hof im Rahmen einer Lehrfahrt besuchen könne. Natürlich kann man. Wir freuen uns darauf, alte Kollegen wiederzusehen, ein wenig zu fachsimpeln.

Im April rücken sie an. 70 neugierige Kollegen, von denen die meisten die ehemalige DDR nur vom Hörensagen kennen.

Ich bereite eine riesengroße Portion Lammgulasch zu, backe zwölf große Laib Brot, besorge Getränke und freue mich auf interessante Gespräche.

Sogar der Norddeutsche Rundfunk hat sich angekündigt. Nach Ankunft des Busses finden zuerst ein Rundgang über die Weideflächen und die Besichtigung der Herde statt. Es folgt eine Betriebsführung, danach gibt es Lammgulasch mit Brot im Bergeraum.

Die Kollegen kommen aus dem Staunen gar nicht mehr heraus. Sie fragen uns Löcher über Betriebsstrukturen und -abläufe sowie das Zusammenleben mit den Mecklenburgern in den Bauch, ziehen Vergleiche zur bayerischen Schafhaltung und lassen es sich dabei schmecken.

Zu guter Letzt gibt es ein Interview mit einem der bayerischen Kollegen (einem unserer beiden Trauzeugen!) und mir, das am nächsten Tag im Landfunk gesendet wird.

Beim Abschied fragt der Vereinsvorsitzende, ob man wiederkommen dürfe, wenn der Hof komplett fertig gestellt ist, und überreicht uns ein Geschenk. Wirklich eine runde Sache.

Am Hof kehrt wieder Ruhe ein, die gewohnte Routine bestimmt, wie immer, unsere Tage.

Die Arbeit in der Schäferei ist abwechslungsreich, auch wenn die Abfolge jahreszeitlich bedingt immer die gleiche ist.

Im Frühjahr zuerst die Bestellung der Felder, dann Klauenschnitt, Wurmkur, Austrieb der Herde auf die Weide und Schafschur.

Im Sommer Heuernte, Aufteilung der Schafe in deckfähige Schafe und Jährlinge, Deckzeit.

Im Herbst Getreide- und Strohernte, noch einmal Wurmkur, Besuch der Bockauktion.

Im Winter Einstallen der Herde und Lammzeit.

Die Winter sind am anstrengendsten. Alle Schafe sind im Stall, bekommen Nachwuchs und müssen gefüttert werden. Etwa 60 bis 80 Geburten täglich, oft auch nachts.

Gerhard und der Traktorist füttern und streuen frisches Stroh in den Buchten ein. Ich helfe meist nur beim Verteilen des Kraftfutters, ansonsten kümmere ich mich um die Ablammung. Mutterschaf und Lamm brauchen in den ersten Stunden nach der Geburt einen separaten Platz, abseits der Herde, um gegenseitig Geruch und Stimme kennenzulernen und die Mutter-Kind-Bindung zu festigen. Schafe mit Zwillingen werden mehrere Tage separat gehalten. Es muss sichergestellt werden, dass die Lämmer das Euter finden und genug Milch bekommen, der Nabel ist zu desinfizieren, um Entzündungen vorzubeugen. Nicht alle Schafe lammen problemlos alleine ab. Manchmal nehmen die Lämmer eine Fehlstellung im Geburtskanal ein oder sind einfach sehr groß, dann muss ich helfen.

Im Laufe der vergangenen 13 Winter habe ich von Gerhard gelernt, mit den Händen zu sehen, Fehlstellungen zu korrigieren, bei schwierigen Geburten mit Hilfsmitteln zu arbeiten. Erkrankte Tiere müssen medizinisch behandelt, mutterlose Lämmer mit der Flasche aufgezogen werden. Während der Lammzeit bin ich Hebamme und Tierärztin in einer Person.

Wir arbeiten in Schichten. Ich halte im Stall die Stellung bis gegen Mitternacht, Gerhard übernimmt dann bis zum Morgen. Von Dezember bis März schläft er auf dem Sofa, um nachts schneller hochzukommen. Das ist auch der Grund dafür, dass das Wohnhaus direkt neben dem Stall gebaut wurde. So muss man nur in den Keller gehen, die Stallkluft überziehen und wenige Meter über den Hof laufen, schon ist man mitten im Geschehen.

Auch ohne lange Wege macht der Winter mürbe. Müßig, zu erwähnen, wie sehr wir uns in jedem Jahr auf den Frühling und den Austrieb der Herde auf die Weide freuen.

Im Frühjahr 1997 planen wir die nächste Bauphase. Die Kinder sind inzwischen 12 und 14 Jahre alt und nur noch am Streiten. Wie Hund und Katze. Ich hatte mir so sehr gewünscht, dass sie sich gut verstehen, richtige Geschwister eben, die aneinander hängen, Verbündete. Genau das war der Grund, aus dem ich von einer zur anderen Geburt damals nicht viel Zeit verstreichen lassen wollte.

Es kommt nicht immer so, wie ich es mir wünsche. Manche Dinge sind einfach nicht zu ändern.

Der Umgang der Kinder untereinander wird immer ruppiger. Jonas zeigt sich zunehmend aggressiv und jähzornig. Karolina ist nicht auf den Mund gefallen und reizt ihn subtil. Sie stichelt und stänkert. Er zerschlägt oft mutwillig, was ihm gerade in den Weg kommt, und prügelt seine Schwester.

Lange Jahre danach erzählt sie mir, sie habe damals Angst gehabt, er werde sie eines Tages totschlagen, wenn wir nicht in der Nähe sind.

Den kleinen, anhänglichen und fröhlichen Bub scheint es nur noch in meiner Erinnerung zu geben. Meine ganze Hoffnung ist, dass sich das nach der Pubertät wieder legt.

Ich unternehme Beschwichtigungsversuche, die meist zu nichts führen. Ausbrüche von Jähzorn und gewalttätige Übergriffe auf Karolina münden für Jonas also nicht selten in eine gehörige Tracht Prügel.

Ich weiß mir nicht anders zu helfen, kann das doch nicht einfach so hingehen lassen. Noch bin ich stärker als er, sie dagegen ist ihm körperlich klar unterlegen.

Diese Situation zieht mich runter. Es scheint ein Teufelskreis zu sein. Oft mag ich gar nicht darüber nachdenken, möchte es verdrängen, stürze mich bewusst in die Arbeit, um den Kopf wieder frei zu bekommen. Mit mäßigem Erfolg. Es muss doch irgendetwas geben, was ich tun kann.

Endlich wird das Badezimmer nach meinen Vorstellungen ausgestaltet. Anschließend, im Frühjahr 1998, werden

Schafstall Nummer zwei und Bergeraum Nummer zwei fertiggestellt. Ein Kraftakt. Jetzt ist es geschafft.

Die Lämmervermarktung gestaltet sich von unserem Standort aus nicht einfach. Wir sind offensichtlich zu weit von den Handelszentren und Großschlachthöfen entfernt. Wahrscheinlich bleibt uns in Zukunft nichts anderes übrig, als vermehrt auf Selbstvermarktung zu setzen. Dafür brauchen wir entweder einen Schlachtbetrieb in der Nähe, der die Schlachtung übernimmt, oder ein eigenes Schlachthaus. Einen derartigen Betrieb gibt es in unserer Gegend nicht und für ein kleines Schlachthaus haben wir augenblicklich keine Mittel. Vorerst bleibt also alles beim Alten.

Ich konzentriere mich verstärkt auf die Verbandsarbeit, versuche, positiven Einfluss auf die Verbandspolitik und die Vermarktungsstrukturen unseres Bundeslandes zu nehmen. Sisyphos-Arbeit. Zwei Schritte vor, einen zurück. Ich zeige Präsenz. Bei Leistungshüten, Landwirtschaftsmessen und, und, und …

Der Vorstand des Landesschafzuchtverbandes besichtigt den neuen Großschlachthof in Teterow, der die Europa-Zertifizierung besitzt und auch Lämmer und Schafe schlachtet. Vielleicht bekommt man hier einen Fuß in die Tür.

Vor dem Rundgang werden wir alle mit weißen Kitteln, Überschuhen und Kopfhauben ausgestattet. Man zeigt uns zuerst die Betäubungsanlage.

Hier steht ein Mitarbeiter am Triebgang des Schlachtviehs. Er hält eine große Elektrozange in der Hand, mit der er die Tiere betäubt. Eines nach dem anderen, wie am Fließband. Man erklärt uns, dass hier in Schichten gearbeitet wird und die Betäuber regelmäßig ausgewechselt werden, um nicht seelisch zu verrohen.

Das glaube ich gerne. Echt grausam.

Der ganze Schlachthof riecht nach Fleisch, Blut, Fett und Mageninhalt. In langen Reihen hängen die getöteten Tiere an Förderketten, Kopf nach unten. Sie werden je nach Verarbeitungsstadium auf verschiedenen Wegen durch die weitläufigen Hallen transportiert. Die Ketten bewegen sich langsam vorwärts. Hier wird abgezogen, dort ausgenommen, dort beschaut und abgestempelt. Alles mit schnellen und sicheren Bewegungen. Unvorstellbare Massen von Fleisch.

Der Mensch ist ein Mörder, ein Raubtier. Ich bin gewiss keine Vegetarierin, aber das hier ist mir unerträglich.

Man führt uns von der Betäubung bis in die Zerlegung.

Die Herren Vorsitzenden folgen dem Herrn, der die Besichtigung leitet, auf dem Fuße. Sie konzentrieren sich so sehr auf seine Ausführungen, dass sie die Arbeiter in Schlachtung und Zerlegung kaum wahrnehmen.

Ich will hier nur noch raus. Trotzdem grüße ich alle Mitarbeiter des Schlachthofs freundlich und lächle ihnen zu. Das gebietet schon der Anstand.

Als wir den Beginn der Verarbeitungsstrecke erreichen, fasst mich plötzlich einer der Arbeiter am Arm und gibt mir einen Schubs, der mich an den Anfang unserer Gruppe befördert. Ich weiß nicht recht, wie mir geschieht.

Von hier aus geht's von Hand zu Hand.

Mal ein Schubs von links, mal einer von rechts und schon bin ich am Ende der Strecke angekommen.

Die Metzger grinsen mich amüsiert an, dann entnehmen sie weiter Herzen und Augen der Schlachtkörper.

Ich trete einen Schritt zur Seite und warte auf die anderen.

Sie sehen bunt aus. Von oben bis unten mit Blut, Fett und Mageninhalt bekleckert.

Ich sehe an mir hinunter: Kein einziger Fleck.

Die Metzger haben mich sauber durchgeschleust.

Ich zwinkere ihnen noch einmal zu und sage halblaut: „Danke."

Mein Schwiegervater pflegte stets zu sagen: „Mit dem Hut in der Hand kommst du gut durchs ganze Land."

Der Mann hatte Recht.

Wir entledigen uns der Schutzkleidung. Das Abschlussgespräch findet bei Kaffee und Keksen im Büro der Schlachthofleitung statt. Leider gelingt es nicht, die Manager zur regelmäßigen Abnahme von Lamm- und Schaffleisch zu akzeptablen Preisen zu bewegen.

Mein Mann und ich ziehen Zwischenbilanz.

Was wollten wir erreichen, was davon haben wir erreicht, wie soll es weitergehen?

Mir scheint, die Lage zwischen den Kindern hat sich wieder entspannt. So wie es war, hätten sie auch niemals zusammenarbeiten können. Ein Ding der Unmöglichkeit.

Wir setzen uns alle zusammen an den großen Esstisch und diskutieren gemeinsam die Zukunft.

Besteht überhaupt ihrerseits noch Interesse, den Betrieb eines Tages weiterzuführen? Sie bejahen.

Fragt sich, wie man das gestalten kann. Zuerst sollen natürlich beide ihr Abitur ablegen, danach ein Studium aufnehmen.

Wir Alten mussten zu oft schmerzlich erfahren, wie man in Ämtern und Behörden behandelt wird, wenn man kein abgeschlossenes Studium vorzuweisen hat. Das soll den Kindern nicht passieren. Beide sind recht gut in der Schule, obwohl sie am Hof kräftig mit anpacken und wahrlich nicht immer ihre Hausaufgaben erledigen.

Der Betrieb muss in der Zukunft anders organisiert werden. Jeder braucht seinen eigenen Bereich, für den er selbst verantwortlich ist. Eine Aufteilung des Betriebs in Produktion und Vermarktung wäre beispielsweise denkbar. Nun gut, wie es dann wirklich wird, muss die Zukunft zeigen. Der Hauptpunkt jedenfalls scheint geklärt.

Da beide nach wie vor Interesse haben, lohnt es sich, weiter zu investieren. Wir werden noch mehr Land kaufen und ein kleines Schlachthaus bauen.

Im Sommer 1998 wird das Schlachthaus geplant, alle nötigen Anträge werden gestellt. Ein Jahr später haben wir 200 Hektar weiterhin langfristig gepachtet, 120 Hektar sind bereits in unserem Eigentum, das Schlachthaus ist fertig. Die Weichen für eine spätere Betriebsübergabe sind gestellt.

Im August steht die Getreideernte an. Den Mähdrusch übernimmt, so wie schon in den Jahren zuvor, ein benachbarter Landwirtschaftsbetrieb. Den Getreidetransport zum Landhandel in der Kreisstadt habe ich all die Jahre gemeinsam mit dem Traktoristen übernommen. Leider mussten wir ihn bereits im Frühjahr 1999 entlassen. Es hat ihm nicht gutgetan, nur noch zu trinken und nicht mehr zu essen. Er war nicht mehr in der Lage, seine Aufgaben zuverlässig zu erledigen. Den Vorschlag, einen Entzug zu machen, während wir den Lohn weiterzahlen, hat er abgelehnt.

Es ist schwer, eine gute Arbeitskraft in der Landwirtschaft zu finden. Schließlich finden wir doch eine zufriedenstellende Lösung, allerdings hat dieser Mann leider keinen Führerschein.

Nun muss ich also den Transport alleine stemmen, denn auch Gerhard hat nicht den erforderlichen Führerschein für den langen Getreidezug.

Ich leihe, wie in jedem Jahr, die Getreideanhänger von dem Betrieb aus, der das Getreide drischt. Leider dreschen sie zur gleichen Zeit im eigenen Betrieb, und so stehen mir dieses Mal nur Anhänger mit leichten Mängeln zur Verfügung.

Bei dem einen verliert die Hydraulik Öl, bei dem anderen klemmt der Verschluss der Pendelklappen.

Nicht weiter tragisch, wenigstens sind die Anhänger gut abgedichtet, so dass unterwegs kein Getreide hinausrieselt.

Ich fahre mit dem Unimog an den Feldrand und koppele die beiden Anhänger an. Der Mähdrusch läuft. Das Getreide steht gut in diesem Jahr. Der Ertrag ist ordentlich.

Als die Anhänger bis oben hin beladen sind, fahre ich das Getreide in die Kreisstadt zum Landhandel.

Am Getreidehof angekommen, geht es immer zuerst mit dem Zug auf die Waage, dann wird eine Qualitätsprobe genommen, das Getreide vor einer der großen Getreidehallen abgekippt und von einem Mitarbeiter des Unternehmens per Radlader in die Halle geschoben. Am Ende muss der leere Zug noch einmal auf die Waage.

Als ich den ersten Zug Roggen anliefere, gelingt es mir nicht, per Hand die Klappe zu entriegeln. Wie schon gesagt: Der Riegel klemmt.

Ein Mitarbeiter kommt mir zu Hilfe. Er sagt: „Geh mal nen Schritt zur Seite, Mädel. Ich mach das schon", nimmt die Schaufel zur Hand, die an der Wand der Getreidehalle lehnt, und versetzt dem Riegel einen gezielten Schlag. Die untere Klappe der zweigeteilten Bordwand schlägt, wie sie soll, nach unten um, die obere wird vom Getreide in ihren Scharnieren frei pendelnd nach außen gedrückt.

„So, jetzt kipp an!"

„Prima, danke!"

Ich fahre vom späten Vormittag bis zum Abend. Zug um Zug. Heute wird es spät.

Als ich nach 18 Uhr wieder mit einem Zug Roggen auf den Hof komme, ist nur noch die Waage besetzt. Die anderen Mitarbeiter haben bereits Feierabend.

Macht nichts, die Schaufel steht noch an ihrem Platz. Das kann ich auch.

Ich steige aus, nehme die Schaufel, schlage gegen den Riegel. Nichts. Ist wohl doch nicht so einfach wie es aussah.

Nächster Versuch. Vielleicht etwas kräftiger, den Schaufelstiel weiter vorne nehmen, näher an den Anhänger gehen.

Dieses Mal klappt es.

Der Riegel lässt sich öffnen, die Klappe schlägt um.

Klappenkante gegen Handkante.

Junge, Junge, tut das aber weh!

Ich war zu nah am Anhänger, konnte nicht schnell genug zur Seite springen. Die Klappe hat meinen Kopf nur um Haaresbreite verfehlt und stattdessen die Hand getroffen.

Glück im Unglück. Mein Schutzengel war wieder mal auf Zack.

Zuerst kippe ich das Getreide ab, dann schau ich mir die Hand an. Heieiei, das sieht aber böse aus. Ein tiefer Riss über die Hälfte der Handfläche, auf dem Handrücken klafft eine große Wunde, die den Blick auf die Sehnen freigibt. Bäh! Während ich mir den Schaden betrachte, bildet sich auf dem Betonboden allmählich eine Blutlache.

Ich muss weiter, das Getreide wartet und gegen 23 Uhr wird auch die Fahrzeugwaage geschlossen. Ich steige in den Unimog, kurbele das Fahrerfenster hinunter und halte die verletzte Hand nach draußen, um nicht das ganze Fahrzeug voll zu bluten. Mit rechts steuere ich die Waage an.

Ich frage nach, ob eventuell ein sauberes Tuch zur Verfügung steht.

„Nein, leider nicht. Nur ein gebrauchtes Handtuch. Warum?“

Ich zeige die Hand vor. Den Mann hebt es. Ich angele mir das Handtuch, wickle es um die linke Hand, verabschiede mich und steige in den Unimog.

Jetzt schnell zurück, das restliche Getreide holen.

Auf dem Weg vom Landhandel zur Hauptstraße wird mir schwummerig, es summt mir in den Ohren.

An der Kreuzung blinke ich rechts, obwohl ich doch links abbiegen muss. Mist.

Da fällt mir ein, dass die Frau des Bauunternehmers, der unser Haus errichtet hat, ganz in der Nähe eine Gaststätte betreibt. Zur Gaststätte gehört ein Parkplatz, der so groß ist, dass man mit Unimog und zwei großen Anhängern in einem Zug bequem wenden kann. Dorthin geht es nach rechts.

Offenbar bin ich doch schon auf dem richtigen Weg.

Gottseidank ist es nicht mehr weit, ich kann mich kaum noch hinter dem Steuer halten.

Ich drehe das Gespann auf dem Parkplatz, stelle es am Zaun ab und betrete die Gaststätte, staubig und verschwitzt von der Arbeit, blutverschmiert.

Das Handtuch ist inzwischen durchgeweicht. Entsetzte Gesichter. Die Wirtin nimmt mich gefasst in Empfang.

„Setz dich hin. Magst du ein Wasser oder lieber einen Kaffee? Was ist denn passiert?"

„Danke. Wasser bitte."

Ich erzähle. Inzwischen kommt auch ihr Mann. Er setzt sich zu uns an den Tisch.

„Mensch, Mensch, du machst aber Dinger. Los, komm! Ich bring dich ins Krankenhaus."

„Das ist wohl nicht nötig, ist bloß´n Kratzer. Aber ruf doch bitte zu Hause an und sag meinem Mann, dass er den Zug und mich hier abholt."

Ich hoffe, dass ihn die Polizei nicht anhält und seinen Führerschein sehen will.

„Bist du bescheuert!?"

Das war keine Frage, das war eine Feststellung.

„Keine Widerrede mehr, wir fahren jetzt."

Er bugsiert mich nach draußen und hilft mir in seinen teuren, blitzblanken BMW.

Im Krankenhaus fange ich an, zu heulen. Das will ich nicht, es lässt sich aber leider nicht verhindern.

Er bleibt bei mir, bis die Hand geröntgt ist und feststeht, dass die Wunden ambulant versorgt werden können. Er wartet. Inzwischen telefoniert er. Nachdem die Hand desinfiziert, genäht und verbunden ist, fährt er mich nach Hause.

Da sitzen Kinder und Mitarbeiter auf der großen Außentreppe aus Granit und warten schon. Gerhard ist noch unterwegs, den Zug vom Parkplatz holen. Sie wissen, was sich ereignet hat. Karolina war am Telefon:

„Schönen Gruß von der Mutti, Vati soll den Unimog an der Gaststätte abholen."

„Warum fährt sie nicht selbst? Was macht sie denn?"

„Ich habe sie gerade ins Krankenhaus gebracht, nichts Schlimmes, keine Angst."

Aber sicher. Mutter im Krankenhaus. Nichts weiter passiert. Da lachen ja die Hühner. Da wär sie wegen einer Kleinigkeit nie hin.

Alle sind froh, dass ich wieder da bin und der Kopf noch oben ist. Kurz darauf trifft auch Gerhard mit dem Unimog ein.

Jetzt ist es raus: Nicht nur unser Sohn kann Unfall. Ich kann das auch.

Am nächsten Tag läuft die Ernte planmäßig weiter. Ich werfe mir einige Schmerztabletten ein, klaube zwei Kühlakkus aus der Gefriertruhe und stecke sie in Gefrierbeutel. Einen Akku unter die Hand, einen obendrauf. Das Ganze mit einem Handtuch umwickelt und ab in den Unimog, Getreide fahren.

Nach zwei Tagen ist das Feld abgeerntet und sämtliches Getreide beim Landhandel abgeliefert. Jetzt muss ich erstmal ausruhen.

Im Frühjahr 2002 besteht Karolina ihr Abitur mit einem ausgezeichneten Notendurchschnitt. Sie möchte später die Vermarktung im Betrieb übernehmen und deshalb nun etwas im Bereich Gastronomie machen. Zuerst eine Lehre in der Gastronomie, anschließend vielleicht ein Studium des Hotelmanagements. Das klingt nach einem guten Plan.

Es gelingt ihr, einen Ausbildungsplatz in Baden-Württemberg zu ergattern. Wir freuen uns schon auf die Hofübergabe, darauf, nicht mehr an vorderster Front zu stehen, etwas ruhiger zu treten, vielleicht sogar einmal für ein paar Tage Urlaub machen zu können.

Wenn nur Jonas auch schon so vernünftig wäre. In letzter Zeit hat er schlechten Umgang, prügelt sich immer wieder mit Russenjungen herum, will die Schule schmeißen.

Dass ich ihn im Zweifelsfall nicht davon abbringen kann, ist klar. Schließlich ist er mein Sohn.

Ich habe mir damals auch nichts sagen lassen. Trotzdem versuche ich, ihn davon zu überzeugen, wenigstens das Abitur zu machen.

„Komm schon, zwei Jahre noch! Dann kannst du dich immer noch anders entscheiden.“

Er knurrt, gibt aber nach.

Irgendwie drängt sich mir das Gefühl auf, dass er seinen Teil des Hofes nicht übernehmen wird. Zu oft muss er zur Arbeit angehalten werden, zu selten bietet er von selber seine Hilfe an. Während der Arbeit streitet er mit seinem Vater und zieht sich schnell beleidigt zurück.

Auf meine Frage, wie er sich das in Zukunft vorstelle, meint er, jetzt wolle er noch nicht die ganze Zeit im Betrieb arbeiten, das müsse er schließlich später noch sein ganzes Leben lang.

Das klingt nicht danach, als habe er wirklich Lust dazu. An diesem Beruf muss man Freude haben, in ihm aufgehen. Harte Arbeit, viel Verantwortung, kaum Freizeit, immer wieder finanzielle Durststrecken. Immer und überall 100 Prozent geben. Das muss man wirklich wollen.

Im Landesschafzuchtverband stehen Neuwahlen an. Ich soll den Vorsitz übernehmen, denke aber, dass mich das zeitlich überfordert, der eigene Betrieb hat für mich oberste Priorität. Stellvertretende Vorsitzende? Das lässt sich wohl machen. Zusätzliche Termine muss ich nur dann übernehmen, wenn der Vorsitzende verhindert ist.

Nicht lange, und es ist auch schon so weit. Verhindert ist er eher nicht, er hat einfach keine Lust und sagt das auch.

Prinz Charles plant einen zweitägigen Deutschland-Besuch, ein Programmpunkt ist die Besichtigung von Öko-Landwirtschaftsbetrieben in Mecklenburg-Vorpommern.

Empfang auf Schloss Vietgest im Kreis Rostock. Großer Bahnhof. Meine Aufgabe?

„Einfach nur repräsentieren. Wirf dich in Schale und lächle. Das ist alles.“

Na schön, das kriege ich wohl hin.

Am 11. Juni 2002 ist es soweit.

Ich schlüpfe in mein knallrotes Etuikleid, dann in die schwarzen Lackschuhe, die ich schon zu meiner Hochzeit getragen habe. Meine langen, mittlerweile schon recht angegrauten Haare stecke ich hoch, schminke mich dezent, lege ein wenig Parfüm auf und mache mich auf den Weg.

Der Hubschrauber Seiner Hoheit landet gegen elf Uhr vormittags auf der Rasenfläche vor dem Schloss, das als der letzte bedeutende Barockbau Mecklenburgs gilt.

Eine Abordnung des Landwirtschaftsministeriums begrüßt Prinz Charles und sein Gefolge, bestehend aus Bodyguards, Protokollanten und Dolmetschern.

Die illustre Gesellschaft erklimmt den ersten Stock des Barockbaus, wo eine kleine Schar handverlesener geladener Gäste bereits die Ankunft seiner Hoheit im Kaminzimmer erwartet. Man wird einander vorgestellt. Der Dolmetscher übersetzt. Streng nach Protokoll und Etikette.

“His Royal Highness, Prince Charles of Wales.”[11]

“Misses Sabine Rosenberger, vice chairwoman of the Sheep Farmers Association of Mecklenburg-West Pomerania.”[12]

Ich knickse, er reicht mir die Hand und sagt: „Nice to meet you, how are you?”[13]

„The pleasure is all mine, how are you?”[14]

Den Dolmetscher brauchen wir nicht. Seine Hoheit mustert mich von oben bis unten, lächelt verschmitzt und meint

---

[11] „Seine königliche Hoheit, der Prinz von Wales.“

[12] „Frau Sabine Rosenberger, stellvertretende Vorsitzende des Schafzuchtverbandes Mecklenburg-Vorpommern.“

[13]„ Es freut mich, Sie kennenzulernen, wie geht es Ihnen?“

[14] „Ganz meinerseits, wie geht es Ihnen?“

dann: „Well, shepherds seem to have changed nowadays.“[15]

Ich erwidere sein Lächeln und antworte: „Maybe a bit. At least at welcoming Royals.“[16]

Er fragt mich, wie ich die aktuelle Situation der Deutschen Schafhalter einschätze, mit welchen Problemen man hier zu kämpfen habe.

Nun, wenn er mich schon fragt, so soll er auch eine aufrichtige Antwort erhalten. Ich teile ihm mit, dass uns die Lammfleischimporte aus Neuseeland und Großbritannien schwer zu schaffen machen, denn sie drücken den Preis.

Er erwidert, das tue ihm aufrichtig leid, aber auch die britischen Schafhalter hätten es nicht leicht. Da kann er leider nichts machen.

Hatte ich auch gar nicht erwartet.

Der Protokollant wird herangewunken und angewiesen, mir die Karte des Sekretärs seiner Hoheit zu überreichen. Wenn ich irgendwann einmal nach Großbritannien käme oder ein Anliegen, welcher Art auch immer, hätte, dürfe ich gern den Sekretär kontaktieren. Seine Hoheit habe sich außerordentlich gefreut, mich kennenzulernen und schätze meine Offenheit.

Er schreitet weiter zum nächsten Gast, ich nehme mir ein Gläschen Sekt vom Tablett und denke nach.

Jetzt verstehe ich, warum der Vorsitzende „keinen Bock auf den adligen Scheiß“ hatte. Das ist einfach nicht sein Parkett. Mir scheint es zu liegen.

---

[15] „Mir scheint, die Schäfer haben sich heutzutage verändert.“

[16] „Ein wenig vielleicht, zumindest beim Empfang von Mitgliedern der königlichen Familie.“

Zur rechten Zeit am rechten Ort das rechte Wort. Diese Fähigkeit muss ich pflegen, sie wird noch oft nützlich, ja notwendig sein.

Gegen Ende des Schuljahres werden die Kinder einige Male mit dem Auto von der Schule abgeholt, weil sie früher aus haben als sonst.

Eines Tages kommt Gerhard mit ihnen von der Schule zurück und sagt, heute sei ihm, während er auf die beiden wartete, an der Hauswand gegenüber dem Parkplatz ein Messingschild aufgefallen: Dr. med. R. Emmerich, Allgemein- und Sportmedizin. Da könne man doch mal mit Jonas wegen des immer noch lädierten Knies vorstellig werden.

Ja, einen Versuch ist es wert. Wir vereinbaren einen Termin.

Der Arzt untersucht ihn und meint, es sei wohl das Kreuzband, man müsse aber noch abklären, was genau kaputt sei. Am besten mittels MRT. Dann könne man weitersehen.

Zum MRT müssen wir in die Landeshauptstadt fahren, nach Schwerin, etwa 30 Kilometer. Glücklicherweise bekommen wir kurzfristig einen Termin.

Das MRT zeigt, dass bei dem Unfall vor sieben Jahren das vordere Kreuzband abgerissen ist und sich inzwischen zurückgebildet hat. Der Sportarzt meint, das sei kein Problem, das könne man mit einer Kreuzbandplastik operieren. Hierfür wird ein Stück Sehne aus dem Oberschenkel genutzt.

Im Krankenhaus der Kreisstadt gibt es einen Spezialisten, wir vereinbaren einen OP-Termin.

Ich begleite Jonas in die Klinik. Aufklärungszettel lesen, Einwilligungen unterschreiben, Gespräch mit dem Anästhesisten.

Er empfiehlt Spinalkanalanästhesie, weil sie den Körper weniger belastet als eine Vollnarkose. Natürlich weist er auch auf die Nebenwirkungen hin. Unter anderem kann es zu Harnverhalt kommen, das ist aber selten.

Jonas kommentiert die Ausführungen des Facharztes mit einem siegessicheren: „So was passiert MIR doch nicht!“, und wir folgen der Empfehlung des Anästhesisten.

Bei dem Kommentar meines Sohnes ist mir irgendwie unwohl.

Die Operation verläuft gut. Einen Tag später läuft nichts mehr, zumindest kein Harn. Katheter.

Als ich am frühen Abend des nächsten Tages in die Klinik komme, ist das letzte Kathetern schon Stunden her, der Harndrang groß, die Schmerzen auch, die Blase voll, aber es geht nichts. Keine Schwester, kein Arzt weit und breit. Schichtwechsel?

Endlich eine Schwester. Sie kann leider nichts tun, ist noch Schwesternschülerin, hat noch nie einen Katheter gesetzt.

Mir wird himmelangst. Ich bitte sie, irgendjemanden zu verständigen, notfalls telefonisch. Nach einiger Zeit kommt Hilfe. Gottseidank.

Seit diesem Tag werde ich stets hellhörig bei dem Satz: „Sowas kann MIR doch nicht passieren.“
Geht mir selber dieser Gedanke durch den Kopf, will ich in Zukunft sofort die Notbremse ziehen.

Nach Jonas' Entlassung aus der Klinik fahre ich dreimal in der Woche mit ihm nach Schwerin ins Sport-Reha-Zentrum. Sieben Wochen lang.
Bei den ersten beiden Terminen warte ich, bis er sein fast zweistündiges Trainingsprogramm absolviert hat. Beim nächsten Mal bitte ich, auch mich zu untersuchen und zu beraten, denn mir tun von der körperlichen Arbeit sämtliche Knochen weh und auch mein vor Jahren festgestelltes Stufenleitersyndrom macht mir immer wieder zu schaffen. Man stellt auch für mich einen passenden Trainingsplan zusammen. Dafür muss ich natürlich selber zahlen, aber das ist es wert. Nun trainieren wir gemeinsam. Das ist ein guter Ausgleich für die meist einseitige körperliche Belastung im Betrieb. Anstrengend, aber wirksam. So gut habe ich mich schon lange nicht mehr gefühlt.

Im Herbst veranstaltet der Schafzuchtverband eine Lehrfahrt nach Unterfranken. Mein Mann bietet sich an, die Fahrt zu begleiten und den Kollegen unsere alte Heimat zu zeigen, mit ihnen einige Schafhaltungsbetriebe ehemaliger Kollegen zu besichtigen.
Ich bleibe zu Hause, einer muss sich ja um die Herde kümmern. Während mein Mann in Unterfranken ist, ist das Wetter gut und ich beschließe, mit dem Ausfahren des Dungs auf die Felder zu beginnen.

Möglichst viel will ich in seiner Abwesenheit schaffen, ich möchte ihn damit überraschen, wenn er nach Hause kommt. Zuerst geht es gut vorwärts, alles klappt wunderbar. Dann geht der Dungstreuer kaputt. Der Förderboden läuft nicht mehr, ich muss die Spannscheiben neu justieren. Das habe ich noch nie selbst gemacht, aber ich weiß, dass es schwierig ist und dass man gut aufpassen muss, sich nicht zu verletzen.

Ich denke mir, das schaffe ich schon. ICH klemme mir die Finger ganz sicher nicht.

Wollte ich bei dieser Art Gedanken nicht in Zukunft die Bremse ziehen? Eile ist kein guter Ratgeber.

Ich betrachte mir den Schaden an der Maschine und überlege, dass das Malheur vielleicht am schnellsten mit Hilfe einer Eisenstange zu beheben sei.

Ich rutsche ab, Metall schlägt auf Metall, dazwischen klemmt mein Finger. Unser Mitarbeiter kommt mir zu Hilfe. Gemeinsam können wir die Hand befreien. Sieht übel aus, ich fahre ins Krankenhaus. Der Finger wird geröntgt: Trümmerbruch. Zuerst wird der Fingernagel entfernt, dann die gequetschte Fingerspitze genäht.

Nach zwei Tagen ist der Finger stark entzündet, die Naht hat sich infiziert. Ich bekomme Antibiotika und muss jeden Tag zur Begutachtung der Naht in die Klinik. Als die Fingerspitze sich immer dunkler verfärbt, teilt man mir mit, dass es möglicherweise erforderlich werden könne, das Fingerglied zu amputieren. Glücklicherweise sieht der Finger am nächsten Tag wieder besser aus. Die Amputation bleibt mir erspart.

Gerhard ist entsetzt, als er von der Lehrfahrt zurückkommt und ich Farbe bekenne. Er kann sich gar nicht freuen, dass ich schon einige Anhänger voll Dung auf die Felder gefahren habe. Dabei habe ich mir solche Mühe gegeben.

Jetzt habe ich viel Zeit zum Nachdenken. In den nächsten sechs Wochen kann ich nichts anfassen, sitze nur herum und warte darauf, dass der Finger heilt.

Warum habe ich die Warnung in den Wind geschlagen? Warum habe ich nicht zugehört? Momentan scheint mir alles über den Kopf zu wachsen. Ich muss wieder ruhiger werden, besser in mich hineinhorchen, achtsamer sein.

Kurz vor dem Sturm

10. Dunkle Wolken ziehen auf

Karolina hat inzwischen ihre Ausbildung begonnen. In einem Hotel in Maulbronn. In unmittelbarer Nähe des Klosters, in dem Hermann Hesse ab 1891 für etwa ein Jahr das Seminar besuchte.

Die mittelalterliche Atmosphäre des Ortes nimmt mich beim ersten Besuch sofort gefangen. *Das Glasperlenspiel,* Thema eines meiner liebsten Bücher von Hermann Hesse, ist hier so greifbar für mich, als sei ich selbst ein Teil davon.

Ich beneide sie schon ein wenig, hier sein zu dürfen.

Wenigstens kann ich für ein paar Stunden die Stimmung genießen, bevor ich wieder abreisen und Karolina zurücklassen muss.

Als unsere Tochter nach mehreren Monaten zum ersten Mal wieder nach Hause kommt, wirkt sie verändert.

Sie hat stark zugenommen und spricht nicht viel, aber doch genug, um uns merken zu lassen, dass ihr die Ausbildung keine Freude macht. Sie scheint intellektuell unterfordert zu sein und ganz und gar nicht glücklich in ihrer Situation.

Trotzdem fährt sie wieder hin und arbeitet weiter.

Als sie das nächste Mal zu Besuch kommt, sagt sie, dass ihr die Sache unerträglich wird und fragt, ob es schlimm wäre, wenn sie die Ausbildung abbricht.

Ich bin erstaunt. Das ist doch ihre ureigenste Angelegenheit. Wenn es nicht das Richtige für sie ist, macht es keinen Sinn, zu bleiben.

Ich frage sie, was sie denn lieber täte.

Zunächst kommt da nicht viel. Sie weiß es nicht, versucht herauszufinden, welche Erwartungen wir an sie haben. Der Betrieb muss schließlich irgendwann weitergeführt werden.

Ich will nur, dass sie glücklich und zufrieden ist. Ich frage sie, ob denn ein Kunststudium nichts für sie wäre, denn sie ist künstlerisch sehr begabt und malt wunderschöne Bilder.

Nein, das möchte sie nicht. Es scheitert schon an der erforderlichen Bewerbungsmappe. Sie sagt, sie kann unter Termindruck nicht arbeiten. Außerdem sei das brotlose Kunst und habe so gar nichts mit unserem Betrieb zu tun. Sie denkt an ein Studium der Landwirtschaft.

„Denkst du wirklich, das ist das Richtige für dich? Hast du dazu wirklich Lust?"

Ich erhalte ein kurzes, bestimmtes Ja als Antwort.

Viel später erst erfahre ich, was ich schon gleich vermutet hatte: Sie fühlt sich zu diesem Studium verpflichtet und möchte uns nicht enttäuschen. Außerdem denkt sie, dass sie sich ja von klein auf in dem Metier auskennt, das Studium also ein Kinderspiel werden wird.

Ich gebe ihr zu bedenken, dass Mathematik, Physik und Chemie, die alle in der Schulzeit nicht zu ihren Lieblingsfächern zählten, auch hier eine nicht unerhebliche Rolle spielen. Die Immatrikulationsfrist ist auch schon lange verstrichen. Dann wohl im nächsten Semester.

Ich nehme trotzdem Kontakt auf mit der Fachhochschule Weihenstephan. Karolina bekommt einen Studienplatz im Nachrückverfahren.

Also dann, auf zu neuen Ufern. Sie stellt Antrag auf Bafög und ergattert ein erschwingliches Zimmer im Studentenwohnheim.

Ich frage mich immer noch, ob das alles richtig ist. Irgendetwas fühlt sich für mich falsch an, ich sage aber nichts. Es ist allein ihre Entscheidung. Das allerletzte, was sie jetzt braucht, sind irgendwelche Unkenrufe.

Ich wünsche ihr, dass alles klappt, wie sie es sich vorstellt.

Frühjahr 2003. Nur noch ein Jahr, dann wird auch Jonas sein Abitur ablegen. Was er danach wohl machen wird?

Jetzt macht er erstmal seinen Führerschein.

Seit einiger Zeit haben wir einen Zweitwagen. Den hat uns mein Vater vermacht, als er sich zu alt fühlte, weiter Auto zu fahren.

Jonas freut sich schon darauf, nicht mehr auf uns angewiesen zu sein, wenn er weg möchte.

Ich kenne seinen Hang zum Risiko, muss wohl noch lernen, mit meiner Angst besser umzugehen, ihm zutrauen, vernünftig zu handeln.

Am frühen Nachmittag besteht er die Führerscheinprüfung. Am frühen Abend fragt er freudestrahlend, ob er Opas Auto haben kann. Er möchte eine kleine Spritztour machen, die neue Freiheit genießen.

Alles in mir verkrampft sich. Alle Signale auf dunkelrot. Sämtliche Alarmglocken läuten unüberhörbar. Ich habe Angst.

Es hilft ja nichts. Das kann ich ihm jetzt nicht verbieten, ich kann seinen Wunsch so gut nachvollziehen.

„Fahr aber bitte vorsichtig! Nicht riskant und nicht zu schnell."

„Aber immer!", lacht er. „Jetzt mach dir doch nicht immer solche Sorgen."

Na, DER hat gut reden. Ich rücke den Autoschlüssel raus, obwohl mir mulmig ist.

Der Anruf kommt am späten Abend. Gerade als ich denke, es wäre langsam an der Zeit, dass er nach Hause käme.

„Mir ist da was passiert. Könnt ihr mich bitte abholen?"

Er beschreibt, wo er zu finden ist. Ich will jetzt gar nicht wissen, was genau passiert ist. Wer telefonieren kann, ist weder tot noch schwer verletzt. Das reicht mir fürs Erste.

Wir fahren gemeinsam zur Unfallstelle.

Von der Straße abgekommen und im Straßengraben gelandet. Totalschaden.

Ihm ist nichts passiert, das ist die Hauptsache. Um Haaresbreite an einem Alleebaum vorbei. Wäre er gegen diesen Baum gefahren, hätte ihn das wahrscheinlich das Leben gekostet.

Ich danke Gott und allen Schutzengeln, dass nur das Auto hinüber ist.

Zwei Polizisten kommen im Streifenwagen und nehmen den Unfall auf. Der eine meint, den Bremsspuren nach zu urteilen, ist da wohl einer ganz sicher nicht zu langsam gefahren.

Wir machen uns auf den Heimweg, das Autowrack wird abgeschleppt. Schon unterwegs merke ich, dass mich ein Zittern überkommt, das immer stärker wird. Jetzt bloß nicht hysterisch werden.

Zu Hause kippe ich endgültig aus den Latschen. Das Zittern ist nicht mehr zu kontrollieren, ich werde gegen meinen Willen von Weinkrämpfen geschüttelt. Gerhard bringt mich ins Bett und versucht, mich zu beruhigen.

Es schüttelt mich die ganze Nacht.

Am nächsten Morgen fühle ich mich wie durch den Wolf gedreht. Ich habe starke Schmerzen in der linken Gesichtshälfte. Nur links. Von der Schläfe schmerzt es am Ohr entlang bis in den Kiefer, auch die Zähne tun weh.

Zum Zahnarzt. Der kann nichts feststellen. Die Zähne sind es jedenfalls nicht.

Zum Sportarzt, der seit der Sache mit Jonas` Knie-OP auch unser Hausarzt ist. Der hat es gleich.

„Hatten Sie in letzter Zeit viel Stress?“

„Ja, vor allem gestern.“

Ich erzähle, was sich am Vortag ereignet hat.

Er brummt: „Hm. Nervenzusammenbruch und Trigeminusentzündung. Passt zusammen.“

„Und jetzt?“

„Ich gebe Ihnen Tropfen zur Entspannung mit und Schmerztabletten. Aber in den kommenden acht Tagen ist erstmal Schicht im Schacht. Keine Arbeit, keine Aufregung, keine Zugluft. Schön brav hinlegen und ausruhen, sonst gibt es ernste Probleme. Verstanden?“

„Ja.“

Na super. Lammzeit, und ich falle aus. Was wird nun aus meinen kleinen Patienten und den Flaschenlämmchen? Aber ich werde tun, was er sagt. Das muss wohl sein.

Zu Hause lese ich die Packungsbeilagen, nehme Tabletten und Tropfen.

Kaum die Tropfen geschluckt, zieht es mir auch schon die Füße weg und ich lande auf dem Küchenfußboden.

Jonas ist schockiert und versucht, mich wieder hochzukriegen. Gar nicht so einfach. Wie besoffen. Einfach umgekippt und weg. Das liegt an den Tropfen, Diazepam, ganz schön stark. Wirken bei mir wie k.o.-Tropfen. Das soll wohl so.

Ich schlafe in den nächsten Tagen viel. Das wird schon alles wieder.

Im darauffolgenden Frühjahr legt Jonas sein Abitur ab. Nicht gerade ruhmreich, aber dafür, dass er während der gesamten Schulzeit nie gelernt hat, ist ein Schnitt besser als drei doch recht passabel.

So, jetzt wird es spannend: Schäferlehre? Landwirtschaftsstudium? Etwas Technisches?

Nein. Er möchte Schauspieler werden, lernt Rollen fürs Vorsprechen.

Halleluja! Was soll ich sagen? Erstens kommt es anders und zweitens als man denkt. Jeder ist seines eigenen Glückes Schmied. Ich rede da niemandem rein und versuche auch nicht, eines der Kinder zur Schafhaltung zu überreden. Das wäre keine gute Grundlage für die Zukunft.

Bei mehreren Vorsprechen wird er nicht angenommen. Er leidet, weiß nicht, was er tun soll. Es scheint nichts, aber auch gar nichts anderes zu geben, wofür er sich wirklich interessiert, wofür er richtig brennt.

Ich schlage ihm vor, ein Studium zu beginnen. Zum Vorsprechen kann er ja trotzdem weiterhin gehen.

Das leuchtet ihm ein. Aber welcher Studiengang?

Was Solides. Jura vielleicht, er streitet und diskutiert doch so gern. Er bewirbt sich um einen Studienplatz.

Zum Ende des Sommersemesters 2004 kommt Karolina wieder nach Hause. Todunglücklich.

Die letzten Klausuren in Chemie und Physik gingen daneben. Exmatrikulation. Es sollte wohl nicht sein.

Niemand macht ihr einen Vorwurf, wir möchten nur, dass es ihr schnell wieder besser geht.

Allmählich findet sie die Worte, zu erzählen, was sie schon seit Monaten quält.

Sie ist krank, hat eine Essstörung. Bulimie. Sie möchte freiwillig in die Psychiatrie, sagt, dass ihr das auch die Chance auf Weitergewährung des Bafögs für ein späteres Studium gibt.

Etwa zwei Monate verbringt sie in Perleberg in der psychiatrischen Klinik.

Gleich zu Anfang werde ich zu einem gemeinsamen Gespräch gebeten. Der Psychiater, Karolina und ich. Es sind mehrere Unterredungen dieser Art geplant. Der Psychiater möchte die Hintergründe möglichst schnell und gut kennenlernen. Nicht nur von einer Seite.

Es gibt keine weiteren gemeinsamen Termine.

Sie weigert sich.

Ich besuche sie regelmäßig. Sie wird mir immer fremder, erinnert mich immer mehr an meine eigene Mutter. Ein Schauer überläuft mich, wenn sie mich umarmt. Als würde meine Mutter mich umarmen. Ich komme nicht mehr dagegen an, ich sage es ihr.

Das hätte ich nie tun dürfen. Manchmal sollte man einfach mal die Klappe halten.

Während Karolina in der Klinik ist, fahren wir daheim die Strohballen vom Acker. Ich habe mir beim Arzt und in der Apotheke Informationsmaterial über Bulimie besorgt. Das liegt neben mir auf dem Beifahrersitz. Ich lese darin, während Gerhard die Ballen auf meinen Anhänger stapelt.

Ich bin verzweifelt, weiß nicht, was ich tun kann, aber was ich getan habe. Ich bin mir sicher, dass alles meine Schuld ist. Ich hätte sie niemals schlagen dürfen.

Die Lektüre auf dem Sitz dort neben mir sagt mir ganz klar, dass es jetzt nichts, aber auch gar nichts gibt, was ich tun könnte.

Sie kommt von Perleberg nach Hause. Sie will nach Tübingen, Literatur studieren. In der Klinik hat man ihr geraten, Abstand von zu Hause, von den Eltern zu gewinnen, die vermutlich der Auslöser der Krankheit waren.

Eines Abends unterhalte ich mich spät noch mit Gerhard, wir sind schon im Bett. Wir regen uns auf. Über uns selbst, über den Rat der Ärzte, über unsere Tochter, die meiner Mutter immer ähnlicher zu werden scheint. Wir schimpfen über sie und sind dabei nicht gerade zimperlich in der Wortwahl.

Karolina schläft nicht. Sie hört jedes Wort. *Déja vue.*

Genau so ging es mir oft, wenn meine Eltern bei uns zu Besuch waren und ich des Nachts mit anhören musste, wie sie über mich herzogen. Sie fanden reichlich verletzende Worte, genau wie wir in dieser Nacht. Ich habe ihnen immer verziehen und gehofft, dass es irgendwann anders wird.

Nicht so unsere Tochter. Sie ist jetzt endgültig fertig mit uns.

Am nächsten Tag bringen wir sie zur Bahn. Sie spricht kein Wort. Sie fährt nach Tübingen.

Ab und zu kommt eine SMS, dass sie Geld braucht. Ohne Anrede und Gruß. Nur der Betrag.

Ich rufe an und frage nach.

Sie sagt, das gehe mich ja eigentlich gar nichts an, aber sie brauche Möbel, Bücher, was auch immer.

Ich finde, sie sollte mehr mit ihrer Familie reden. Sie erklärt mir, die WG sei jetzt ihre Familie, mit uns habe sie nichts mehr zu tun, und legt auf.

Sie ist nicht die Einzige, die mir Vorwürfe macht.

Mutter erklärt mir am Telefon, dass ihrer Ansicht nach ich, ich ganz allein, an allem schuld sei. An Karolinas Essstörung, an sämtlichen Unfällen, daran, dass aus mir nichts geworden sei, daran, dass meine Eltern nicht mit mir zurechtkämen. Eben einfach an allem.

Ich höre ihr lange zu, versuche einige Male, etwas zu erwidern. Sie lässt mich gar nicht erst zu Wort kommen, sondern beschimpft mich ausdauernd und wütend.

Nach etwa einer halben Stunde kann ich nicht mehr. Ich tue etwas, was ich nie zuvor getan habe: Ich lege wortlos auf. Ich bin traurig.

Jetzt sind sie also beide weg. Karolina in Tübingen, Jonas in Würzburg. Die dauernden Katastrophen fehlen mir nicht im Geringsten, aber doch ist das Haus irgendwie leer.

Wie schön wäre es, wenn wir mit Karolina wieder eine gemeinsame Basis finden könnten, einen Neuanfang.

Wie froh wäre ich, wenn Jonas vielleicht sogar Spaß an Jura finden und erfolgreich studieren würde.

Allmählich müssen wir uns an den Gedanken gewöhnen, irgendwann das Gehöft zu verkaufen. Das wird sicher nicht einfach, aber Gerhard wird im nächsten Jahr schon 60 und was sollen wir beide allein hier in Mecklenburg?

Ich schiebe den Gedanken wieder weg. Er gefällt mir nicht. Er macht mir Angst. Ich fange wieder an zu rauchen.

Verflixt. Ich stürze mich in die Arbeit und hoffe, dass alles gut wird.

Einen Satz rufe ich mir immer wieder ins Gedächtnis: Am Ende wird alles gut, und wenn es noch nicht gut ist, dann ist es noch nicht das Ende.

Ich bin fest davon überzeugt, dass alles gut wird.

Wir besuchen Jonas in Würzburg. Er ist so auf seinen Computer fixiert, dass er nicht einmal unsere Ankunft bemerkt.

Er spielt *World of Warcraft*. Ich kenne das nicht.

Er sagt, das mache er zur Entspannung.

Entspannt sieht er jetzt beim Spielen nicht gerade aus.

Ich mache mir Gedanken, frage, wie das Studium läuft.

„Alles im grünen Bereich.“

Warum muss ich nur immer so misstrauisch sein und gleich das Schlimmste vermuten?

Fränkische Begründung: Weil halt. Eigentlicher Grund: Weil ich Angst habe. Angst, dass alles schiefläuft. Angst, nichts dagegen tun zu können, machtlos zu sein.

Februar 2005. Jonas kommt in den Semesterferien nach Hause und hilft im Betrieb mit, wie er es noch nie zuvor getan hat. Freudig, eifrig, mit vollem Einsatz. Er sagt, es sei gut, endlich wieder einmal etwas Sinnvolles zu tun. Ich erkundige mich nach seinem Studienfortschritt.
„Ja. Läuft." Mehr nicht.

Karolina ruft an. Ich kann mich gar nicht mehr daran erinnern, wann sie sich das letzte Mal gemeldet hat.

Ich freue mich. Erst etwas Smalltalk, dann eröffnet sie mir, ich würde Oma werden. *Hoppl*a. Warum nicht?

Ich sage ihr, dass mich das freut, frage, ob sie allein ist oder einen Freund hat.

Sie hat. Den Vater ihres Kindes. Sie möchte uns besuchen und ihn mitbringen. Ich platze fast vor Freude.

Den Mann hat sie im Internet kennengelernt, sich mit ihm getroffen und schon kurze Zeit später wurde sie schwanger.

Im Mai soll geheiratet werden. Sie möchte das eigentlich gar nicht, aber seine Eltern drängen auf eine Hochzeit, solange der Bauch noch zu verbergen ist.

Allein das hätte ihr zu denken geben müssen. Aber egal. Ihre Sache.

Sie kommen zu Besuch. Spät am Abend. Sie ist mir ja so fremd geworden. Ihn mag ich überhaupt nicht. Ich weiß nicht, warum. Es ist, wie es ist. Ich gebe mir Mühe.

Am nächsten Tag versuche ich wieder, irgendetwas Sympathisches an ihm zu entdecken. Es gelingt mir nicht.

Nach dem Abendessen setzen wir uns vor den Fernseher, so wie immer nach Feierabend. Ein bisschen entspannen, nebenbei ein bisschen reden, möglichst unverfänglich.

Sie setzen sich nicht zu uns. Sie fängt an, zu packen.

Sie ist wütend, unterstellt uns Desinteresse. Sich so behandeln zu lassen, hat sie nicht nötig.

Ich hole zwei gegerbte Schaffelle, eines für sie, eines für ihn. Als Hochzeitsgeschenk. Ich weiß ja noch nicht, ob ich es einrichten kann, zur Hochzeit ins Schwabenland zu fahren.

„Danke. Zur Hochzeit brauchst du eh nicht kommen. Auf dich können wir verzichten.“

Das sitzt.

Abends gegen 22 Uhr machen sie sich auf den Heimweg.

Die Hochzeit im Mai findet ohne uns statt. Unsere Enkeltochter Lara kommt am 1. Oktober zur Welt.

Im Dezember verlässt unsere Tochter ihren Mann. Es geht nicht mehr. Er ist so ganz anders, als sie dachte. Verlogen, egoistisch, rücksichtslos, ohne jedes Verantwortungsgefühl, sagt sie.

Gut, dass sie die Kurve so schnell bekommen hat.

Sie verlangt die Scheidung und bemüht sich um das alleinige Sorgerecht für ihre Tochter. Mann und Schwiegereltern leisten erbitterten Wiederstand.

Das Literaturstudium hat sie schon lange aufgegeben.

Jonas wechselt nach zwei Semestern Jura auf Politik und Geschichte. Ein Freund hat ihm glaubhaft versichert, dass das auch ohne Lernen funktioniert. Tut es aber nicht. Ende

2006 wird er exmatrikuliert. Ich hole ihn mit Sack und Pack in Würzburg ab.

Keine Ahnung, wie das weitergehen soll.

Jetzt erstmal nach Hause.

Nach allem, was ich mit meinem Sohn in Sachen Computer erlebt habe, bin ich auf dieses Medium ausgesprochen schlecht zu sprechen. Trotzdem nenne auch ich inzwischen einen Laptop mein Eigen. Lange habe ich mich strikt dagegen gewehrt, aber als ich vor die Wahl gestellt wurde, die Steuererklärung selbst digital abzugeben oder dies für viel Geld auszulagern, habe ich mir dann doch ein Herz gefasst, einen Laptop gekauft, einen Computerkurs belegt und für Internetzugang gesorgt.

Dieser Internetzugang ist für Jonas nun das Allerwichtigste, denn mittlerweile ist er spielsüchtig.

Da hat mich damals mein mulmiges Gefühl leider doch nicht getrogen. Ich könnte wirklich gut und gern darauf verzichten, immer Recht zu haben. Was soll ich denn jetzt machen? Wie kann ich ihm da nur wieder raushelfen?

World of Warcraft gefällt Jonas besser als das richtige Leben. Er kommt nicht mehr raus aus der Nummer, spielt jede freie Minute.

Ich verlange, dass er im Betrieb mit anfasst, solange er hier wohnt. Wenn ich den Router nicht ausschalte und wegsperre, spielt er die Nächte durch.

Ich überrede Jonas, mit mir zur Suchtberatung in die Kreisstadt zu kommen. Wiederwillig erklärt er sich schließlich dazu bereit.

Dort stellt man ihm einige Fragen und teilt uns dann mit, dass er die typischen Anzeichen ausgeprägter Spielsucht zeigt.

Jetzt redet er nicht mehr mit mir. Er isst nicht mehr mit uns. Nachts schleicht er sich in die Speisekammer und bedient sich, während wir schlafen. Im Betrieb macht er nur noch das Allernötigste.

Ich stelle ihn zur Rede. Ich bin für eine Therapie. So geht das nicht weiter. Entweder angemessenes Verhalten oder Auszug.

Er lässt sich von einem ehemaligen Kommilitonen abholen. Er nimmt nur das Nötigste mit. Natürlich auch den Computer. Er sagt nicht, wohin. Kein Wort des Abschieds.

Manchmal wünsche ich mir Hornhaut auf der Seele.

Der Verkauf des Hofs scheint wirklich unvermeidlich. Wir werden uns nicht, so wie Gerhards älteste Schwester, in der Landwirtschaft abkämpfen bis ins hohe Alter, bis wir keinen Fuß mehr vor den anderen bringen. Aber was dann?

Gerhard wird im Herbst 2007 schon 62. Mit 65 kann er in den Ruhestand gehen. Gut, die landwirtschaftliche Rente von etwa 550 Euro ist jetzt nicht wirklich der Brüller, aber er kann ja von Zeit zu Zeit bei Kollegen aushelfen und so die Kasse etwas aufbessern.

Aber ich, was wird mit mir? Alles, was ich kann, habe ich von ihm gelernt. Ich habe keinerlei weiterführende Qualifikation. Kein Diplom, keinen Abschluss, nicht einmal eine abgeschlossene Berufsausbildung.

Das einzige, was ich vorzuweisen habe, ist der Vermerk auf dem Zeugnis der zehnten Klasse, dass ich mit dem Erreichen des Klassenziels die mittlere Reife erworben habe.

Welche Chancen habe ich denn auf einen Arbeitsplatz außerhalb der Landwirtschaft? Realistisch betrachtet, gar keine.

Was sonst? Im Supermarkt abkassieren und Regale einräumen? Putzen gehen? Nein!

Im Internet stoße ich *(nein, nicht zufällig!)* auf eine Anzeige von ILS, einer Fernakademie für Erwachsenenbildung. Ich bin neugierig, was da alles angeboten wird, und stöbere die Seite gründlich durch. Wow! Da kann man Abitur machen. Ich erzähle es Gerhard. Er ist skeptisch.

„Wie lange dauert sowas denn?"

„Etwa drei Jahre."

„Und was kostet das?"

„Naja, so einige Tausender kommen da schon zusammen. Mit Prüfungsgebühren und Seminaren in etwa sechs- bis siebentausend Euro."

„Denkst du denn, mit Abitur bekommst du dann leichter einen Job?"

„Mit Abitur wohl kaum, aber mit einem abgeschlossenen Studium."

„Wie alt bist du denn, bis das alles erledigt ist?"

„Kommt ganz drauf an, was ich studiere. Jetzt bin ich 43, also über 50 werde ich schon sein."

„Und du meinst, in dem Alter stellt dich noch jemand ein?"

„Ja, warum denn nicht? Wenn ich das Richtige studiere und gut bin, dann schon."

Ich merke, dass er sich nicht für die Idee begeistern kann, und seine Fragen sind ja auch absolut berechtigt. Er teilt meine optimistische Sichtweise nicht.

Ich sage: „Du hast doch früher immer gemeint, dass du ein richtig schlechtes Gewissen hast, weil ich deinetwegen die Schule abgebrochen habe. Du hast dich gefragt, was aus mir alles hätte werden können, wenn ich Abitur gemacht und studiert hätte."

Ja, ja. Natürlich erinnert er sich.

„Dann lass uns doch jetzt herausfinden, was alles aus mir werden kann."

Er hat noch immer so seine Zweifel.

„Was wird mit dem Betrieb, während du Abitur machst?"

„Das läuft alles parallel. Ich bin da, wenn ich gebraucht werde. Es wird schon gehen. Ich schau eben abends nicht mehr Fernsehen, sondern lerne."

Er stimmt zu und verspricht, mich nach Kräften zu unterstützen.

Ich melde mich für den Lehrgang „Abitur mit Englisch und Latein" an.

Die Arbeit im Betrieb muss reibungslos weiterlaufen und auch die Verbandsarbeit kostet Zeit.

Im Mai findet eine Demo in Berlin statt. Die erste Schäfer-Demo, seit ich in diesem Beruf arbeite. Wir bereiten Plakate und Transparente vor. Aus allen Bundesländern kommen Schäfer nach Berlin, um für den Erhalt der Schafhaltung, für faire Preise und gegen unsinnige Auflagen zu demonstrieren. Die Reaktion der Politik ist äußerst verhalten. Das war zu erwarten. Unmögliches wird sofort erledigt, Wunder dauern etwas länger. Immerhin hat man uns und unseren Unmut wahrgenommen.

Wir werden weiterkämpfen.

Im Herbst 2007 erhalte ich das erste Paket mit Skripten von ILS. Mein Gott, bin ich kribbelig! Das ist ja wie Weihnachten und Ostern an einem Tag!

Anfangs bearbeite ich alle 13 Fächer, denn ich weiß ja noch nicht, was mir gut liegt. Für das Abitur muss ich mich dann auf acht Fächer festlegen.

Die Vorgehensweise ist einfach: Skript durcharbeiten, zum Skript gehörige Einsendeaufgabe ohne Hilfsmittel bearbeiten wie eine Klausur und an ILS senden. Ein Fernkorrektor des betreffenden Faches korrigiert die Arbeit, benotet, kommentiert und schickt sie zurück. Natürlich zählen diese Noten noch nicht für das Abitur, denn theoretisch kann man ja nach Belieben Hilfsmittel benutzen. Die ordentliche Bearbeitung aller etwa 120 Skripte ist die Voraussetzung für die Einladung nach Hamburg zu den Probeklausuren. Das heißt, in allen vier Fächern, in denen letztendlich an einer Hamburger Privatschule die schriftliche Prüfung für Externe abgelegt wird, schreibt man etwa ein halbes Jahr vor der richtigen Abiturprüfung eine beaufsichtigte vierstündige Klausur im Institut. Ist der Notendurchschnitt der vier Klausuren besser als vier, so erhält man die Zulassung zur Abiturprüfung. Die restlichen vier Fächer werden ein halbes Jahr nach dem schriftlichen Abitur an der gleichen Privatschule mündlich abgeprüft. Aus diesen und NUR DIESEN acht Noten berechnet sich der Abischnitt.

Ich lerne in jeder freien Minute. Mein Kopf saugt alles auf wie ein Schwamm. Für die schriftlichen Prüfungen wähle ich die Grundkurse Englisch und Geografie sowie die Leistungskurse Mathematik und Latein. Die mündlichen Prüfungen möchte ich in Deutsch, Biologie, Chemie und Physik ablegen. Aber bis dahin wird noch viel Wasser die Elbe hinunterfließen.

Ich arbeite, lerne, engagiere mich im Verband, denke viel an unsere Kinder und daran, dass ich mich irgendwann darum bemühen muss, den Betrieb zu verkaufen. Viel Zeit zum Schlafen bleibt da nicht, aber ich brauche in letzter Zeit auch nur wenig davon. Ich habe so viel zu tun und meine Gedanken stehen nicht mehr still.

Seit einiger Zeit hat Karolina wieder einen Partner. Sie wohnen gemeinsam in der Nähe des Ammersees, kommen uns auch ab und zu besuchen. Ihn mögen wir. Wir verstehen uns. Er liebt nicht nur unsere Tochter, sondern kümmert sich auch rührend um die Kleine.

Unserer Tochter tut die Beziehung gut, sie fühlt sich wohl. Die Vergangenheit lassen wir ruhen. Mein Plan, das Abitur nachzuholen, bleibt vorerst mein Geheimnis. Auch von der letzten Unterredung mit Mutter erzähle ich ihr lieber nichts.

Ich berichte von meinen Aktivitäten im Verband, sie von den Grabenkämpfen mit ihrem Ex und seinen Eltern. Dass jetzt gute Aussichten auf das alleinige Sorgerecht bestehen.

Wir können wieder reden.

Ich bin erleichtert. Wir sind beide erleichtert.

Im Dezember ruft sie mich an. Es geht ihr nicht gut. Sie hat Krebs. Hodgkin Lymphom. Es gibt die Stadien eins bis vier (Endstadium). Sie ist im Stadium drei b.

Angefangen hat alles mit kleinen Knubbeln am Hals. Die spricht sie bei ihrer Physiotherapeutin an. Diese meint, sie solle lieber ihre Ärztin zu Rate ziehen. Die Ärztin schickt sie eilig in die Radiologie. Im Klinikum Großhadern wird eine Biopsie vorgenommen.

Am Nikolaustag 2007 erhält sie die Krebsdiagnose.

Sie braucht schleunigst Chemotherapie. Die verträgt sie aber ganz schlecht. Ihre Blutwerte sind verheerend, sie kann sich kaum noch auf den Beinen halten, hat eigentlich keine Kraft mehr, zu kämpfen. Aber sie hat ein Ziel: Sie will für ihre Tochter weiterleben. Die Kleine hält sie am Leben. Sie ist fast nicht mehr in der Lage, sich um das Kind zu kümmern, hat viel Gewicht verloren und muss sich ständig übergeben.

Ich biete ihr an, dass wir uns um das Kind kümmern, bis es ihr wieder besser geht.

Zuerst lehnt sie ab. Aus mehreren Gründen. Erstens hat sie Angst, mir das Kind zu überlassen. Immerhin habe ich sie früher geschlagen. Zweitens ist die Kleine jetzt noch ihre einzige Freude, ihr einziger Trost. Sie mag sich gar nicht ausmalen, wie es über Wochen ohne die Kleine sein wird. Schließlich siegt doch die Vernunft.

Im Januar fahre ich mit der Bahn Richtung Ammersee und hole das Kind ab. Am Abend reden wir noch lange. Jetzt erzähle ich auch, dass ich das Abitur nachhole.

Sie ist stolz auf mich.

Wir wissen beide nicht, ob und wie oft wir noch die Gelegenheit haben werden, uns zu unterhalten. Sie hat vom

Notar Unterlagen vorbereiten lassen: Patientenverfügung, Vollmachten, Übertragung des Sorgerechts im Todesfall. Überall steht mein Name drin. Im Notfall trage ich die gesamte Verantwortung.

Sie scheint ruhiger zu werden. Ich bete zu Gott, dass sie wieder gesund wird. Am nächsten Morgen steige ich mit der Kleinen in den Zug Richtung Mecklenburg.

Jetzt nehmen wir unsere Enkeltochter mit in den Stall, so wie schon damals unsere eigenen Kinder. Sie darf mir helfen, die Lämmchen mit der Flasche zu füttern.

Der katholische Kindergarten erklärt sich bereit, Lara als Gastkind halbtags zu betreuen. Das ist für mich eine große Erleichterung. Es geht bei der Arbeit überhaupt nicht vorwärts mit dem Kind auf dem Arm oder wenn es mir zwischen den Beinen herumwuselt. Es ist auch sicher viel besser, wenn die Kleine wenigstens für einige Stunden am Tag mit anderen Kindern spielen kann und nicht immer nur mit Schafen, Katzen und Großeltern zusammen ist.

Die Chemotherapie läuft nicht wie geplant. Immer wieder müssen Termine verschoben werden, weil die Blutwerte zu schlecht sind. Unserer Tochter wird die Zeit lang. Ich kann das gut verstehen. Sie will endlich ihre Tochter wieder bei sich haben, aber das ist zurzeit nicht möglich.

Ich habe Pech im Stall. Mir stößt ein Schaf mit seinem harten Schädel gegen das rechte Knie. Es schwillt stark an und schmerzt. Man schickt mich gleich zum MRT. Ich muss am Meniskus operiert werden. Das kann man ambulant machen.

Trotzdem. Wie soll das gehen mitten in der Lammzeit und mit dem Kleinkind im Haus?

Da fällt mir das Telefonat ein, das ich eine Woche zuvor geführt habe. Eine Bekannte unserer Tochter rief mich an. Sie hat in den letzten Wochen am Ammersee, als unsere Tochter schon recht schwach war, oft auf unsere Enkeltochter aufgepasst. Sie hat die Kleine sehr ins Herz geschlossen und vermisst sie nun. Sie würde gern einmal mit ihr reden. Von unserer Tochter hat sie unsere Telefonnummer bekommen. Sie möchte wissen, wie es Lara geht, ob sie sie sprechen kann. Natürlich. Nachdem sie mit dem Kind ein paar Worte gewechselt hat, sprechen wir beide weiter. Wir haben uns noch nie gesehen, sind aber absolut auf der gleichen Wellenlänge. Sie sagt, ich solle ungeniert Bescheid sagen, falls ich irgendwie einmal Hilfe brauche.

Jetzt rufe ich sie an. Ich sage: „Du wirst es nicht glauben, aber ich bräuchte direkt mal deine Hilfe."

„Was liegt denn an?"

„Ich muss zur OP, kannst du bitte kommen und für ein paar Tage nach Lara sehen, für sie und die Männer Essen kochen?"

„Nach Mecklenburg?"

„Ja, schon, anders geht's ja schlecht."

Wir lachen beide. Sie sagt, dass sie ungern allein kommen möchte. Die weite Autofahrt und eine Gegend, in der sie niemanden kennt. Ob sie ihre Freundin mitbringen könne? Selbstverständlich. Die muss sie aber erst fragen, ob sie Zeit hat. Zwei Tage später ruft sie an und sagt zu.

Alles wird gut. Die Welt ist voller wunderbarer Menschen.

Just einen Tag vor der OP erscheint der verlorene Sohn wie aus dem Nichts. Er spricht noch immer nicht mit mir, will nur seine restlichen Sachen holen.

Ich versuche, mit ihm ins Gespräch zu kommen, frage ihn, was er so macht und wo, erzähle, dass mich ein Schaf gestoßen hat und ich operiert werden muss.

Alles, wozu er sich herablässt, ist ein ironisches „Na, so ein Pech!“ Er packt, er geht, ich weine.

Am Abend kommen meine zwei guten Engel vom Ammersee. Wir machen uns miteinander bekannt. Lara wird halbtot geknuddelt vor Freude. Ich führe durch Hof und Haus, damit die beiden Damen während meiner Abwesenheit alles finden, was sie brauchen.

Tags drauf, am frühen Morgen, ist die OP.

Am Abend komme ich an Krücken, aber frohgemut zurück nach Hause. Jetzt ist's vorbei und das Knie kann heilen. Es ist der zehnte März. Am 15. März ist mein 44. Geburtstag. So lange wollen die Freundinnen bleiben und mir unter die Arme greifen. Am 15. wollen wir feiern und am 16. geht's für die beiden wieder Richtung Ammersee.

Wir haben eine gute Zeit miteinander. Die mitgebrachte Freundin ist Fotografin und ebenfalls eine lustige Haut. Am Hof, in der Umgebung und in der Kreisstadt gehen ihr die Motive nicht aus. Später schickt sie mir ein paar wunderschöne Fotos mit Kleinkind, Lämmern und Natur.

Am 14. März kommt Karolina zu Besuch. Ein weiterer Chemo-Termin wurde verschoben. Sie will nicht zu Hause herumsitzen, will endlich ihre Tochter wiedersehen, und Geburtstag habe ich ja auch. Es ist doch ganz egal, ob sie nun daheim schlechte Blutwerte hat oder in Mecklenburg. Sie hat die Kleine schon fast zwei Monate nicht gesehen.

Die allgemeine Begrüßung fällt mager aus, ist ja klar, sie hat nur Augen und Ohren für ihr Kind. Beide sind unglaublich glücklich, knuddeln und liebkosen sich.

Ein schöner Anblick.

Dann nimmt sie Lara auf den Arm und mustert sie ausgiebig. „Warum ist Lara denn so blass?“ Sie streicht ihr mit den Fingerspitzen langsam über Gesicht und Arme.

„Was hast du denn mit meinem Kind gemacht? Sie hat ja ganz trockene Haut!“

In mir kommen ungute Erinnerungen hoch. So oder so ähnlich alles schonmal erlebt. Mit meiner Mutter.

Ich sage nur, dass ich das Kind genauso pflege, wie sie es mir aufgetragen hat.

Sie ist krank, verstört, muss um ihr Leben bangen. Sie hat es sicher nicht so gemeint, merkt bestimmt nicht, wie sehr sie mich verletzt. Alles gut. Nichts passiert. Alles gut.

Die Bekannte steht mit ihrer Freundin auch dabei. Sie hören und sehen dasselbe wie ich.

„Hast du mal einen Moment für uns?“

Wir gehen vors Haus. Sie fragen mich, ob sich meine Tochter überhaupt schon bei mir dafür bedankt habe, dass ich das Kind betreue.

Nein, hat sie nicht. Muss sie auch nicht, ist doch selbstverständlich.

Das sehen die beiden aber ganz anders.

Ob sie mich immer so anschnauzt?

„Nein. Ja. Manchmal. Mein Gott, sie ist krank, das meint sie nicht so.“

„Sei uns bitte nicht böse, aber wir fahren heute schon. Wir wären gern länger geblieben, aber das ist unerträglich."

Verstehe. „Ja, natürlich. Vielen, vielen Dank für alles."

Sie packen und fahren. Ich bleibe ratlos zurück.

Das Knie heilt schnell. Lara wird Ende Mai wieder abgeholt, nach dem vierten Chemo-Zyklus. Endlich geht es unserer Tochter wieder besser. Im Juli ist dann die Chemo-Therapie nach sechs Zyklen beendet. Karolina scheint dem Tod noch einmal von der Schippe gesprungen zu sein.

Ich hoffe, dass ich die Urkunden des Notars nie brauchen werde.

So viel Zeit versäumt. Ich lerne im Akkord. Ich komme gut vorwärts. Es macht Spaß. Ob Arzttermin, Behördengang oder Bahnfahrt, immer habe ich ein Skript bei mir, um die Wartezeiten zu nutzen und so schnell wie möglich zur Prüfung zugelassen zu werden.

Am Ostersonntag 2008 fahre ich mit der Bahn in den Spessart, um in meinem Heimatort ein Haus zu besichtigen. Besitzerin ist die Tante einer guten Bekannten. Die alte Dame muss wegen Demenz in ein Pflegeheim und nun steht das Haus zum Verkauf. Es ist sehr günstig, aber stark renovierungsbedürftig. Seit der Erbauung im Jahr 1968 ist lediglich die Ölheizung erneuert worden.

Das Haus gefällt mir, die Bausubstanz ist im Prinzip nicht schlecht. Wir kaufen es.

Es ist gut, zu wissen, wo wir nach dem Verkauf des Betriebes hingehen werden.

Trotz der Entscheidung, die Landwirtschaft über kurz oder lang aufzugeben, engagiere ich mich weiterhin im Schafzuchtverband.

Im Dezember 2008 gründet sich der VDL-Ausschuss der deutschen Berufsschäfer. Man wählt mich zur stellvertretenden Sprecherin. Ich nehme die Wahl an. Erstens werden momentan dringend Leute gebraucht, die nicht duckmäusern, sondern mit Nachdruck die Interessen des Berufsstandes vertreten. Zweitens kann man nie wissen, ob sich auf diese Weise nicht doch eines Tages ein regulärer Job ergibt. Ein Plan B hat zumindest noch nie geschadet.

In der folgenden Zeit fahre ich alle paar Monate im Auftrag der Berufsschäfer nach Brüssel, um an Meetings und Konferenzen teilzunehmen.

Am wichtigsten sind die Sitzungen, die die Europäische Agrarkommission zur Vorbereitung weiterer Verordnungen und Richtlinien bezüglich der Schafthaltung einberuft. Sind diese Dinge erst einmal beschlussreif, ist im Nachhinein meist nichts mehr zu ändern. Man muss bereits im Vorfeld versuchen, das Schlimmste zu verhindern.

Ich treffe Vertreter des Berufsstandes aus England, Irland, Frankreich, Spanien und weiteren europäischen Ländern. Mein Englisch ist noch stark verbesserungswürdig. Französisch ist mühsam, krampfhaft grabe ich die tief verschütteten Kenntnisse der Schulzeit wieder aus.

Fremdsprachenkenntnisse sind für die Teilnahme an diesen Zusammenkünften eigentlich gar nicht notwendig, denn in vielen kleinen Glaskabinen sitzen Simultandolmetscher für die verschiedenen europäischen Sprachen. Ich merke allerdings schnell, dass die Übersetzungen oft nicht ganz korrekt sind. Gerade bei sensiblen Themen, die nicht nur fachlich, sondern oft auch sehr emotional diskutiert werden, kommt es aber auf jede Nuance an. Außerdem möchte ich mich in den Pausen mit meinen Kollegen aus den Nachbarländern verständigen können, Gehörtes diskutieren, Strategien absprechen.

Es ist nicht einfach, etwas zu bewegen.

Die meisten EU-Kommissare sind sehr selbstbewusst, manche aalglatt, ja direkt abgebrüht.

Die meisten Vertreter der Schafhaltung dagegen sind eher zurückhaltend, nicht sehr redegewandt, und kommen schon in dem Bewusstsein, hier nur pro forma geduldet zu sein und nicht viel ausrichten zu können.

Auch mir fällt es anfangs schwer, mich zu behaupten. Ich bin es nicht gewöhnt, vor so vielen Menschen zu sprechen. Ich bin mir nicht sicher, zur richtigen Zeit die richtigen Worte zu finden, weiß nicht genau, wo ich einhaken, was ich erwidern kann.

Jedes Mal, wenn ich denke, nun sei es an der Zeit, eine Stellungnahme abzugeben, fangen meine Hände an zu zittern und zu schwitzen, die Knie werden weich, ich spüre, wie mein Herz rast, ich habe einen Kloß im Hals und Angst, dass meine Stimme versagt.

Dann melde ich mich aber doch zu Wort, stehe auf, ohne schon genau zu wissen, was ich sagen werde.

Ich tue es, weil kaum damit zu rechnen ist, dass einer der Kollegen das Wort ergreift. Ich MUSS es tun.

Jedes Mal ist mir bang. Ich weiß in diesen Augenblicken nicht, woher ich die Worte nehme, die ich mich sagen höre, aber es funktioniert.

Es ist immer der richtige Moment, es sind immer die richtigen Worte. Worte, die mir den Mut geben, weiterzureden. Worte, die auch den Kollegen Mut machen.

Es gelingt mir immer öfter, meine frustrierten Kollegen aufzumuntern, mitzureißen, zu eigenen Äußerungen anzustacheln, die Stimmung zu kippen, verkrustete Strukturen aufzubrechen.

Mit jedem Mal werde ich sicherer, die Kommissare vorsichtiger. Wir europäischen Schäfer beginnen, mit einer Stimme zu sprechen, und diese Stimme hat Gewicht.

Man kann uns nicht mehr ignorieren.

Zu Hause lese ich nun vorrangig die Englisch- und Französischskripte. Ich habe Latein gegen Französisch ausgetauscht. Es hat mich sowieso schon lange gestört, dass der Fernkorrektor für Latein meine grammatikalisch und stilistisch einwandfreien Cäsar-Übersetzungen immer wieder mit der Bemerkung, das habe Cäsar sicher anders gemeint, auf Eins minus oder Zwei plus herunterkorrigierte. Er muss Cäsar wohl persönlich gekannt haben. Französisch ist jetzt viel nützlicher. Ich büffele Vokabeln und Grammatik. Schon bald kann ich mich mühelos in Brüssel mit den Kollegen unterhalten.

Alles ist aufregend, ständig im Fluss. Ich komme kaum zum Atemholen, meine Gedanken sind unablässig in Bewegung. Auch an meine Eltern denke ich ab und an. Seit vier Jahren ist der Kontakt schon unterbrochen.

Ich halte es für meine Pflicht als Tochter, den ersten Schritt zu machen. Ich bin mir sicher, dass meine Mutter genauso leidet wie ich. Ich bin mir sicher, dass sie mich auf ihre Weise liebt, es nur nicht richtig zeigen kann.

Wir hatten früher auch schon gute Zeiten, es war nicht immer alles falsch und kompliziert. Manchmal war sie auch lustig und hat sich mit mir beschäftigt. Vielleicht zu selten. Sie hatte es ja auch nie leicht mit ihren Depressionen.

Ich rufe sie an. Ich bin davon überzeugt, dass man die Dinge ansprechen muss, um sie aus der Welt zu schaffen. Wer sich anschweigt, kann sich nicht verstehen.

Ich entschuldige mich dafür, damals einfach aufgelegt zu haben. Ich versuche, ihr meine Sprachlosigkeit der letzten Jahre zu erklären. Ich sage, dass ich schon denke, an einigem Schuld zu sein, aber nicht an allem. Ich sage ihr, wie tief es mich verletzt hat, dass meine Eltern immer wieder einen Keil zwischen meine Kinder und mich getrieben haben. Dass ich davon ausgehe, dass sie immer nur das Beste für mich wollten, ich aber den erzwungenen Schwangerschaftsabbruch nie wirklich verwunden habe.

Ich sage, dass ich ihr verzeihe, bitte selber um Verzeihung.

Sie fragt, was ich denn wohl zu verzeihen hätte. Sie sagt, sie habe sich mir gegenüber nicht das Geringste vorzuwerfen, ich aber sei nie in der Lage gewesen, mein eigenes Leben in den Griff zu bekommen, geschweige denn, meine Kinder ordentlich zu erziehen. Das sei ja wohl die Höhe.

Ich hätte meine Kinder immer schlecht behandelt und nun hätte ich auch noch die Dreistigkeit, diesem erbärmlichen Klumpen Fleisch ein Leben lang hinterher zu heulen.

Im Hintergrund höre ich meinen Vater toben: „Schmeiß weg, den Scheiß! Was diskutierst du denn noch mit dem Miststück? Häng endlich ein!“ Das tut sie dann auch.

Ich versuche noch einmal, anzurufen. Sie geht nicht mehr ans Telefon. Mir scheint, sie hat nicht nur dieses Telefonat beendet, sondern unsere ganze Beziehung. Das macht mich einerseits traurig, andererseits empfinde ich eine Art von Erleichterung. Wir werden einander nicht mehr weh tun. Es ist vorbei.

Ich werde tun, was in meiner Macht steht, damit es zwischen den Kindern und mir nie so weit kommen muss.

Am 25. Februar 2009 findet der politische Aschermittwoch in Demmin statt. Ich habe im Auftrag der Deutschen Berufsschäfer eine Petition verfasst, die ich der Bundeskanzlerin Angela Merkel überreichen soll. Wir Schäfer sind uns sicher, dass sie gar nicht über alles informiert ist, was unserem Berufsstand das Leben schwer macht. Wenn sie alles selber machen sollte, bräuchte sie ja auch keine Minister.

Ich stelle mich vor, wir schütteln uns die Hände. Ich erläutere mein Anliegen und bitte sie höflich, persönlich einen Blick auf das Schreiben zu werfen, es nicht ungelesen ins Landwirtschaftsresort weiterzugeben. Sie sagt zu, es zu lesen.

Ich staune, als sie da so vor mir sitzt. Alle Gesichtsmuskeln angespannt, die Augen klar und wach. Ich spüre ihre Energie. Ihre Kraft. Ihren Willen. Eine starke Aura.

Die Lokalpresse berichtet, das Fachmagazin „Deutsche Schaftzucht“ berichtet. Hoffentlich liest sie die Petition und beauftragt die Landwirtschaftsministerin, sich wenigstens unserer dringlichsten Probleme anzunehmen.

Ich merke, dass ich in Chemie und Physik mit den Skripten alleine nicht so gut klarkomme. In diesen Fächern war ich schon in der Schule nicht übermäßig gut. Jetzt fehlen mir die Experimente und weiterführende Erklärungen. So vereinbare ich mit dem Direktor des Gymnasiums, das meine Kinder besucht haben, einen Termin und frage ihn, ob ich in beiden Fächern hospitieren dürfe. Er ist zunächst sehr erstaunt, sagt aber zu, in der Schulordnung nachzusehen, ob so etwas möglich sei, und die betreffenden Kollegen zu fragen, ob sie einverstanden seien.

Es klappt. Ich muss lediglich eine Privathaftpflichtversicherung abschließen, für alle Fälle.

Zunächst ist nur eine Chemielehrerin bereit, mich am Unterricht teilnehmen zu lassen. Sie ist beeindruckt von meinem Projekt, bietet mir bald das Du an und überzeugt einen Kollegen aus der Physik, mich ebenfalls hospitieren zu lassen. Wir freunden uns an.

Ich gehe wieder zur Schule. Achte bis zwölfte Klasse Chemie und Physik. Mein Handy darf ich im Unterricht eingeschaltet lassen, um jederzeit für meinen Mann und Kollegen aus dem In- und Ausland erreichbar zu sein. Ich schreibe Exen und Klausuren mit. Nach ein paar Wochen fühle ich mich in beiden Fächern schon wesentlich sicherer.

Im November findet die nächste Demonstration statt. Dieses Mal in Paris. Ich fliege im Auftrag der deutschen Berufsschäfer mit einer dreiköpfigen Abordnung von Kollegen von Berlin aus nach Paris.

Wir landen auf dem Flughafen Charles-de-Gaulle. Mir ist meine Tasche mit den Skripten lästig. Ich verstaue sie in einem der Schließfächer. Dann geht's mit der Métro zur Demo. Sie findet in der Umgebung des Eiffelturms statt.

Ein französischer Kollege hat einen kleinen Teil seiner Herde mit zur Demo gebracht. Viele Schäfer in traditioneller Tracht sind zugegen, natürlich hauptsächlich Franzosen, aber auch Delegationen aus England, Irland, Belgien, Rumänien und Neuseeland haben sich eingefunden.

Wir begreifen seit den ersten Brüsseler Erfolgen, dass es sinnlos ist, nur im eigenen Land zu kämpfen, und dann auch noch häufig wie Don Quichotte gegen Windmühlenflügel.

Was wir brauchen und in nächster Zeit aufbauen wollen, ist eine gesamteuropäische Interessensvertretung.

Einer für alle und alle für einen.

Wir müssen uns einig sein, uns gegenseitig über die Geschehnisse in unseren Heimatländern informieren, uns nicht mehr gegeneinander ausspielen lassen.

Die ausländischen Delegationen werden bereits zu Beginn der Demo von Monsieur Coste, dem Vorsitzenden der INTERBEV[17], begrüßt. Er teilt uns mit, dass ein Abgeordneter bereit sei, uns zum Gespräch zu empfangen, man werde uns zu gegebener Zeit am Demonstrationszug abholen.

---

[17] Kompetenzübergreifende nationale Vereinigung von Tierhaltern und Fleischproduzenten in Frankreich

Während die Flics[18] sämtliche Seitenstraßen und die nähere Umgebung des Landwirtschaftsministeriums abriegeln, ziehen die Demonstranten in genau diese Richtung.

Wir werden wie versprochen mittags um halb eins von Monsieur Coste und einem Sicherheitsbeamten abgeholt und vom École Militaire aus zum Haus der Europäischen Kommission eskortiert. Mit der Métro quer durch Paris.

Der Abgeordnete nimmt sich eine ganze Stunde Zeit für uns. Dolmetscher und Protokollant haben gut zu tun. Mit europäischer und neuseeländischer Hilfe gelingt es den französischen Schafhaltern, einige ihrer Forderungen durchzusetzen.

Landwirtschaftsminister Michel Barnier schnürt nach der Demonstration ein von der EU co-finanziertes Hilfspaket in Höhe von 50 Millionen Euro für die französischen Schafhalter. Ein Anfang.

Nach der Unterredung kehren wir zurück zu den anderen Demonstranten. Inzwischen tobt der Mob. Offenbar haben sich der Demo zahlreiche Franzosen angeschlossen, die gar nichts mit der Schafhaltung zu tun haben. Einfach so. Weil Randale Spaß macht. Sie pöbeln die vermummten Flics an, die sich vorsorglich hinter ihren Schutzschilden verschanzen, und bewerfen die gepanzerten Fahrzeuge mit Steinen. Manche sind richtig in ihrem Element, wie im Rauschzustand. Ich bin gespannt, wie das noch weitergeht.

Da fällt mir ein, dass meine Tasche noch im Schließfach am Flughafen Charles-de Gaulle liegt, der Rückflug am Abend aber von Orly aus startet, sozusagen am anderen Ende von Paris.

---

[18] Französisches, abwertendes Wort für Polizist, vergleichbar mit „Bulle“

Ich beschließe, zuerst die Tasche zu holen. Wenn dann noch Zeit bleibt, kehre ich zur Demo zurück und fahre später von dort aus mit den Kollegen zum Flughafen Orly. Schade, ich wäre gern vor Ort geblieben.

Am Flughafen Charles-de-Gaulle sagt mir ein Blick auf die Uhr, dass es besser sei, ohne Umweg Richtung Orly zu fahren. Den Flieger möchte ich nicht wegen meiner Neugier versäumen.

Es dauert auch wirklich lange mit der Métro bis nach Orly, aber ich habe dann doch die Zeit, vor dem Abflug bei einem Glas Pinot Noir den Tag noch einmal an meinem inneren Auge vorüberziehen zu lassen.

Gerade noch rechtzeitig zum letzten Boarding-Aufruf treffen auch meine drei Kollegen ein.

Schimpfend, hustend, schnäuzend, mit trockener Kehle und brennenden Augen.

Tränengaseinsatz.

Dank meiner Tasche ist mir das erspart geblieben.

Der kosmische Tänzer, Zeichen für den ewigen Wechsel von Werden und Vergehen

11. Neubeginn

Inzwischen wissen wir, wo unser Sohn steckt, er hat mich über Facebook kontaktiert. Wir schreiben mehr oder weniger regelmäßig. Er ist nach Würzburg zurückgekehrt und hält sich dort mit Gelegenheitsjobs über Wasser.

Es ist an der Zeit, unsere Angelegenheiten zu regeln und den Verkauf in Angriff zu nehmen. Zunächst vereinbaren wir einen Notartermin, zu dem auch unsere Kinder eingeladen werden. Vollmachten, Patientenverfügung, Testament. Für alle Fälle.

Mit der Veräußerung des Betriebes beauftragen wir einen Makler. Alleine traue ich mir das nicht zu, lieber zahle ich Provision.

Es ist genauso schwierig, wie ich es mir vorgestellt habe. Die ersten Interessenten entpuppen sich als Schnäppchenjäger, die hoffen, dass es sich um einen Betrieb in finanziellen Schwierigkeiten handelt, der „für´n Appel und ´n Ei" zu haben sei.

Weit gefehlt! Die Interessenten kommen und gehen. In der Zwischenzeit laufen Schafhaltung und Ackerbau weiter, ich lerne fleißig und verbringe jede freie Minute in der Schule.

Im Winter 2009 bearbeite ich das letzte Skript und erhalte kurze Zeit später die Einladung zu den Probeklausuren im Frühjahr 2010.

Auf die Klausur in Geografie bereitet mich eine pensionierte Geografie-Lehrerin vor. Na, jetzt kann aber wirklich nichts mehr schiefgehen.

Kurz vor den Klausuren findet sich dann doch tatsächlich ein ernsthafter Interessent für den Betrieb, der auch bereit zu sein scheint, das nötige Geld in die Hand zu nehmen. An der Herde hat er kein Interesse, die müsste mit allem, was dazu gehört, separat verkauft werden. Aber den kompletten Hof sowie die dazu gehörigen Feldstücke möchte er zusammen mit seinem süddeutschen Kompagnon erwerben, um dort in Zukunft Bio-Puten zu züchten. Er stammt aus der Nähe, die Lage unseres Anwesens ist für ihn sehr günstig.

Größten Wert legen die beiden darauf, dass sie das von uns gepachtete Ackerland übernehmen und langfristig weiterpachten können. Das ist verständlich, denn ein Betrieb ohne genügend Flächen ist nutzlos.

Just während der Probeklausuren wird ein Notartermin festgesetzt. Der Herr aus dem Süden hat nicht x-beliebig Zeit. Ich muss also zwischendurch von Hamburg aus nach Hause fahren. Und dann wird der Termin doch verschoben.

Kurz nach den Klausuren dann der nächste Termin.

Das ist kein Spaß.

Endlose Diskussionen mit den potentiellen Käufern. Wir handeln Kompromisse aus, einen um den anderen. Bis wir uns endlich einigen, dann auch alles wie besprochen im Vertrag steht und von beiden Seiten unterzeichnet ist. Eine schwere Geburt.

Zwei Dinge liegen mir noch wie Blei im Magen. Das eine ist meine vertragliche Verpflichtung, binnen sechs Wochen von allen Verpächtern die schriftliche Einwilligung zur Übertragung und langfristigen Weiterverpachtung der Pachtflächen an den Käufer einzuholen. Falls nicht, wird der Käufer vom Vertrag zurücktreten. Zum andern die Vertragsklausel, die besagt, dass wir bis zum Ablauf der Subventionsverträge im Jahr 2015 im Falle einer Verletzung der Auflagen schadensersatzpflichtig bleiben.

Wir sehen keine andere Möglichkeit, als diese zwei Kröten zu schlucken, wenn es jemals gelingen soll, den Absprung zu schaffen.

Im Dorf hat man inzwischen Wind davon bekommen, dass wir verkaufen wollen, und ist stinksauer.

Man sagt, wir hätten uns hier eingenistet und das Land für billig Geld gekauft, um jetzt den großen Reibach zu machen.

Die anderen Landwirte des Dorfes umschmeicheln und bedrängen die Verpächter, doch nun ihnen die Flächen zu verpachten. Das geht beinahe ins Auge.

In den kommenden sechs Wochen schlafe ich kaum, putze Klinken, bringe gute Argumente, säusele mit Engelszungen, um die Verpächter davon zu überzeugen, unserem Käufer die Flächen zu verpachten anstatt den anderen Bauern.

Die Treuhand legt sich quer, vielleicht ginge es leichter, wenn ich versuchen würde, jemandem unter dem Tisch etwas zuzuschieben, aber das mache ich aus Prinzip nicht. Nicht mein Stil.

Kurz und gut, mit knapper Not gelingt es mir zwei Tage vor Ablauf der Frist, die Klausel zu erfüllen. Inzwischen ist mir auch wirklich egal, was die Leute von uns denken oder über uns reden.

Die Schafe kauft mit allem Drum und Dran ein Schäfer aus dem Schwarzwald. Ein bisschen bedripst sehen wir uns schon an, als die drei großen Viehlastzüge das Gehöft verlassen. Hoffentlich haben die Schafe es dort gut.

Jonas braucht unsere Hilfe. Er möchte zu seiner Freundin nach Elmshorn umziehen. Also fahre ich nach Würzburg, wir packen seine Habseligkeiten ein und fahren nach Elmshorn. Dort meldet er sich arbeitslos und bezieht Harz IV.

Seit einiger Zeit leidet er unter einer chronischen Darmentzündung, Collitis Ulcerosa. Das ist so etwas Ähnliches wie das weitaus bekanntere Morbus Crohn und verläuft ebenfalls in Schüben.

Ich hoffe, dass es in einer festen Beziehung für ihn einfacher wird, sein Leben zu organisieren und wieder auf die Füße zu kommen.

Inzwischen interessiert er sich für Medizin und bewirbt sich an verschiedenen Unis um einen Studienplatz. Mit seinem Notendurchschnitt eigentlich illusorisch, aber es werden immer wieder Studenten angenommen, die genügend Wartesemester aufzuweisen haben. Vielleicht hat er ja Glück.

Wir beginnen, unseren Umzug zu organisieren. Alles, was noch von den Kindern im Haus ist, spende ich dem katholischen Kindergarten. Die dortigen Betreuerinnen stellen den Kontakt zu einem Unternehmer her, der mehrmals im Jahr mit eigenen Lastwagen Hilfsgüter nach Rumänien bringt. Er sagt, in Rumänien wird einfach alles gebraucht. Ich soll alles Entbehrliche in Kartons packen, er holt sie ab, wenn ich Bescheid gebe. Ganz egal, ob neu oder schadhaft. Seine Eltern sortieren alles und was kaputt ist, wird repariert.

Er sagt, er habe ein einschneidendes Erlebnis gehabt und zum Dank für das Gute, das ihm wiederfahren sei, organisiere er seither die Hilfstransporte. Ich bin beeindruckt.

Dieses Mal wird unser Umzug von Profis durchgeführt. Das Umzugsunternehmen bringt jede Menge Kartons.

Ich packe zweizügig. Immer zwei Kartons nebeneinander. In den einen kommt alles, was wir mitnehmen wollen, in den anderen die Sachen für Rumänien. So arbeite ich mich vor. Von Schrank zu Schrank, von Zimmer zu Zimmer. Betrachte jeden Gebrauchsgegenstand, jedes Kleidungsstück und überlege, wie lange ich es nicht mehr in der Hand hatte. Weniger als fünf Jahre? In meinen Karton. Mehr als fünf Jahre? In den anderen Karton. Ganz egal, ob nagelneu oder stark gebraucht. Auf diese Art kommt über ein Drittel unseres gesamten Hausstandes nach Rumänien, den Rest nehmen wir mit.

Am 20. August 2010 wird alles auf Lkws verladen und wir ziehen um. Dieses Mal unfallfrei. Einige der Möbelstücke lagern wir im Keller zwischen, denn das Haus soll renoviert werden, wir bauen nur das Nötigste auf.

In der darauffolgenden Woche bemühen wir uns sofort um Handwerker. Gar nicht einfach. Die meisten sind auf Monate ausgebucht. Wir fragen im Bekanntenkreis herum: Der Freund eines Bekannten hat eine Schwester, deren Schwager einen kennt ...

Der Altbau ist mit Eternit-Platten verkleidet. Ich besorge mir eine Schutzmaske, entferne mit Hammer und Zange die Platten von der Fassade und bringe sie zur Entsorgung. Selbst ist die Frau.

Alles andere soll von Firmen erledigt werden. Irgendwie gelingt es dann auch nach und nach, für alle Gewerke jemanden aufzutreiben.

Ab dem Eintreffen der Handwerker wohnen wir auf der Baustelle.

Im November werden die schriftlichen Abiturprüfungen in Hamburg stattfinden.

Ich lerne.

Es hämmert.

Ich versuche, mich zu konzentrieren.

Es schleift und bohrt.

Hm. Irgendwie krieg ich das schon hin.

Gerhard meint, ich solle den Krach als Erinnerungshilfe nutzen: Bei diesem Thema wurde im Bad gehämmert, bei jenem Thema wurden die Fliesen zurechtgeschnitten usw.

Versuchen kann ich es ja.

Nachts schlafen wir auf der ausziehbaren Couch im Wohnzimmer, das soll zuletzt renoviert werden, bis dahin bleibt es unser Refugium. Die Innentüren sind schon alle herausgerissen, die Türöffnung zum Wohnzimmer ist zum Schutz gegen den Baustaub mit einer Decke zugehängt. In diesen Wochen wird nicht geputzt, das wäre sinnlos. Die alten gusseisernen Heizkörper bleiben vorerst, die Heizungsbaufirma hat erst im Frühjahr 2011 wieder Termine frei. Auch die neuen Fenster werden dann erst eingebaut.

Im November fahre ich nach Hamburg. Die Klausuren erstrecken sich über zehn Tage. Während dieser Zeit wohne ich auf der Reeperbahn. Dort gibt es ein billiges Hotel und des Nachts jede Menge Lärm. Ich schlafe trotzdem, bin jeden Abend völlig erschöpft.

Es beginnt mit Geografie, danach Französisch, dann Mathematik, dann werde ich krank. Ich habe hohes Fieber und Schüttelfrost, schleppe mich zum Arzt, bekomme starke Antibiotika, als ich sage, dass ich doch irgendwie noch diese eine Prüfung in der nächsten Woche schaffen muss.

Von Freitagmittag bis Sonntagabend liege ich im Bett, stehe nicht einmal zu den Mahlzeiten auf, esse nichts. Außer Tabletten. Sonntagabend quäle ich mich aus dem Bett und esse dann doch eine Kleinigkeit. Ich brauche Kraft: Morgen steht Englisch an.

Als ich Montag in die Schule komme, muss ich wohl aussehen wie ein Gespenst. Man fragt mich, ob alles in Ordnung sei.

Ich sage, ich sei krank, wolle aber mitschreiben.

Man will mich nach Hause schicken.

„Das hat doch in diesem Zustand keinen Wert. Sie können die Prüfung abbrechen und Englisch in einem halben Jahr nachholen."

Ganz sicher nicht, in einem halben Jahr will ich schon die mündlichen Prüfungen ablegen. Wie lange soll denn das noch dauern?

„Herzlichen Dank für den Hinweis, aber ich zieh das jetzt durch."

Verständnislose Blicke. Das wird ja doch nichts.

Ich aber schreibe die Klausur.

Auf dem Rückweg zum Hauptbahnhof unterhalte ich mich mit Megan, einer jungen Frau, die ebenfalls an den Prüfungen teilgenommen hat. Wir kennen uns schon aus einem der Seminare. Sie fragt, wo ich denn während der Prüfungszeit gewohnt habe.

„Auf der Reeperbahn."

„Du machst wohl Witze?"

„Nein, ehrlich. Das Hotel dort war recht günstig, aber innerhalb einer Woche kommt dann doch eine ordentliche Rechnung zusammen."

„Zu den Mündlichen kannst du bei mir wohnen, wenn du magst."

„Echt? Wo wohnst du denn?"

„In Kiel, bei meinen Eltern. Ich muss auch immer zwischenfahren, das können wir auch zusammen."

„Zwischenfahren?"

„Na, zwischen Kiel und Hamburg mit dem Zug hin und her."

„Ach so. Ja, das wäre gut, aber du musst erstmal deine Eltern fragen, was sie dazu meinen."

„Nö".

„Wie jetzt: nö?"

„Na, wenn ich dich einlade, kannst du kommen. Meine Eltern werden dich mögen, verlass dich drauf."

„Sie kennen mich doch gar nicht."

„Ich mag dich, und ich weiß es."

Trotzdem bitte ich sie, mir demnächst mitzuteilen, ob den Eltern das recht sei. Immerhin dauert die ganze Sache mit zweiwöchigem Vorbereitungsseminar insgesamt etwa fünf Wochen, denn die vier Prüfungen finden über drei Wochen verteilt statt.

Ich kann doch wildfremde Menschen nicht einfach so fünf Wochen lang belagern und mich durchfüttern lassen.

Ja gut, das macht sie. Ich soll schnell wieder gesund werden, man sieht sich im Mai.

Der Winter ist furchtbar kalt. Zumindest UNSER Winter. Wir sitzen bei einfach verglasten, teilweise notdürftig reparierten Fenstern mit undichten Fensterrahmen im Wintermantel in der Küche beim Essen. Die Ölheizung kommt auch auf höchster Stufe nicht gegen die Kälte an. Zwölf Grad Raumtemperatur. Das Beste ist Bewegung, Bekannte besuchen oder in die Gaststätte gehen. Dort sind wir in diesem Winter oft. Zu Hause ist es ganz einfach zu kalt.

Auch das geht vorbei.

Es folgt ein wunderschönes Frühjahr und die Renovierungsarbeiten kommen endlich richtig in Gang.

Anfang März begleite ich Gerhard in die Stadt. Termin beim Urologen, hinterher so dies und das in der Stadt einkaufen.

Im Wartezimmer bemerke ich, dass ich mein Biologie-Skript vergessen habe. Ich kann gar nicht mehr sitzen und warten, ohne zu lesen. Also durchstöbere ich die vorhandenen Magazine.

Mit Interesse lese ich einen Artikel über gesunde Ernährung und Ernährungsumstellung. Von Diäten aller Art habe ich noch nie etwas gehalten, aber das hier klingt vernünftig und plausibel. Es heißt „Leichter leben in Deutschland."

Warum mich gerade dieses Thema so interessiert? Nun, ich habe, seitdem ich mich auf das Abitur vorbereite und körperlich nicht mehr so aktiv bin, kräftig zugenommen. Ich esse, wonach mir gerade ist. Viel zu viel und oft das Falsche: Schokolade, Chips, Nutella. Je anstrengender das Lernen ist, umso mehr Süßes stopfe ich in mich hinein.

Ich trinke Wein und Bier, anders kann ich nicht mehr abschalten.

Vorher wog ich etwa 75 Kilo. Über Jahre. Nun sind es über 100 Kilo. Ja, vor ein paar Tagen habe ich nicht schlecht gestaunt, als die Waage mehr als 102 Kilo zeigte. Das muss ich mir nicht gefallen lassen! Ich komme mir vor wie eine Tonne und finde mich hässlich. Gesund ist das auch nicht.

Gleich nach dem Arzttermin suche ich eine Apotheke auf, besorge mir die Anleitung und das Kochbuch für diese Form der Ernährungsumstellung. So viel Übergewicht tue ich mir nicht auf Dauer an. Damit ist jetzt Schluss. Ich stelle meine Ernährung um. Wenig Fett, kaum Zucker, keine „schnellen" Kohlenhydrate mehr. Viel Gemüse und Vollkorn. Drei Mahlzeiten am Tag, keine Snacks, keine Zwischenmahlzeiten. Nur noch Wasser und Kaffee, kein Alkohol mehr. Viel Bewegung.

Innerhalb von vier Monaten verliere ich 26 Kilo und baue meine Muskulatur währenddessen mit langen Wanderungen und Sport wieder auf. Es funktioniert. Sagenhaft, das gefällt mir.

Im Nachhinein betrachtet, ist es wohl weniger die Tatsache, dass nun wieder eine kleinere Zahl auf der Waage steht, als vielmehr die Bestätigung, aus eigener Kraft ändern zu können, was mich stört, was mich krank und unzufrieden macht. Das ist für mich das Wichtigste.

Mir geht es in dieser Zeit richtig gut. Körperlich und seelisch. Ich kaufe mir eine große bunt gestreifte Hängematte und ein schönes Windspiel. Ein Freund dübelt die Haken für die Hängematte in die Betondecke über dem Balkon. Sie wird so hoch angebracht, dass ich über das Balkongeländer hinausschwingen kann. Neben der Matte hänge ich das Windspiel auf. Es klingt wunderschön. Balsam für die Seele.

Der Balkon ist mein Lieblingsplatz, mein Kraftort. Wenn es sonnig und warm ist, lerne ich in der Hängematte. Die Vorbereitung auf die mündlichen Prüfungen läuft auf Hochtouren. Ich spüre, wie leistungsfähig ich bin, wie motiviert. Auch die Renovierung geht zügig voran.

Das Leben kann so herrlich sein. Ich bin den Kindern so dankbar dafür, dass sie andere Pläne hatten.

Im März kommen die Ergebnisse der Klausuren per Post. Englisch 14 Punkte. Geht doch.

Ich freue mich riesig, doch frage ich mich, wie das möglich war. Oft neige ich ja dazu, alles zu verkomplizieren, um zehn Ecken zu denken.

Das Fieber muss mich so geschwächt haben, dass ich ganz einfach nicht mehr die Kraft hatte, mir selber im Wege zu stehen. Nur noch straight forward gedacht. Krass!

Meine Freundin, die Chemielehrerin, kommt aus Mecklenburg für eine Woche zu Besuch. Feinschliff in Chemie und Biologie für die Mündlichen. Nun fühle ich mich gut vorbereitet. Am 9. Mai geht es per Bahn nach Hamburg, direkt zum Institut des ILS.

Erster Tag des Vorbereitungsseminars. Zu essen habe ich nichts mit, denn im Erdgeschoss des Instituts gibt es ein Catering. Zumindest gab es das noch beim letzten Seminar. Inzwischen ist es geschlossen. Im Institut stehen Kekse für die Seminarteilnehmer bereit. Ich esse keine Kekse, schon lange nicht mehr. Die Pausen zwischen den Veranstaltungen sind zu kurz, um in der Umgebung etwas einzukaufen.

Meine Freundin aus Kiel ist heute nicht im Seminar, hat keine Zeit, ich soll am Abend alleine mit dem Zug nach Kiel fahren, sie wird mich am Bahnhof abholen. Nun gut.

Es wird spät. Gegen 22 Uhr komme ich in Kiel an. Müde und hungrig. Außer Frühstück nichts gegessen. Das war heute Morgen um vier, um 5.19 Uhr bin ich in den Zug gestiegen. Hunger macht böse. Großer Hunger macht zornig, zumindest mich.

Wir fahren zu ihr nach Hause. Unterwegs erzähle ich von meiner Pleite mit dem Catering.

Ihre Eltern begrüßen mich auf das Herzlichste. Ich mag die zwei auf Anhieb. Jetzt wäre eigentlich Konversation angesagt.

Ich sage, dass ich einen Mord begehen könne vor lauter Hunger und frage, ob ich zuallererst etwas zu essen haben kann. Sie lachen und decken den Tisch. Schon nach wenigen Bissen ist mir wesentlich wohler.

Wir trinken Wein und reden die halbe Nacht. Wir verstehen uns prächtig. Wie Megan gesagt hatte. Sie wusste es. Keine Höflichkeitsfloskeln, kein Smalltalk. Offene, interessante Gespräche, kein Thema ist tabu.

Glücklich gehe ich am frühen Morgen zu Bett. Hier bin ich richtig. Selig schlafe ich ein.

Ich träume, es sei eine Hungersnot ausgebrochen. Dass ich zwei Menschen finde, die mir zu essen geben. Sie unterhalten sich mit mir und sehen einander, während ich spreche, immer wieder bedeutungsvoll an.

Obwohl die Nacht kurz ist, fühle ich mich am nächsten Morgen gut erholt.

Wir fahren nach Hamburg zum Seminar. Ich frage Megan, ob auch ihr aufgefallen sei, wie ihre Eltern sich im Gespräch angesehen haben. Ob das etwas mit mir zu tun habe.

„Das erfährst du schon noch“, sagt sie lächelnd. „Mach dir keine Sorgen. Alles in bester Ordnung.“

Wenn sie meint. Ich bin neugierig.

Am Abend fragt mich Udo, ihr Vater, welche Erfahrungen ich denn früher so mit Schule gemacht hätte. Welche Interessen ich habe, wie ich im Allgemeinen mit anderen Menschen zurechtkomme.

Hm. Was das wohl wird, wenn es fertig ist?

Ob ich getestet sei?

„Bitte?“

„Hast du mal einen Intelligenztest gemacht?“

„Ja. Als ich ins Internat gekommen bin. Vor 30 Jahren.“

„Und?“

„Keine Ahnung, man hat mir kein Ergebnis mitgeteilt.“

Ich erkundige mich, warum ihn das interessiert.

„Weil ich vermute, dass du hochbegabt bist.“

Ich möchte wissen, wie er darauf kommt und erfahre, dass er lange Jahre Vorsitzender von Mensa Deutschland war. Das ist ein Zweig von Mensa International, einem

Netzwerk hochbegabter Menschen, von denen es bei uns in Deutschland etwa 15 000 gibt.

Er sagt, das gestrige Gespräch war aufschlussreich, ihm war sofort klar, wie ich ticke, nämlich ganz anders als etwa 82 Millionen Deutsche.

Ich bin sprachlos.

Er lacht und meint: „Jetzt schau nicht so, es gibt wahrhaftig Schlimmeres.“

Ich bin jedenfalls herzlich zum nächsten Test eingeladen, der am 21. Mai stattfindet. Er ist Testleiter und würde sich über meine Teilnahme freuen.

Darüber muss ich in Ruhe nachdenken. Ich weiß wirklich nicht, ob ich das will. Außerdem bin ich mit der Vorbereitung auf die Prüfungen eigentlich gut ausgelastet.

Nein, ich denke, eher nicht. Es reicht, dass ich beginne, zu verstehen, warum ich schon mein Leben lang so ganz anders denke und reagiere als die meisten anderen Menschen in meiner Umgebung.

Wenn er wirklich recht hat, dann erklärt das so Einiges.

„Du hast ja noch fast zwei Wochen Zeit, dich zu entscheiden.“

Es ist superschön in Kiel. Fast so, als wäre ich dort immer schon zu Hause gewesen. Megans Mutter Sigrid sagt, dass sie ganz ähnlich empfindet. Dass sie sich frage, wo ich all die Jahre war. Unfassbar.

Das Seminar ist beendet, ab 16. Mai finden die Prüfungen statt.

Meine erste Prüfung ist in Chemie. Läuft gut.

Als Nächstes Deutsch. Dafür habe ich nichts gelernt. Obwohl ich gern lese und selbst Gedichte schreibe, habe ich dieses Schulfach nie gemocht. Diese Textanalysen und Interpretationen mit der immer gleichen Frage: Was will uns der Autor sagen? Dann werden fleißig Aussagen in den Text hineininterpretiert, die er vielleicht gar nicht machen wollte. Vielleicht lag es einfach am Wein, vielleicht war er bekifft. Wer weiß das schon? So beschließe ich, mir dieses eine Fach zu leisten, in dem ich blank antrete.

Es geht um Analyse und Interpretation von Lessings *Nathan, der Weise* und Frischs *Homo Faber*. Beides habe ich gelesen, beides finde ich hochspannend und immer noch brandaktuell.

Es ist keine Prüfungssituation, wie ich sie mir vorgestellt habe, eher ein lockeres Gespräch.

Die Zensur wird verkündet: 15 Punkte. *What???*

Physik findet am 20. Mai statt. Dafür habe ich richtig viel gelernt. Dieses Fach interessiert mich brennend, hier will ich gut sein.

Schon zu Beginn der Prüfung merke ich, dass es nicht läuft. Ich denke viel zu kompliziert, antworte zu zögerlich, brauche zu viel Hilfestellung: Neun Punkte.

Wie ärgerlich. Das wird den ganzen Schnitt verderben. Wie gut, dass die Mündlichen nicht so viel zählen wie die Schriftlichen. Trotzdem bin ich schwer enttäuscht und wütend auf mich.

Udo tröstet mich: „Halb so schlimm. Man kann nicht immer nur brillieren. Was ist jetzt mit dem Test?“

Stimmt ja, der ist morgen.

Ich knurre: „Von mir aus. Physik habe ich heute schon verhauen, das schaffe ich morgen mit dem Test auch noch“.

Der letzte Test ist lange her. Ich habe wenig Ahnung, wie dieser Test ablaufen wird, weiß nur, dass es klare Ansagen und Zeitvorgaben geben wird. Mehr muss ich jetzt auch gar nicht wissen.

Die Teilnehmer begrüßen sich. Es sind neun an der Zahl. Einige kommen mir unglaublich angespannt und verkrampft vor. Ich dagegen gehe die Sache ganz entspannt an, hab ja nichts zu verlieren. Entweder habe ich einen IQ über 130 oder eben nicht.

Der Test dauert etwa zwei Stunden, aber die Zeit vergeht wie im Flug. Am fiesesten ist die Memo-Aufgabe. In ihr geht es darum, möglichst viele verschiedene Begriffe aus unterschiedlichen Gebieten in einer vorgegebenen Zeit auswendig zu lernen. Notizen sind natürlich verboten. Das Fiese daran ist, dass man eine völlig andere Aufgabe bearbeiten muss, bevor man aufschreiben darf, was man erinnert. Ich beherrsche keine Mnemotechniken. Das ist wirklich anstrengend.

Auf dem Heimweg frage ich Udo, ob auch er bemerkt habe, wie angespannt einige Teilnehmer waren. Er erklärt mir, dass häufig Versagensangst eine Rolle spielt, obwohl das Ergebnis nur einen ganz kleinen Teil der Persönlichkeit ausmacht. Warum sich jemand so etwas antut? Fürs Selbstwertgefühl, um beim Arbeitgeber zu punkten ...

Ich persönlich denke ja, dass es ganz schlecht ist für das Selbstwertgefühl, wenn man wiederholt durchfällt, aber das muss schon jeder selber wissen.

Kurz vor Ablauf dieser wunderbaren fünf Wochen erhalte ich mein Testergebnis: Bestanden! Wie viele der anderen Teilnehmer es geschafft haben, bleibt Udos Geheimnis. Eine ausführliche Auswertung wird mir zusätzlich an meine Heimatadresse zugestellt.

Der Tag meiner Abreise rückt immer näher. Ich besorge eine Kletterrose, die wir gemeinsam an der Hauswand einpflanzen. Als kleines Dankeschön. Der Abschied fällt uns allen schwer.

Jetzt habe ich also das allgemeine Abitur.

Schnitt: Eins Komma noch was. Erworben in einem Lehrgang, der eiserne Disziplin erfordert, der eine Abbrecherquote von über 99 Prozent hat, so wird zumindest gemunkelt. Über die Hälfte des restlichen knappen Prozents erzielt angeblich nur einen Schnitt schlechter als drei. Ich bin erleichtert, muss aber zugeben, dass ich wohl nie damit begonnen hätte, hätte ich vorher gewusst, wie anstrengend und schwer das ist.

Die detaillierte Auswertung des Intelligenztests zeigt, dass ich die meisten Aufgaben mit Bravour gelöst habe. Unter anderem konnte ich sämtliche Items der vorgetragenen Geschichte erinnern, auch ohne Mnemotechnik.

Besonders gut bin ich im sprachlichen Bereich und bei der Erkennung logischer Muster. Mein einziger Schwachpunkt ist das räumliche Vorstellungsvermögen.

Mir scheint, dass sich mein Leben entscheidend geändert hat: So viele Probleme gelöst, so viele Erfolge erzielt. Betrieb verkauft, Abitur und Mensa-Test bestanden, überflüssiges Gewicht verloren, Haus fertig renoviert. Es geht mir richtig gut.

Während ich in Hamburg die letzten Prüfungen absolviere, stirbt mein Vater. Am 25. Mai 2011, im Alter von 83 Jahren, am Geburtstag meiner Mutter.

Karolina teilt mir mit, er wünsche nicht, dass ich zu seiner Beerdigung komme, das habe er kurze Zeit vor seinem Tod gesagt. Er wolle nicht, dass ich auf sein Grab spucke.

Als ob ich so etwas je tun würde. Wie schlecht er mich doch kannte.

Jetzt ist es an mir, einen Studiengang zu wählen. Im Bekanntenkreis rechnet man damit, dass ich nun Landwirtschaft oder Tiermedizin studieren werde.

Nein! Das Thema Landwirtschaft habe ich abgeschlossen. Veterinärmedizin kommt nicht in Frage, ich habe Leid genug gesehen und erlebt, das will ich nicht mehr.

Anfangs denke ich an Umweltwissenschaften. Da gibt es viele Querverbindungen zu meiner vorherigen Tätigkeit und ich habe praktische Erfahrung.

Im Laufe des Abiturlehrgangs habe ich jedoch erfahren, dass großer Bedarf an Mathematik- und Physiklehrern besteht. Mathematik hat mir schon immer Spaß gemacht, Physik finde ich sehr spannend. In der Schule hat es mich immer geärgert, dass die Jungs in Physik viel besser waren als ich. Egal, wie sehr ich mich anstrengte, ich habe es nie richtig durchdrungen. Das soll sich jetzt ändern. Ich will endlich die Physik verstehen. Neun Punkte hin oder her, ich werde Mathematik und Physik auf Lehramt für das Gymnasium studieren und schreibe mich für diesen Studiengang an der Julius-Maximilians-Universität Würzburg für mein erstes Semester, das Wintersemester 2011/12 ein.

Vor Semesterbeginn möchte ich erst einmal richtig ausspannen und meinen Erfolg genießen. Ein Urlaub wäre schön. Als ich das letzte Mal auf Reisen war, war ich noch nicht verheiratet, Gerhard ist noch nie im Urlaub gewesen, hat immer nur im Betrieb gearbeitet. Früher im Betrieb der Eltern, später dann im eigenen. Nie hatte er Freizeit.

Ich bin gespannt, ob wir überhaupt Urlaub können nach all den Jahren, in denen wir nur Arbeit kannten.

Ich frage meinen Mann, wo er gern hinfahren, was er gern sehen würde. Er hat keine konkrete Idee. Also entscheide ich: Frankreich soll es sein. Da war ich, außer in politischer Mission, noch nie. Das wäre auch eine gute Möglichkeit, meine Sprachkenntnisse anzuwenden und zu vertiefen.

Kein Kind, kein Hund, keine Herde zu versorgen. Nicht einmal ein Blumentopf, nach dem die Nachbarn sehen müssten. Wir schließen einfach die Haustür ab und sind dann mal weg. Freiheit pur!

Anfang August fahren wir mit dem Auto los. Ohne irgendetwas zu buchen. Einfach auf den blauen Dunst, das ist spannend, man ist nicht auf ein Ziel festgelegt, kann bleiben, wo und wie lange man mag.

Wir fahren über Alsace, Lorraine, Franche-Comté, Haute Savoie, Rhône-Alpes und Provence bis an die Côte d'Azur. Immer an den Alpen längs. Wir übernachten ein paar Mal im Hotel, meist aber in *chambres d'hôte*, Zimmern mit Frühstück.

Oft sieht es danach aus, als müssten wir im Auto übernachten. Am Vormittag begegnen uns noch an jeder Ecke Hinweise auf die nächsten *chambres d'hôte*, ab Nachmittag, wenn es allmählich Zeit wäre, nach der nächsten Bleibe Ausschau zu halten, ist kein Schild mehr zu sehen. Regelmäßig. Aber wir finden immer ein Zimmer, und immer ist es schön.

Bei Jeanette in der Haute Savoie gefällt es uns so gut, dass wir vier Tage bleiben. Auch am Tag unserer Ankunft dort waren plötzlich alle Schilder verschwunden. Am Abend frage ich in der Touristen-Info nach. Alles ausgebucht. Auf dem nahegelegenen Campingplatz ist noch etwas frei. Campingplatz? Kunststoff-Iglu? Na schön, für eine Nacht wird es schon gehen.

Jeanette betreibt den Campingplatz und wohnt mit ihrer Familie im Haus direkt daneben. Auch im Haus sind Zimmer zu vermieten. Sie strahlt uns an: „Bien sûr, vous avez de chance. Il y a encore une chambre libre.“[19]

Ein wunderschönes Zimmer mit Balkon. Zum Frühstück frage ich nach, ob es auch Käse gibt. Ich mag kein süßes Frühstück. Aber sicher! Sie bringt mir Milch, Joghurt, Schafs- und Ziegenkäse. Alles frisch und superlecker.

Von hier aus unternehmen wir Tagesausflüge. Zum Schwimmen an den Lac de Bourget, zum Wandern in die Savoyen. Wir fahren nach Chamonix, von der Talstation aus mit der Seilbahn auf den Mont Blanc, auf die Aiguille du Midi. Der Blick von dort oben ist atemberaubend.

Es ist sonnig und richtig warm, selbst hier in 3842 Metern Höhe. Im Tal hat es 30 Grad, hier oben in der Sonne um die 20 Grad. Ich trage Shorts und T-Shirt, darunter einen Bikini. Natürlich Wanderschuhe. Im Rucksack habe ich

[19] „Natürlich, Sie haben Glück. Es ist noch ein Zimmer frei.“

Jacke und Jeans für alle Fälle, einen zweiten Bikini und ein Handtuch. Man weiß ja nie.

Auf dem Rückweg steigen wir an der Zwischenstation, der Plan de l'Aiguille in 2700 Metern Höhe aus, um noch ein wenig zu wandern, bevor wir endgültig ins Tal zurückkehren. Ich sehe einen Wegweiser aus Holz: Le lac bleu[20], zwei Kilometer. Wie schön, ein Bergsee! Da muss ich hin! Wir wandern zum See.

„Du willst nicht zufällig in diesen eisig kalten See?"

Nein, nicht zufällig. Absichtlich! Wie gut, dass ich vorsichtshalber ein Handtuch und einen zweiten Bikini mitgenommen habe.

„Doch! Genau das ist der Plan."

Es ist nicht einfach, ins Wasser zu kommen. Vom Ufer aus sieht man dicht unter der Wasseroberfläche große Felsbrocken im kristallklaren Wasser liegen.

Vorsichtig hangele ich mich über die Felsen ins Wasser. Dort, wo es tiefer wird, kann man ungehindert schwimmen. Ich schwimme zügig, die Kälte nimmt mir fast den Atem. Einmal quer über den kleinen See und wieder zurück. Ganz vorsichtig wieder über die Felsen ans Ufer. Das Wasser hat sicher weniger als zehn Grad. Auf einem Felsbrocken in der Sonne wird mir nach dem Abfrottieren schnell wieder warm. Wir schauen noch eine Weile amüsiert zu, wie hin und wieder Wanderer vorsichtig ins Wasser greifen und quietschend die Hand zurückziehen.

Was für ein wunderschöner Tag!

---

[20] Der blaue See

Am nächsten Tag wollen wir weiter südwärts fahren.

Zum Abschied schenkt Jeanette mir ein Taschenmesser, ein echtes Opinel. „Parce que tu es si gentille.“[21]

Ich bin gerührt.

Wir fahren weiter bis ans Mittelmeer. Es herrscht Mistral. Ich wusste bis dahin nicht, dass es auch außerhalb der Wüsten Sandstürme gibt. Der Sand dringt ein bis in die letzten Poren. Er setzt sich in den Haaren fest und knirscht zwischen den Zähnen.

Der Trubel an der Côte d'Azur ist nicht unser Fall. Wir fahren weiter westwärts, immer an der Küste entlang.

In der Nähe von Toulon ist wieder mal kein Zimmer zu bekommen. Wir fahren auf gut Glück ein Stückchen weiter landeinwärts und folgen dort einem Hinweis auf *chambres d'hôte*.

Mitten in der Pampa landen wir auf einem wildromantischen Grundstück mit einem wunderschönen alten Haus. Es wird von einem Künstlerehepaar bewohnt, das uns hereinbittet. Nein, das Zimmer ist leider nicht mehr frei, aber man schlägt vor, bei einem Tee zu überlegen, wie man uns helfen könne.

Eigentlich wollten sie zum Schwimmen fahren, wären auch schon lange weg, aber ein Telefonat kam dazwischen, sonst hätten wir niemanden mehr angetroffen.

Sie telefonieren mit Freunden. Endlich finden sie ein Zimmer für uns. Nur für eine Nacht, danach ist es bereits reserviert. Etwa eine halbe Stunde von hier entfernt, in einem kleinen abgelegenen Ort, etwas versteckt.

---

[21] „Weil du so nett bist.“

Madame notiert den Namen des Ortes für uns auf einem kleinen Zettel: La Roquebrussanne.

Wir trinken aus, bedanken uns für die freundliche Hilfe und brechen auf.

Als wir gerade einsteigen wollen, kommt Monsieur angelaufen und sagt, sie hätten es sich anders überlegt. Der Ort sei doch recht schwer zu finden, sie würden vorwegfahren und uns den Weg zeigen.

Nein, nein, das mache weiter keine Umstände, von dort aus könne man weiterfahren an einen See.

Am Hotel angekommen, bedanken wir uns noch einmal. Sie umarmen uns und wünschen uns eine weiterhin gute Reise.

Der kleine Ort liegt wirklich recht versteckt und hat mediterranes Flair. Das winzige Hotel ist sehr romantisch, man fühlt sich wie in einer anderen Zeit. Der Nachmittag ist heiß und drückend. Am Abend beschließen wir, im Freien zu essen. Carpaccio vom Rind und andere Leckereien. Der leichte Abendwind tut gut. Wir sitzen unter großen Platanen und genießen den Abend.

Aus dem leichten Lufthauch wird starker Wind. Der Wind wird zum Sturm, es beginnt, heftig zu regnen.

Wir nehmen unsere Weingläser und flüchten nach drinnen, von wo aus wir zusehen, wie der Sturm die Blätter der Platanen draußen umherwirbelt.

Am Nebentisch sitzen vier ältere Damen beim Essen.

Draußen donnert und blitzt es.

Plötzlich ein Knall, das Licht geht aus.

Der Hotelier bringt ohne Hast zwei schwere Kerzenleuchter und zündet die Kerzen an. Das macht er sicher nicht zum ersten Mal.

Ich denke mir, es wäre wohl viel heller und auch interessanter, wenn man alle Kerzen auf einen Tisch stellen und sich zusammensetzen würde, und frage die Damen am Nebentisch auf Französisch, was sie davon hielten.

Sehr gern, aber ihr Französisch sei nicht sehr gut.

Englisch vielleicht?

Volltreffer. Die vier Damen sind pensionierte Lehrerinnen aus England, die hier ihren Urlaub verbringen. Es wird ein unvergesslich schöner Abend bei Kerzenschein.

Über Marseille fahren wir in die Camargue. Die Pferdeherden auf den Weiden sind beeindruckend, aber die Mückenschwärme in den Sumpfgebieten lästig.

Allmählich wird es Zeit, wieder Kurs auf Deutschland zu nehmen. Wir fahren entlang Rhône und Saône langsam nordwärts, durch die Bourgogne und die Champagne wieder heimwärts.

Wunderschöne drei Wochen! Gerhard ist begeistert, auch wenn er nicht Französisch spricht. Er hat ja seine Dolmetscherin immer mit. So etwas machen wir wieder mal.

Wir können Urlaub.

12. Studienzeit

Noch wenige Wochen, bis die Vorkurse in der Uni anfangen. Ich bin gespannt. Am 12. September beginnt der Mathe-Vorkurs. Gerhard hat im Ort viele gute Bekannte, auch die Verwandtschaft ist in der Nähe. Langweilig wird ihm wohl nicht werden, währen ich in der Uni bin.

Dass ich nun, im biblischen Alter von 47 Jahren, ein Studium beginne, wird allerdings vom Umfeld durchweg mit Unverständnis quittiert. Beliebter Kommentar: „Das würde ich mir in DEM Alter doch nicht mehr antun. Was willst du denn damit? Das führt ja doch zu nichts. Willst du nach dem Studium gleich in Rente gehen? Und wer soll denn den Haushalt machen? Du kannst doch deinen Mann nicht einfach alleine zu Hause rumsitzenlassen."

Bla, bla, bla.

Anfangs versuche ich, meine Beweggründe und Absichten zu erklären, lasse das aber bald sein. Irgendwann gebe ich, derart von der Seite angemacht, zur Antwort, dass ich nur studiere, weil das Studentenleben ja so herrlich ist und ich keine Lust zum Arbeiten habe. Punkt. Von da an lässt man mich in Frieden und denkt sich sein Teil.

Immer wieder geht mir durch den Kopf, was für ein Glück ich habe, welch ungeahnte Chancen, ein ganz neues Leben dank meiner Kinder. Dieses Mal ist es viel leichter, das alte Leben hinter mir zu lassen. Es tut bei weitem nicht so weh wie beim ersten Mal, als wir den Hof in Bayern aufge-

ben mussten. Einfach loslassen. Mit jedem Mal wird es leichter.

In der Uni ist es klasse. Genau mein Ding.

Von den Kommilitonen werde ich anfangs neugierig beschnuppert. So eine alte Frau in DIESEM Studiengang. Schnell merken sie jedoch, dass ich für jeden Spaß zu haben bin, dass man gut mit mir zusammenarbeiten kann. Sie akzeptieren und integrieren mich. Der Altersunterschied ist schnell vergessen, spielt keine Rolle mehr.

Ich habe meinen Stundenplan randvoll gepackt, will ja, so schnell es geht, das Studium abschließen. Jeden Morgen verlasse ich das Haus um halb sechs und komme erst am späten Abend wieder. Zwei Stunden Anfahrt mit Bus und Bahn, zwei Stunden Heimweg. Von Montag bis Freitag. Jede Woche.

An den Wochenenden bearbeite ich meine Übungsaufgaben. Gerhard muss lernen, alleine einzukaufen und das Abendessen vorzubereiten. Mit 65 Jahren. Das ist nicht leicht für ihn, aber er bekommt es mit der Zeit in den Griff.

Im November wird mir klar, dass ich mir zu viel zumute, aber dieses Semester ziehe ich durch wie geplant. Ich höre Analysis und Lineare Algebra, Experimentalphysik, Rechenmethoden der Physik und Fehlerrechnung.

Im Dezember gehe ich auf dem Zahnfleisch. Manche Dinge verstehe ich einfach nicht, laufe gegen die Wand. Mein einziger Trost ist, dass es den jungen Kommilitonen nicht anders ergeht. Ohne unsere Lerngruppen würden wir alle verzweifeln. Jeder meint irgendwann, er sei einfach zu dumm für alles. Jeder ist beruhigt, wenn die anderen sagen, dass sie sich genauso fühlen. Wir stehen das gemeinsam durch, das wäre doch gelacht.

Manchmal sitze ich morgens um fünf Uhr beim Frühstück in der Küche und verdünne meinen Kaffee mit Tränen. Mein Mann ist hilflos, wenn ich weine, weiß nicht, wie er mir helfen kann.

An solchen Tagen will ich nicht mehr in die Uni.

Da ist mir alles zu schwer, alles zu viel.

Ich fahre trotzdem hin.

Wenn ich frühmorgens den Campus betrete, ist es noch dunkel. Ich bin so müde, dass ich mein Umfeld noch gar nicht richtig wahrnehme. Nur die bunten Lichter.

Rechts vor dem Naturwissenschaftlichen Hörsaalgebäude erheben sich vier lange Metallstangen wie Fahnenmasten, im oberen Teil sind Neonröhren vertikal angebracht. Sie leuchten in der Morgendämmerung: Gelb, rot, grün und blau. Je näher ich komme, umso heller ist das Licht. Es leuchtet meine Seele aus, gibt mir Hoffnung und Kraft für den Tag.

Ich lerne weiter. Abbrechen kann ich im Notfall immer noch. Am Ende des ersten Semesters schreibe ich fünf große Klausuren. Vier davon bestehe ich. Keine schlechte Bilanz. Analysis dann halt beim nächsten Mal.

Im zweiten Semester halse ich mir nicht mehr ganz so viel auf. Es gibt so viele schöne Fehler auf der Welt, man hat die freie Wahl, muss keinen Fehler ein zweites Mal machen. So lebt sich's wesentlich besser. Der Gedanke, das Studium abzubrechen, schleicht sich zwar immer wieder einmal von hinten an, aber je höher das Semester, umso unsinniger wäre es, aufzuhören. Alles wäre umsonst gewesen. Ich zieh das jetzt durch.

Seit Vaters Tod geht es Mutter schlecht. Sie kommt nicht damit zurecht, allein zu sein. Kurz nach Weihnachten 2012 wird sie wegen Depressionen und Suizidgefahr in das Bezirksklinikum Mainkofen in der Nähe von Deggendorf eingewiesen.

Ich habe nach wie vor keinen Kontakt zu ihr, Karolina erzählt mir das alles. Sie sagt, meine Mutter habe keinen Lebenswillen mehr, ihr größter Wunsch sei es aber, mich noch einmal zu sehen, bevor sie stirbt.

An einem Sonntag im Januar 2013 fahre ich zu ihr. Ich melde mich an und werde zu ihr geführt. Sie sitzt in einem Sessel in der Lobby und starrt die Wand an. Ich setze mich zu ihr. Sie starrt weiter an die Wand.

„Hallo Mutti."

Langsam wendet sie sich in meine Richtung.

„Wer sind Sie?"

„Ich bin Sabine, deine Tochter Sabine."

Sie sieht mich verwirrt an, eine ganze Weile. Es scheint, als käme sie von ganz weit her zurück ins Leben. Aus einer ganz anderen Welt. Ihre Augen sind nun nicht mehr blicklos, sie nimmt meine Hände, schaut mich aufmerksam an. „Meine Sabine? Wirklich MEINE Tochter Sabine?"

„Ja, wirklich. Wie geht es dir?"

„Ich habe dich zuerst gar nicht erkannt, habe nicht mit dir gerechnet. Ich dachte, ich werde dich nie mehr wiedersehen. Aber jetzt sehe ich es. Ja, du bist meine Sabine. Warum kommst du gerade jetzt?"

„Weil du mich sehen wolltest."

„Wo warst du die ganze Zeit? Warum kommst du erst jetzt?"

„Weil ich dachte, dass du mich nicht sehen willst."

Ihr abwesender Gesichtsausdruck ist wie weggeblasen. Sie steht auf und läuft durch die ganze Station.

„Sabine ist da! Meine kleine Tochter Sabine ist da!"

Alle sollen mich begrüßen, ihre Tochter ist wieder da.

Wir gehen zusammen zum Mittagessen. Sie isst wenig, möchte, dass ich aufesse. Das kann ich nicht. Ich stehe gerade kurz vor dem Ende eines dreiwöchigen Heilfastens, das Fastenbrechen beginnt erst in zwei Tagen. Das ist ihr ganz egal, dann esse ich eben nichts. Hauptsache, ich bin da.

Wieder will sie wissen, warum ich mich nie mehr gemeldet habe.

Ich versuche, zu erklären, genau wie damals am Telefon. Ich wähle die Worte behutsam, aber der Inhalt bleibt, wenn auch in abgemilderter Form, der gleiche.

Dieses Mal beschimpft sie mich nicht. Sie hört mir zu.

Immer wieder sage ich ihr, dass sie es sicher gut gemeint hat, dass ich ihr verzeihe, dass manches immer noch schmerzt, aber alles wird gut.

Sie denkt schweigend nach und sagt dann: „Ich wollte immer alles richtig machen und habe dabei alles falsch gemacht. Wie grausam. Was bin ich nur für ein Mensch!"

Ich tröste sie, sage ihr, dass das alles vorbei ist. Dass ich zwar manches immer noch nicht vergessen kann, aber es ist vergeben. „Was für ein Mensch du bist? Nun, du bist meine Mutter. Mit Vorzügen und Fehlern, so wie jeder Mensch. So wie ich."

Ich soll erzählen, was ich denn zurzeit so mache. Ich erzähle von Abitur und Studium. Sie mustert mich erstaunt. „Warum machst du das jetzt, warum hast du das nicht früher schon gemacht? Das war doch alles, was wir wollten!"

„Weil ich früher noch nicht so weit war."

Ich sehe ihr an, dass sie das nicht versteht. Mutter sagt, seit Vater nicht mehr lebt, sei alles traurig und schwer. Sie möchte sterben, möchte dorthin, wo er nun ist.

Das Erbe ist ihr wichtig, ihre Gedanken kreisen ständig nur um das Erbe. Ich soll mich nicht übers Ohr hauen lassen, soll auf meinem Anteil bestehen. Ich weiß gar nicht, wovon sie spricht.

„Mutti, ich will kein Erbe. Ich möchte, dass du wieder gesund wirst und dir mit dem Geld einen schönen Lebensabend machst."

Sie aber will nur sterben und hat diese irrationale Angst um das Erbe. Sie sagt, das könne sich niemand vorstellen, wie das ist mit den Depressionen und der Angst. Da sitzt man in einem tiefen schwarzen Loch und kommt nicht mehr raus.

„Jetzt vergiss doch mal die Angst! Komm raus aus deinem Loch, schau, draußen scheint die Sonne. Mach dich gerade und lass dich nicht unterkriegen. Du schaffst das! Hab keine Angst, alles wird gut."

Ich bin sehr lange in der Klinik und verspreche Mutter, mit ihr in Kontakt zu bleiben. Besuchen kann ich sie leider in Mainkofen nur selten, denn es ist weit und ich habe mit dem Studium alle Hände voll zu tun.

Im Februar 2013 wird Mutter in die Psychiatrie in Lohr am Main verlegt. Das ist ganz in meiner Nähe, nur eine halbe Stunde Autofahrt.

Drei- bis viermal in der Woche besuche ich Mutter in Lohr. Am Vormittag Uni, am Nachmittag Psychiatrie. Da sie nach wie vor suizidgefährdet ist, hat man Mutter dort vorerst in der geschlossenen Abteilung untergebracht.

Als ich sie das erste Mal in Lohr besuche, finde ich ein Häufchen Elend vor. Sie hat Wahnvorstellungen, glaubt, durch Kameras im Zimmer ständig beobachtet zu werden, hört Stimmen, sieht in der Dämmerung giftige Nebelschwaden durch den Raum wabern, ist sich sicher, dass man sie hier langsam, aber sicher töten will.

Wie kann ich ihr nur helfen? Ich würde sie ja zu uns nehmen, sobald sie nicht mehr akut suizidgefährdet ist, aber das will sie nicht. Sie will auf keinen Fall zurück in dieses Dorf, in dem sie sich früher so lange so unglücklich gefühlt hat.

Das kann ich verstehen, aber dort lebe ich nun einmal. Ich versuche, ihr Mut zu machen. Himmel, ist das schwer! Ich erinnere sie an schöne Episoden aus unserem gemeinsamen Leben, bringe alte Fotos mit, die wir zusammen betrachten, versuche, sie zum Lachen zu bringen, gehe mit ihr spazieren. Ganz langsam scheint sich ihr Zustand ein wenig zu bessern.

Im März fahre ich mit Gerhard für gut zwei Wochen in Urlaub. Eine Transatlantikkreuzfahrt. Die Reise war schon lange gebucht, bevor Mutter nach Lohr kam, ich möchte sie nicht stornieren, freue mich schon so sehr darauf.

Wir fliegen in die Dominikanische Republik, den Startpunkt unserer Reise. Von dort aus geht es mit dem Schiff über die kleinen Antillen Richtung Atlantik.

Wir machen Landausflüge nach St. Lucia, Barbados und Grenada. Das ist sehr interessant, aber am meisten genieße ich die Tage auf hoher See.

An Bord des Schiffes erhole ich mich gut.

Ich genieße es, das Rauschen des Wassers zu hören, Delfinschulen, Schwärme fliegender Fische und vereinzelt Wale zu beobachten. Es gibt einen Fitnessraum, eine Sauna und eine Bibliothek an Bord. Dem allgemeinen, allabendlichen Partytrubel entkommt man auf dem weitläufigen Schiff mühelos.

Erholung pur. Das tut mir gut.

Gleich am Tag nach unserer Rückkehr besuche ich Mutter in der Psychiatrie. Ich nehme den Laptop mit, damit ich ihr die Urlaubsfotos zeigen kann.

Erst ist sie ganz begeistert. Dann schaut sie in den Himmel und sagt: „Siehst du das Flugzeug dort? Da würde ich jetzt gern mitfliegen. Das wird nie mehr möglich sein. Ich habe mir meinen Lebensabend so ganz anders vorgestellt."

Ich lerne Mathe und Physik, so gut ich kann. Mein Kopf wird allmählich linkslastig von all den naturwissenschaftlichen Inhalten. Ich brauche einen Ausgleich.

Ab dem Wintersemester 2013/14 studiere ich nebenbei Russisch. Damit die rechte Hirnhälfte nicht so brach liegt. Endlich wieder Sprache, das tut gut! Es geht mir schon bald wieder besser. Zwar komme ich jetzt jeden Donnerstag erst abends um 22 Uhr nach Hause, weil der Kurs so spät stattfindet, aber es macht ja solchen Spaß.

Ich höre Differentialgleichungen, Didaktik und moderne Physik II. Ich absolviere mein studienbegleitendes Praktikum in Physik an einem Würzburger Gymnasium und in den Semesterferien steht noch das Demonstrationspraktikum I in Physik an.

Moderne Physik finde ich unglaublich spannend. Das ist so eine Art Festkörperphysik für angehende Lehrer. Es geht um kristalline Strukturen, Halbleiter, Energiezustände, Phononen und Strukturanalyse.

Der Dozent ist klasse. Groß, schlank, ruhige, angenehme Stimme, ein unglaubliches Wissen. Vor allem die Art, wie er uns den Stoff vermittelt, gefällt mir sehr.

Auf seine Vorlesungen freue ich mich immer. Er hat was.

Allmählich muss ich mich um ein Thema für meine Zulassungsarbeit zum ersten Staatsexamen in den Fachwissenschaften kümmern.

Es finden verschiedene Informationsveranstaltungen sowohl in der mathematischen als auch in der physikalischen Fakultät statt, in denen Möglichkeiten der Themenwahl vorgestellt und Anregungen gegeben werden. Ich besuche sie alle, kann mich aber für keines der Themen begeistern. Viele Kommilitonen wollen in der Didaktik ihre ZuLa[22] schreiben, das kommt für mich nicht in Frage. Ich möchte lieber in einer der Fachwissenschaften schreiben.

Die Themenwahl ist wirklich schwierig.

---

[22] Zulassungsarbeit

Als das Semester fast zu Ende ist, habe ich mich noch immer nicht entschieden und beschließe, nun vorrangig auf die kommenden Klausuren zu lernen und die Entscheidung später zu treffen.

In Physik wieder mal das alte Problem: Das, was ich am spannendsten finde, verstehe ich am wenigsten: Strukturanalyse. Da hilft alles nichts, in die Klausur muss ich mit Mut zur Lücke gehen, es ist ja nur diese eine Lücke. Mit etwas Glück kommt das gar nicht dran.

Ich habe Glück. Aber trotzdem will ich verstehen, was dahintersteckt. Da kommt mir ein verwegener Gedanke: Wenn ich mich intensiv damit beschäftigen könnte, also in der Praxis, nicht nur in der Theorie, dann würde ich es doch bestimmt irgendwann verstehen.

Ich frage nach der Vorlesung den Dozenten, ob ich bei ihm wohl meine ZuLa schreiben könne. Er schaut ein wenig irritiert, denkt einen Moment nach und sagt dann: „Na ja, einlesen kann man sich ja überall. Welches Thema soll es denn genau sein?"

„Da habe ich mich noch gar nicht festgelegt, der ganze Stoff ist spannend. Vielleicht etwas mit Magnetismus oder topologischen Isolatoren?"

„Gut."

Mir ist auf einmal ganz leicht zumute. Zwar habe ich immer noch kein konkretes Thema, aber ich weiß, wo und bei wem ich die Arbeit schreiben kann und dass das sicher spannend wird, denn in der Experimentalphysik arbeitet man im Labor. Ich werde herausfinden, was es mit den Analysemethoden auf sich hat.

Im Februar beginnt die Vorbereitung auf das erste Staatsexamen in Erziehungswissenschaften. Ich werde im August 2014 das Examen im Fachgebiet Psychologie ablegen und bereite mich gemeinsam mit drei Kommilitoninnen auf die Prüfung vor.

Im März feiern wir meinen 50. Geburtstag. Ein halbes Jahrhundert pralles Leben. Wahnsinn!

Ich habe Verwandte und Bekannte eingeladen, Freunde aus Mecklenburg und aus der Uni.

Am Abend essen wir gemeinsam in einem guten Lokal, führen interessante Gespräche und tanzen zu Live-Musik. Bis morgens um fünf.

Auch Karolina ist mit Partner und Kind gekommen, Jonas mit seiner Freundin. Dass unsere Kinder da sind, freut mich ganz besonders.

Es ist eine bunte Gesellschaft. Von 9 bis 81 Jahren, vom Schulkind über den Bauern bis zum Oberstudienrat. Jeder kommt auf seine Kosten.

Meine Kommilitonen schenken mir einen Gutschein über ∞[23] viel Spaß an einem Tag meiner Wahl in Würzburg: Eine zweite Geburtstagsfeier. Sieben Kommilitonen und ich.

Unser Spaßtag (oder eher unsere Spaßnacht) beginnt in einer Würzburger Kneipe. Meine Freunde haben eine Einmalkamera mitgebracht, um das Ereignis zu dokumentieren. Wir spielen Lasertag, gehen essen und ziehen vom

---

[23] unendlich

späten Abend bis zum frühen Morgen von einer Würzburger Kneipe in die nächste.

In dieser Nacht erzählen sie mir, dass ich schon so eine Art Vorbild für sie sei, eine richtig coole Socke eben. Seit sie meinen 50. Geburtstag miterlebt hätten, hätten sie keine Angst mehr vor dem Älterwerden. Sie sagen, ich würde ihnen Mut machen. Wenn man in diesem Alter noch so offen und lebendig ist, ist alles okay.

Wenige Tage später überreichen sie mir ein hübsches kleines Fotoalbum mit „Beweisfotos." So sind sie, die Mathematiker.

Wie schön!

Im August dann vier Stunden Psychologieprüfung.

Ich sammle, gliedere, knüpfe Querverbindungen, formuliere aus. 21 Seiten. Ich wusste gar nicht, dass ich innerhalb so kurzer Zeit so viel schreiben kann.

Ergebnis: Eins Komma null. Das hat ja prima geklappt.

Leider habe ich kaum Zeit, mich vom Examen ausreichend zu erholen. In diesen Semesterferien steht das Demonstrationspraktikum II in Physik an. Versuche konzipieren, vorführen und protokollieren. Eine Woche lang. Sehr arbeitsintensiv.

Danach geht es dann auch schon bald nach Irland. Eine Exkursion im Rahmen der Lehrerbildung. Wir sind eine Gruppe von etwa 20 Lehramtsstudenten und besuchen in Irland im September innerhalb von zehn Tagen etliche Schulen und Universitäten. Ich besorge mir eine neue

Regenjacke und einen stabilen Knirps. In Irland regnet es angeblich häufig.

Vom Flughafen, der außerhalb Dublins liegt, fahre ich mit dem Bus in die Stadt, wo wir in einem Hostel untergebracht sind. Mein Rucksack, an dessen Außenschlaufe ich den Knirps mit einem Karabinerhaken befestigt habe, ist im Gepäckfach des Busses verstaut. An der Haltestelle in der Nähe des Hostels reicht mir der Fahrer den Rucksack aus dem Fach. Ich bedanke mich, der Bus fährt weiter.

Nach wenigen Schritte bemerke ich, dass irgendetwas nicht stimmt. Richtig! Der Knirps schlug mir beim Gehen immer gegen den Oberschenkel. Jetzt nicht mehr. Er ist weg. Der Karabinerhaken muss sich gelöst haben. Ach je. Der Schirm war nicht billig. Hoffentlich wird das Wetter nicht gar so schlecht. Den Knirps kann ich sicher abschreiben. Trotzdem frage ich im Hostel gleich nach, ob man für mich am Flughafen anrufen könne. Vielleicht gibt es dort ein Fundbüro und mein Schirm wird abgegeben.

Nach zwei Tagen ruft man vom Flughafen zurück.

„Sorry, no folding umbrella.“[24]

Das wäre ja auch zu schön gewesen.

Ich habe Glück. Es regnet nur an einem von zehn Tagen.

Am Tage ist Exkursionsprogramm: Besuch von Grundschulen, Berufsschulen, Gymnasien und Unis. Auch eine deutsche Schule ist darunter.

Jeden Abend werden die tagsüber gesammelten Eindrücke von den Seminarteilnehmern diskutiert.

---

[24] „Tut uns leid. Hier ist kein Knirps.“

Nachts erkunden wir die Pubs von Dublin, wo man bei Guiness und Whisky Irish Folk hören kann, live. Richtig klasse. Es ist unglaublich: Hier in Irland singt einfach jeder. Die Menschen haben wunderbare Stimmen. Ich fühle mich hier pudelwohl.

Eines Abends sagt einer der Kommilitonen nach einigen Guiness zu mir, wenn man mich so in den Straßen von Dublin sehe, habe man den Eindruck, ich sei schon immer hier gewesen, sei hier zu Hause.

Genau so fühlt es sich auch für mich an. Mir geht es gut, das einzige, was mir hier fehlt, ist Schlaf.

Im Bräzen Head, Irlands ältestem Pub, das schon seit 1198 besteht, spielt eine Liveband. Die Nacht ist lang und wunderbar. Der Rhythmus des Folks nimmt alle mit.

Ich sitze nahe bei der Band und singe mit, den Text habe ich schon einmal gehört. Beim nächsten Lied fordert mich einer aus der Band auf, wieder mitzusingen.

„You've got such a wonderful voice."[25] Ich sage, ich kann den Text ja gar nicht. „Come on, go ahead. Just listen to me. You can do it."[26]

Na gut. Es macht ja auch wirklich Spaß.

Ein anderes Bandmitglied spielt ein interessantes Instrument: Zwei Esslöffel. Er sitzt auf einem Stuhl, hält die Löffel locker zwischen den Fingern der rechten Hand, so wie Essstäbchen und lässt sie rhythmisch über den linken Unterarm auf den rechten Oberschenkel schlagen. Im Takt der Musik. Es klingt so ähnlich wie Kastagnetten, nur heller und metallisch.

---

[25] „Du hast so eine wundervolle Stimme."

[26] „Komm schon, mach weiter. Hör einfach auf mich. Du kannst das."

Ich beobachte ihn aufmerksam. Bald fragt er mich, ob er mir zeigen soll, wie das geht. Natürlich, gerne!

Er sagt: „Come over here, sit down on my knees, I'll teach you."[27]Das ist mir dann doch nicht ganz geheuer. Gerade möchte ich dankend ablehnen, da lacht ein anderer: „Don't worry, he's gay as a three Dollar bill."[28]

Na, wenn das so ist … Ich lerne es nicht wirklich in dieser Nacht. Am nächsten Tag sind Unterarm und Oberschenkel blau, aber was hatten wir für einen Spaß!

Ich beschließe, die St. Patrick's Cathedral zu besuchen. Nicht als Touristin, sondern als Gläubige. Ich möchte in die Vormittagsmesse.

Die Kathedrale ist fast leer, ähnlich wie die Kirchen in Deutschland. Außer mir finden sich nur vier Gläubige zum Gottesdienst ein.

Ich nehme in dem altehrwürdigen Kirchengestühl in der Nähe des Altars Platz.

Kurz vor Beginn der Messe setzt sich eine junge Frau neben mich, etwa 30 Jahre alt. Sie sieht angespannt und traurig aus.

Ich frage sie leise: „Are you okay? Can I help you?"[29]

Sie schüttelt stumm den Kopf, ihr treten die Tränen in die Augen. Sie weint.

Ich nehme sie in den Arm. „What's the matter? Do you want to tell me?"[30]

---

[27] „Komm her, setz dich auf meinen Schoß, ich bringe es dir bei."

[28] „Keine Sorge, er ist stockschwul."

[29] „Geht es dir gut? Kann ich dir helfen?"

[30] „Was ist los? Willst du darüber sprechen?"

Sie findet keine Worte, hat nur Tränen. Sie klammert sich an mich wie eine Ertrinkende. Dann beginnt die Messe. Ich reiche ihr ein Taschentuch. Wir beten und singen.

Nach der Messe umarmt sie mich noch einmal, fasst mich dann an den Oberarmen und schiebt mich ein Stück von sich, um mich besser betrachten zu können.

Ihr Gesicht ist noch verweint, sieht aber nun ganz friedlich aus.

Ernst und fest sieht sie mir in die Augen und flüstert: „Yesterday I thought live was over but today I met an angel. God bless you.“[31]

Das also war der Grund dafür, dass es mich an diesem Tag um diese Zeit in diese Kathedrale zog. Ich wurde gebraucht.

Am Tag der Rückreise frage ich dann am Flughafen doch noch einmal nach, ob irgendwo Fundsachen gesammelt werden.

Einer der Busfahrer deutet auf einen großen Behälter, der aussieht wie eine Mülltonne. Ich werfe einen Blick hinein: MEIN SCHIRM!!!

Es ist nicht der materielle Wert des Schirms. Ich hatte ihn bereits abgeschrieben, war ganz sicher, ihn nie wiederzusehen. Nur ein Schirm. Aber er kam unverhofft zu mir zurück. Wie schon so vieles verloren Geglaubte in meinem Leben. DAS ist es. Mir kommen vor Freude die Tränen. Da ist sie wieder, diese Gewissheit: Alles wird gut. Immer.

---

[31] „Gestern dachte ich, das Leben sei vorbei, aber heute habe ich einen Engel getroffen. Gott segne dich.“

Müde und glücklich lande ich mit etlichen Folk-CDs und einer Flasche Jameson im Rucksack am 1. Oktober wieder in Frankfurt am Main.

Jonas ist seit einigen Tagen wieder da. Er hat uns vier Wochen zuvor mitgeteilt, dass er endlich einen Studienplatz für Medizin bekommen habe. In Würzburg.

Ob er vorübergehend bei uns wohnen könne?

„Was heißt vorübergehend?"

„Einige Wochen. Nur bis ich im Studentenwohnheim etwas bekomme."

„Ja sicher."

Ich mache mir große Sorgen:

Sorgen, wie wir uns verstehen werden.

Sorgen, ob er seine Spielsucht überwunden hat.

Sorgen, ob er mit dem Unibetrieb klarkommen wird.

Sorgen, was passieren wird, wenn nicht.

Sorgen über Sorgen.

Er hat seinen Studentenausweis, seine Monatskarte für die Bahn, Guthaben für die Mensa.

Semesterbeginn. Wir fahren gemeinsam mit dem frühen Zug nach Würzburg. Heute ist noch kein Stoff dran, nur Organisatorisches.

Am Abend will Jonas nur noch zurück zu seiner Freundin. Seine Tage hatten lange Zeit keine Struktur mehr. Er ist von allem überfordert: Morgens aufstehen, zur rechten Zeit im richtigen Hörsaal sein, sich über alles informieren. Es ist sein erster Tag und er ist fix und fertig, sagt, das schaffe er alles nicht.

Es kostet mich große Mühe, aber ich kann ihn überreden, zu bleiben und am nächsten Tag wieder mit mir in die Uni zu fahren.

An diesem Abend weine ich mich seit langem wieder einmal in den Schlaf. Ich brauche einen Plan, es sieht so hoffnungslos für Jonas aus. Es schmerzt mich so. Er wäre früher schon immer am liebsten weggelaufen, wenn es schwierig wurde. Wie kann ich ihm nur helfen?

Am nächsten Tag fahren wir wieder gemeinsam in die Uni, mittags gehen wir zusammen in die Mensa.

Am Abend mache ich ihm einen Vorschlag: „Für die nächsten vier Wochen ist bereits alles bezahlt: Studienbeitrag, Zug, Mensa. Ich möchte, dass du diese vier Wochen durchziehst, als wolltest du ernsthaft studieren. Aufgeben kannst du danach immer noch, wenn es wirklich gar nicht geht."

Er schluckt und macht große traurige Augen.

Ich bin noch nicht fertig. Jetzt kommt das Wichtigste: „Ich möchte, dass du dir ein großes Blatt Papier nimmst und in zwei Spalten einteilst. In die eine schreibst du alles, was gegen dieses Studium spricht. In die andere all das, was dagegenspricht, die Flinte ins Korn zu werfen. Sei ehrlich mit dir selbst. Vergiss nichts. Schreib alles auf."

Er verspricht es mir.

In den nächsten Wochen fahre ich jeden Tag mit Jonas um 6.20 Uhr nach Würzburg, obwohl für mich in diesem Semester an einigen Tagen der Woche die Vorlesungen erst um Viertel nach zehn beginnen.

Ich zeige ihm alles, was auf dem Campus für ihn relevant ist. Ich tröste ihn, spreche ihm Mut zu. Ich gebe ihm Nachhilfe in Mathe, Physik, Bio und Chemie. Während der Zugfahrt, zu Hause. Alles zusätzlich zu meinem eigenen Pensum. Ich nehme ab, kann mich nur noch mit viel Kaffee auf den Beinen halten. Irgendwie überstehe ich diesen Monat, er auch.

Er bleibt und studiert weiter. Am Ende dieser schweren Zeit nimmt er mich in den Arm, dankt mir und sagt, ohne meine Hilfe hätte er niemals durchgehalten.

Ach Mensch, mir kommen ja schon wieder die Tränen, aber dieses Mal ist es nicht schlimm, eher befreiend. Es hat funktioniert.

Schon kurz nach Beginn dieses Wintersemesters merke ich, dass ich mich auf nichts mehr richtig konzentrieren kann. Es bleibt nichts mehr hängen, alles fällt mir schwer. Ich schiebe es auf die Aufregungen der letzten Zeit und einen Lernschaden: Zu viel für Psychologie gelernt.

Kommilitonen raten mir zu einem Sabbat-Jahr, aber das kommt nicht in Frage, denn ich bin mir nicht sicher, ob ich nach einem Jahr Pause den Wiedereinstieg schaffen würde. Es wird schon wieder werden.

Ich höre Funktionentheorie und Algebra, Theoretische Physik und Didaktik. Inzwischen habe ich am Lehrstuhl für Experimentelle Physik einen Platz in einem der Büros, denn ich bereite meine Zulassungsarbeit vor. Wir sind zu viert im Zimmer. Zwei Doktoranden, ein Masterand und ich.

Das Thema meiner Zulassungsarbeit sind topologische Isolatoren. Sie weisen außergewöhnliche elektronische Zustände auf, die man für eine weitgehend reibungsfreie Informationsübertragung nutzen kann. Ich darf mich mit Wachstum und Strukturanalyse dünner Blei-Tellurid-Schichten beschäftigen.

Im Labor werden die Schichten mit Molekularstrahlepitaxie hergestellt und anschließend bezüglich ihrer Struktur und ihrer Materialeigenschaften analysiert.

Soweit die Theorie.

Steffen, der Doktorand, der mich betreut, deckt mich zunächst mit englischsprachigen wissenschaftlichen Veröffentlichungen, sogenannten Paper, ein, damit ich mich einlesen kann. Auch ein Buch gibt er mir, mit dessen Hilfe ich mich schon einmal theoretisch auf die im Labor erforderlichen Verfahren vorbereiten kann.

Die erste größere Aktion ist eine Kammeröffnung. Das heißt, die Kammer, in der die Schichten im Ultrahochvakuum hergestellt werden, wird belüftet, geöffnet und gewartet. Die Kühlschläuche werden entfernt, die zur Neige gegangenen Materialien aufgefüllt, alles wieder zusammengebaut und erneut auf Vakuum abgepumpt.

Nach dem Zusammenbau ist die Kammer defekt. Der Manipulator, mit dem die Proben in die Kammer eingebracht und bewegt werden, ist undicht, das Vakuum ist nicht mehr stark genug. Es dauert lange, bis das Problem gelöst ist. Bis dahin erlerne ich an bereits vorhandenen Proben verschiedene Analysemethoden.

Der Professor fragt, ob ich auch mit anderem Material arbeiten würde. Der Lehrstuhlinhaber wolle, dass ein neues Projekt in Angriff genommen werde. Antimon-Bismut-Tellurid, mit Vanadium dotiert. Dieses Materialsystem sei von der Struktur her um Einiges komplizierter als Blei-Tellurid. Ich müsse das nicht, wenn es mir nicht recht sei. Man müsse sich dann eben Gedanken machen, worüber sonst ich meine ZuLa schreiben könne.

Ich will es versuchen. Wir sind inzwischen per Du, das ist am Lehrstuhl so üblich. Ich sage Karl, dass ich es probieren möchte mit dem neuen Materialsystem. Vorerst analysiere ich sowieso noch alte Proben mit Röntgenstrahlung.

Mitte Dezember findet die Weihnachtsfeier der Experimentalphysik statt, sie wird von den Doktoranden des Lehrstuhls vorbereitet und von den Professoren gesponsert.

Ich sitze mit Karl und Steffen zusammen, wir diskutieren über unsere Arbeit und vieles mehr.

Später am Abend kommen wir auch auf private Dinge zu sprechen. Ich erzähle, welches Glück ich mit meinem Ehemann habe, wie sehr er mich unterstützt, dass mir ohne ihn dieses Studium gar nicht möglich wäre.

Ich frage Karl, ob auch er Familie habe.

„Mehr oder weniger."

Ich frage nach.

Er lebt seit vier Jahren getrennt, hat zwei Kinder, eine 13-jährige Tochter und einen 20-jährigen Sohn. Beide sieht er einmal in der Woche am Nachmittag, jedes zweite Wochenende verbringen sie bei ihm. Er möchte sich scheiden lassen, seine Frau offenbar nicht.

Im Laufe des Abends wird mir klar, wie sehr ihm seine private Situation zu schaffen macht, wie sehr er unter der Annahme leidet, seinen Kindern durch die Trennung von seiner Frau zu schaden, ihre Entwicklung zu behindern.

Ich erzähle ihm, dass auch unsere Kinder schwierige Phasen hatten, obwohl Gerhard und ich nicht getrennt leben. Dass man manchmal den Dingen ihren Lauf lassen muss, einfach loslassen und einsehen muss, dass es momentan nicht zu ändern ist.

Ich habe das Gefühl, dass er zwar hört, was ich sage, es aber nicht verstehen kann oder will.

Wir reden die halbe Nacht.

Karl ist zweieinhalb Jahre älter als ich. Sternzeichen Jungfrau, am 9. September geboren, so wie Gerhard.

Wir sitzen beim Wein, reden, sehen einander an, reden weiter. Stundenlang. Wir genießen es, verstehen uns gut, möchten uns gar nicht voneinander verabschieden. Aber dann ist es für ihn doch Zeit, zu gehen.

Ich schlafe im Büro auf dem kleinen, viel zu kurzen Sofa.

Immer noch besser als auf dem Boden.

In den nächsten Monaten werde ich auf diesem Sofa noch so manche Nacht verbringen.

Anfang 2015 ist die Kammer wieder einsatzbereit. Endlich kann es losgehen. Ich arbeite gemeinsam mit einem Doktoranden an der Maschine.

Unser Ziel ist es, wenige Nanometer dünne Schichten herzustellen, die den QAHE (Quanten Anomaler Hall Effekt) aufweisen, was auch irgendwann gelingt.

Ich analysiere die Struktur der Proben.

Vormittags höre ich meine regulären Vorlesungen oder ich wachse Proben, nachmittags recherchiere ich, bearbeite neue Übungsaufgaben oder beschäftige mich mit Strukturanalyse, am Abend steht lesen und lernen auf dem Programm, vorausgesetzt, Jonas hat kein ernstes Problem, bei dem er meine Hilfe braucht.

Alle Hände voll zu tun. Ich lerne viel in der Experimentalphysik, habe aber oft den Eindruck, mich dieses Mal intellektuell doch eindeutig übernommen zu haben. Alles ist so speziell, mir noch nicht einsichtig, viel zu schwer.

Das Handwerkliche ist kein Problem, ganz schnell kann ich mit der Technik umgehen. Aber die Theorien, die dahinterstecken ...

Karl, mein Professor, und Steffen, der Doktorand, der mich betreut, helfen mir Gottseidank immer weiter, wenn ich feststecke. Sie haben beide viel Geduld mit mir und die brauchen sie auch oft. Ich bin ihnen wirklich dankbar.

Mit dem Doktoranden, mit dem ich an der Kammer zusammenarbeite, läuft es nicht ganz so gut. Anfangs will er alles alleine machen, ich soll bloß nichts anfassen.

Ich warte erst einmal ab, vielleicht gibt sich das ja noch. So stehe ich also neben ihm und warte darauf, dass er den nächsten Schritt, den nächsten Handgriff macht.

Es kostet mich viel Geduld.

Irgendwann halte ich es nicht mehr aus und klage Karl und Steffen mein Leid. Ich möchte auch Proben wachsen, nicht immer nur als geduldeter Handlanger danebenstehen. Das leuchtet beiden ein. Natürlich darf ich an der Kammer arbeiten, das muss ich sogar, diese Arbeit ist ja die Grundlage meiner ZuLa.

Das Wachsen der Proben macht mir Spaß.

Leider bin ich kurze Zeit darauf etwa zwei Wochen krank. Virusinfekt. Ausgerechnet in dieser Zeit soll ein Paper über unsere Arbeit erstellt werden.

Der Doktorand wird gefragt, was mein Anteil an der gemeinsamen Arbeit war.

Er hat doch tatsächlich die Stirn, zu behaupten, ich habe so gut wie nichts dazu beigetragen, er habe fast vollständig alles selbst erarbeitet.

Als ich wieder in die Uni komme, ist es zu spät. Das Paper ist eingereicht. Mein Name steht ganz hinten unten, unter „Danksagung für technische Unterstützung".

Gut, davon geht die Welt nicht unter, aber es ist ungerecht. Ich habe nicht wenig zum Inhalt dieser wissenschaftlichen Veröffentlichung beigetragen.

Karl und Steffen können nichts dafür. Sie hatten sich extra erkundigt, was ich beigetragen hätte, und es gab keinen Grund, die Antwort anzuzweifeln. Nächstes Mal …

Ich wachse weiterhin Proben und analysiere sie. Nebenher der normale Unibetrieb.

Jeden Montag hat unsere Arbeitsgruppe ein Meeting mit dem Lehrstuhlinhaber. Dort werden die neuesten Erkenntnisse vorgetragen und das weitere Vorgehen festgelegt.

Ich staune nicht schlecht, als der Doktorand, mit dem ich zusammenarbeite, in einem dieser Meetings, ohne mich vorher davon unterrichtet zu haben, von mir erarbeitete Diagramme und Analyseergebnisse vorstellt, als seien es die seinen.

Ich stelle ihn vor dem Plenum zur Rede.

Er war der Ansicht, das seien unsere, nicht meine Ergebnisse, da wir ja derselben Arbeitsgruppe angehören. In Zukunft wird er mich vorher fragen.

Bei der Veröffentlichung des nächsten Papers bin ich als Co-Autor aufgeführt.

Im Spätsommer beginne ich, meine Ergebnisse zusammenzuschreiben. Darin habe ich noch gar keine Erfahrung.

Als ich Steffen die ersten paar Seiten zu lesen gebe, ist er schockiert. So kann man keine wissenschaftliche Arbeit verfassen. Vorsichtig versucht er, mir klarzumachen, was ich alles falsch gemacht habe, hofft, dass ich ihm das nicht übelnehme und dass er mir nicht den letzten Rest von Motivation damit nimmt.

Für mich ist das kein Problem. Ich bin dankbar dafür, dass er alles genau auf den Punkt bringt, mir Tipps gibt, was ich ändern muss.

Er rät mir, Masterarbeiten und Dissertationen der vergangenen Jahre durchzuarbeiten, um zu lernen, wie eine wissenschaftliche Arbeit strukturiert werden muss. Er gibt mir technische Hinweise, erklärt mir, wie ich Quellen verwenden und zitieren kann, wie man Screenshots und Graphiken von guter Qualität einfügt.

Die nächsten Seiten meiner Arbeit sind schon viel besser. Allmählich denke ich, es ist doch noch in den Griff zu bekommen.

Mittwochs nachmittags finden immer die Treffen unserer Arbeitsgruppe bei Karl statt. Berichterstattung, neue oder weiterführende Arbeitsaufträge, Vorbereitung der Montags-Meetings. Probleme werden diskutiert, das weitere Vorgehen abgestimmt, manchmal sitzen wir bis in den Abend hinein zusammen.

Hier bekomme ich viele wertvolle Hinweise für die weitere Arbeit. Sowohl praktisch als auch theoretisch. Ich mache mir ausführliche Notizen. So viele Proben, die zu analysieren sind, so viele Auswertungen von Daten.

Ich arbeite fast jede Woche zwei bis drei Nächte durch. Röntgenanalyse bis in die späten Abendstunden. Auswertung der Scans bis zum frühen Morgen. Noch ein paar Stunden Schlaf auf dem Sofa im Büro.

Bis zu den Semesterferien will ich mit dem praktischen Teil meiner ZuLa fertig sein.

Für August planen Gerhard und ich eine Flusskreuzfahrt auf der Donau. Von Passau bis zum Schwarzen Meer und zurück. Bis dahin möchte ich alles andere soweit abgeschlossen haben, dass ich nach dem Urlaub die Arbeit fertig schreiben kann. Das gelingt mir auch fast. Noch einige Strukturanalysen und Auswertungen im Herbst, dann kann ich mich ganz dem Schreiben widmen.

Es geht zügig, schneller und problemloser als gedacht. Der Masterand, der im Büro neben mir sitzt, hilft mir bei Fragen und Problemen mit dem Textverarbeitungsprogramm. Kurz vor Weihnachten 2015 ist meine ZuLa im Großen und Ganzen fertig. Ich bin so froh, dass ich nicht aufgegeben habe, als mir alles über den Kopf zu wachsen drohte, so dankbar, dass Karl und Steffen mich immer wieder motivierten, weiterzumachen.

2016 werde ich mich ganz auf die Vorbereitungskurse für das Staatsexamen in Mathematik und Physik konzentrieren können.

Die Weihnachtsfeier 2015 ist noch viel schöner als die im letzten Jahr.

Ich habe viel geschafft, meine Arbeit hier am Lehrstuhl ist fast beendet. Ich habe so viele Menschen in den vergangenen eineinhalb Jahren hier kennen und schätzen gelernt. Ich bin glücklich und entspannt.

Als Karl und Steffen eintreffen, freue ich mich. Wir lassen es uns am Buffet schmecken, trinken Wein oder Bier, diskutieren wieder die halbe Nacht.

Ab und zu gehen Karl und ich auf eine Zigarette nach draußen, betrachten gemeinsam schweigend den Sternenhimmel.

Jedes Mal, wenn wir uns flüchtig berühren, zucken wir beide zurück, als hätte jeder von uns einen elektrischen Schlag bekommen. Die Luft knistert geradezu. So ist das also, wenn es zwischen zwei Menschen funkt.

Als Karl sich verabschiedet, bin ich traurig.

Anfang Januar dann die letzten Korrekturen meiner Zulassungsarbeit, der Feinschliff. Ich lasse die Arbeit drucken und reiche sie ein. Fertig! Ich bin erleichtert.

Ich lade Karl und Steffen zum Essen ein, möchte mich auf diese Art bei beiden für ihre Unterstützung und Geduld bedanken.

Ende Januar gehen wir drei abends im „Till Eulenspiegel“ in Würzburg essen. Ein wirklich schöner Abend. Karl bringt mich nach dem Essen zurück zur Uni, wo ich wieder auf dem Sofa übernachten werde.

Beim Abschied sehen wir uns lange in die Augen, er küsst mich, scheu und sanft.

Schon seit Tagen quält mich der Gedanke, dass ich ihn nicht mehr sehen werde, wenn meine Arbeit am Lehrstuhl beendet ist. Solange klar war, dass wir uns fast täglich sehen, war alles gut, habe ich gar nicht weiter darüber nachgedacht.

Plötzlich fühle ich mich, als täte sich ein unüberwindbarer Abgrund vor mir auf. Am nächsten Tag werde ich mein Büro räumen und alle Schlüssel abgeben. Ich werde Karl nicht mehr sehen.

In dieser Nacht schlafe ich nicht. Ich sitze in der Uni am Fenster meines Büros und schaue den Mond an.

Seit Oktober 2013 habe ich versucht, meine Gefühle für Karl zu verdrängen. Es geht nicht mehr. Immer öfter habe ich sein Bild vor Augen, höre seine Stimme.

Schon vor Tagen habe ich während der Bahnfahrt einen Brief verfasst. Wie ferngesteuert. Als der Brief fertig ist, lese ich ihn durch. So, als habe ich ihn nicht selbst geschrieben. Ein Liebesbrief. Er ist für Karl. Erst will ich ihn wegwerfen, dann stecke ich ihn doch in die Tasche.

Nein, diesen Brief werde ich ihm ganz sicher niemals geben. Ich mache mich ja lächerlich. Außerdem bin ich verheiratet und liebe meinen Mann. Sicher interpretiere ich in Karls Blicke und Gesten mehr hinein, als da wirklich ist.

Ich warte ab, bis Karl mir sagt, er habe meine Arbeit begutachtet und die Zensur festgesetzt, dann gebe ich ihm doch diesen Brief, der ihm all meine Gefühle offenbart und ihm gleichzeitig jede Rückzugsmöglichkeit offenlässt.

Es ist Freitag, wir verabreden uns für kommenden Dienstag zum Mittagessen.

Das ganze Wochenende grübele ich. Ich bete, dass alles so kommt, wie es gut und richtig ist.

Selten habe ich so viel gebetet wie in diesen vier Tagen. Ich bin mir ganz sicher: Wenn es falsch ist, wenn es nicht sein soll, so wird es auch nicht geschehen.

Am Dienstag, den 2. Februar, gehen wir mittags um halb zwei im „Backöfele", in der Nähe des Würzburger Rathauses, essen. Dann fahren wir zu Karl nach Hause.

Er hat sich entschieden. Für mich oder vielleicht besser: für das Abenteuer. Obwohl ich ihm geschrieben habe, dass er mich teilen muss. Dass ich verheiratet bin und meinen Mann niemals verlassen werde, weil ich ihn liebe.

Ich liebe Gerhard. Ich liebe Karl. Ich liebe beide.

Ich kann nicht anders.

Inzwischen besuche ich die fachwissenschaftlichen Vorbereitungskurse für das erste Staatsexamen, doch wann immer ich Zeit finde, verbringe ich sie mit Karl. Ich bin so glücklich. Ich schreibe wieder Gedichte. Das habe ich seit über 30 Jahren nicht mehr gemacht. Hatte fast schon vergessen, jemals welche geschrieben zu haben.

Plötzlich sind all die Farben und Klänge wieder in mir, so wie früher. Bunt und laut fluten sie Kopf und Herz, beides läuft über, ergießt sich in Buchstaben über das Papier, und formt dort Verse und Strophen.

Glutherbst

Das Herz, so wie ein Feuerball
Groß und glühend, gleißend hell
Gefühl, wie Flut von überall
Die Luft ganz süß, der Atem schnell

Im Kopf Gedanken, federleicht
Erst wie im Nebel, dann ganz klar
Die Grenzen bisher unerreicht
Und trotzdem nichts mehr wie es war

Durch Dich noch einmal neu erfunden
Das Leben fängt von vorne an
Nichts übrig von den alten Wunden
Nichts, was mich jetzt noch schrecken kann

Denken, träumen, höher fliegen
Was weit weg war, ist ganz nah
Kämpfen, scheitern, aufstehn, siegen
Sehen, was noch keiner sah

Kraft kehrt wieder, nur durch Liebe
Mut wächst mit der Zärtlichkeit
Zaghaft sprossen neue Triebe
Große Dinge brauchen Zeit

Deine Hand in meinem Haar
Mein Gesicht auf Deiner Haut
Momente, wertvoll, wunderbar
Erlebt nur, wer sich traut

Karl ist meine Muse. Wenn wir miteinander reden, ist es wie damals in Kiel. Nur dass er alles noch viel besser und schneller auf den Punkt bringt als ich. Er denkt so geradeaus, so stringent, wie auch ich es gern täte.

Ich bewundere ihn. Er tut mir gut. An Körper, Geist und Seele. Ich begreife, was mir all die Jahre fehlte, ohne dass ich mir dessen bewusst war.

Er ist in der Tat der Spiegel eines Teils meiner Persönlichkeit. Genau des Teils, den ich in all den Jahren schwerer körperlicher Arbeit verloren glaubte: Meine kreative Seite, meine Freude an Sport, Musik und Kultur.

Wir teilen so vieles. Beide sind wir zickig und kompliziert. Beide tun wir einander immer wieder so gut.

Drei Monate lang treffen wir uns, so oft es nur möglich ist. Wir spielen Tischtennis, machen Wanderungen und Radtouren, lesen, musizieren, diskutieren und besuchen Konzerte. Es ist wundervoll, ein ganz neues Leben.

Es ist zu schön, um wahr zu sein. Ich habe Angst, dass diese unbeschwerte Zeit nicht lange währt. Ganz deutlich kann ich spüren, wie langsam ein Unwetter aufzieht.

Ich bin nicht die, die hintenherum einfach macht, was sie will. Ich bin ehrlich, geradeaus. Ich suche nach einer Gelegenheit, Gerhard zu sagen, was los ist.

Wochenlang mache ich Andeutungen in der Hoffnung, er frage nach. Aber er fragt nicht.

Bis zum 4. Mai. Ich sage ihm, dass ich am 5. Mai in die Uni wolle, in die Bibliothek.

„Das ist Christi Himmelfahrt!“

„Ja, aber die Unibib hat geöffnet.“

„Was geht hier eigentlich vor?“

„Ich habe mich verliebt. Ich habe seit drei Monaten einen Freund. Es ist Karl, mein Prof.“

Gerhard rastet aus. Davon will er nichts wissen. Ich sage ihm, dass ich ihn nie verlassen werde, dass ich ihn nach wie vor liebe, dass ich sie beide liebe, dass ich nicht mehr ohne Karl leben kann und will.

Die nächsten Wochen und Monate sind furchtbar.

Gerhard weint, beschimpft mich, bedroht mich, will eine Entscheidung. Ich kann das nicht, bin zerrissen, sitze zwischen allen Stühlen.

Zerreißprobe

Berstendes Herz, schweißnass und blutig
Spur, die niemals verweht
Den Blick nach vorn gerichtet und mutig
Liebe, die alles besteht

Kopf in den Wolken, hoffend und bangend
Stürme ziehen tosend herauf
Unsere Körper, heiß und verlangend
Nehmen Entbehrung in Kauf

Ich Deine Freude, Du mein Leben
Jeder den Andern im Sinn
Wir stehen zusammen, manchmal daneben
Geben einander ganz hin

Fragende Augen, bebende Lippen
Liebst Du mich so wie ich Dich?
Barfuß im Regen über die Klippen
Im Sonnenlicht findest Du mich

Es reißt mich in Stücke, ich reiß mich zusammen
Das Ziel jetzt so klar wie noch nie
Um uns und in uns alles in Flammen
Lebendig und voll Energie

Gerhard sagt, dass an allem nur Karl schuld sei. Er hätte mir widerstehen müssen. Ich hätte bei der Weihnachtsfeier sicher nur zu viel Alkohol getrunken, sonst wäre das nie passiert. Ich müsse aufhören, zu trinken, solle zum Entzug.

Ich möchte, dass er wieder glücklich ist. Ich erkläre mich bereit, in Lohr eine Entgiftung zu machen, obwohl ich ganz genau weiß, dass das alles mit Alkohol nicht das Geringste zu tun hat.

Ich versuche, mich auf die Examensvorbereitung zu konzentrieren. Es ist schwer.

Ich lerne nur für Physik, weil ich weiß, dass das Staatsexamen in Physik für mich ungleich schwieriger sein wird als das in Mathe. Auf Mathe bereite ich mich überhaupt nicht vor. Hauptsache, ich bestehe Physik. Wenn ich in Mathe durchfalle, wiederhole ich das Examen in diesem Fach eben ein halbes Jahr später.

Karl hat ein schlechtes Gewissen, glaubt, dass er dafür verantwortlich sei, wenn ich im Examen nicht so gut abschneide, wie es mir unter normalen Bedingungen möglich wäre. Da hat er ja auch nicht ganz unrecht.

Just am Tag vor der ersten Prüfung fordert Gerhard eine endgültige Entscheidung von mir: Er oder Karl.

Er kann und will mich nicht teilen.

Ich kann und will mich nicht zwischen beiden entscheiden.

Er sagt, er erträgt es nicht, dass es da noch einen anderen gibt. Sagt, ich muss mich entscheiden. Falls ich mich für Karl entscheide, will er sich das Leben nehmen. Seiner Meinung nach ganz einfach, eine logische Konsequenz: „Du magst mich nicht mehr. Ich bin alt und habe ausgedient. Ich will dir nicht im Wege stehen."

Nein, so einfach ist es nicht. Ich liebe beide. Ich will keinen von beiden unglücklich machen.

Und ich? Was ist mit mir? Bin ich denn glücklich?

Karl sagt, er könne jetzt für mich keine Verantwortung übernehmen, es sei ihm im Moment nicht möglich, mit mir zusammenzuleben, er müsse erst einmal mit sich selbst ins Reine kommen. Er sagt, er habe mich sehr lieb, aber er liebe mich nicht. Das sei für ihn ein kleiner, aber feiner Unterschied. Er habe noch nie jemanden geliebt, wisse wohl gar nicht, wie das geht.

Er hat Angst vor Veränderung. Er befürchtet, ich mache ihm eines Tages Vorwürfe. Außerdem kann er nicht ausschließen, dass es ihm irgendwann mit mir genauso geht, wie es nun Gerhard ergangen ist.

Er geht auf Distanz, verdrängt, versucht, die Sache auszusitzen.

Gerhard bedrängt mich weiter, droht mir mit Selbstmord, macht keinen Versuch, mich zu verstehen. Ich bin seine Ehefrau, soll mich dementsprechend benehmen.

Ich weiß, wie sehr er mich liebt. Mir scheint aber, er verbindet Liebe mit Besitzanspruch.

Ich habe ihn immer so geliebt, wie er ist. Dass er kein Feingeist ist, hat mich nie gestört. Dass er keinen Hang zur Kreativität hat, sondern allem Neuen, Unbekannten unsicher und skeptisch gegenübersteht, habe ich ihm nie vorgeworfen, habe es immer so gesehen, dass das an seinem Elternhaus und seiner Generation liegt.

Ich habe ihn immer als warmherzigen und liebenswerten Menschen wahrgenommen. Ich dachte, wir könnten einander vertrauen, dachte, er würde mich verstehen und akzeptieren, dass ich anders bin als er, dass ich wachsen und mich weiterentwickeln möchte und muss.

Neues erleben, mich ausprobieren.

Dass er mich nicht nur lieben würde, wenn ich nach seinen Vorstellungen „funktioniere“.

Alles vorbei.

Alles kaputt.

Ja, es ist sicher schwer, mich zu verstehen, das gebe ich zu. Ja, ich bin anders als die Meisten. Schon allein meine Hochbegabung lässt mich ganz anders denken und reagieren, als es andere Menschen tun. Das habe ich mir nicht ausgesucht.

Ich bin wissbegierig, offen für alles Unbekannte, spontan. Ich mag Herausforderungen, suche meine Grenzen, gebe alles und noch mehr.

Ich brauche aber auch Harmonie, möchte geliebt werden, setze alles daran, dass die Menschen, die ich liebe, glücklich sind. Mein Herz läuft über vor Liebe, meine Liebe reicht nicht nur für einen.

Was ist denn daran so schlimm? Was macht euch Angst? Hat Jesus nicht schon vor über 2000 Jahren Liebe gepredigt und gelebt?

Ich bin so alleine wie nie zuvor.

Das Staatsexamen in Physik bestehe ich. In Mathematik falle ich durch. Kein Wunder, bin ich doch völlig blank in die Mathe-Klausuren gegangen.

Ich gehe mit meinem Mann zur Eheberatung, versuche, zu retten, was noch zu retten ist, ohne Karl zu verlieren.

Ich hoffe, dass Gerhard den Argumenten, der Sichtweise anderer Menschen zugänglicher ist als meinen Worten.

Ist er nicht.

Kurz vor Weihnachten 2016 fahre ich, so wie es mir in der Eheberatung empfohlen wurden, zu Karl. Ohne ihn vorher zu fragen. Ich muss irgendwie zu einer Entscheidung kommen, ihn besser kennenlernen, mich seiner vergewissern. Einmal vier Wochen am Stück mit ihm verbringen, Alltag mit ihm erleben.

Er fühlt sich überrumpelt, übergangen. Mir tut das leid, das wollte ich nicht. Ich hätte ihn vorher fragen müssen.

Nach zwei Wochen möchte er, dass ich nach Hause fahre. Er will allein sein.

Ich bin traurig, verstehe ihn und seine Entscheidung nicht wirklich, muss mich aber damit abfinden.

Ich liebe ihn. Ich spüre, dass er mich liebt, auch wenn er es zum jetzigen Zeitpunkt sich selbst nicht eingestehen will und mir gegenüber schon gar nicht.

Wenn es so sein soll, wird eines Tages unsere Zeit anbrechen. Wir werden nie aufhören, einander zu lieben.

Niemals.

Im Frühjahr 2017 wiederhole ich das Examen in Mathematik. Seit Monaten lerne ich mit Kommilitonen auf Analysis und Algebra. Wir fühlen uns alle ausgezeichnet vorbereitet, richtig fit in beiden Disziplinen. Nach der Analysis-Klausur sagt eine meiner Kommilitoninnen deprimiert:

„Des is doch ned der ihr Ernst, des kann doch ned der ihr Ernst sei …“

Doch, es war ihr Ernst. Keine der typischen Examensaufgaben, so wie sie in den vergangenen 20 Jahren gestellt wurden, kommen in Analysis dieses Mal dran. Nur Aufgaben aus den Grauzonen der Randgebiete. Ich hoffe, dass ich mit Algebra den Schaden ausgleichen kann.

Zehn Jahre lang gelernt und gekämpft.

Examen geschrieben und hoffentlich bestanden.

Mit den Ergebnissen ist erst im Juli zu rechnen.

Zu Hause brennt immer noch die Luft.

Gerhard sagt, er habe mir verziehen, vergessen könne er noch nicht.

13. Zurück zu mir

Ich habe schon immer all meine Entscheidungen selbst getroffen: Schulabbruch, Heirat, Arbeit in der Landwirtschaft, Betriebsaufgabe, Abitur und Studium. Aber trotzdem hatte ich mein Leben lang meist das Gefühl, immer nur reagieren, selten agieren zu können. Ich bin gefühlt von einer schwierigen Situation in die andere geraten. Mal mehr oder weniger von anderen geschubst, mal selbst hineingesprungen, ohne lange nachzudenken.

Bevor ich im Herbst anfange, als Referendarin zu unterrichten, will ich endlich einmal Zeit für mich ganz allein haben. Zu mir kommen, über vieles nachdenken, was mir bisher im Leben begegnet ist. Pause machen, Luft holen. Ich habe Zeit von Ende März bis Mitte September.

Ich werde den Jakobsweg gehen. Ganz allein. Ich habe das Gefühl, Gerhard versteht nicht, warum ich das tun möchte. Aber er spürt, dass es mir ernst ist, dass mich nichts und niemand davon abhalten wird.

Ich sage ihm, dass ich mich einmal in der Woche per SMS melden und Bescheid geben werde, wo ich gerade bin und wie es mir geht.

Ich buche den Flug nach San Sebastián für den 14. Mai. In den verbleibenden sechs Wochen bis zum Start informiere ich mich über den Jakobsweg und treffe meine Vorbereitungen. Ich stelle fest, es gibt nicht DEN Jakobsweg, sondern ganz viele.

Ich werde den Camino del Norte gehen, den Küstenweg. Der ist nicht so überlaufen wie der Camino Frances, und vom Gelände her anspruchsvoller.

Ich sehne mich nach Ruhe und Natur, will nicht ständig unter Menschen sein, möchte mich auf mich besinnen, mein Leben überdenken.

Ich kaufe Pilgerausweis, Schlafsack, Regenponcho, Wanderhose und Wandersandalen. Eben alles, was notwendig ist für die Pilgerreise. Gute Wanderschuhe habe ich bereits.

Ich rauche nicht mehr, trinke keinen Alkohol und mache wieder Sport.

Vor etlichen Jahren habe ich mir einen Spanisch-Selbstlernkurs gekauft, aber nie die Zeit gefunden, mich damit zu beschäftigen. Jetzt habe ich einen guten Grund, das endlich in Angriff zu nehmen. Vier Wochen lang lerne ich Spanisch.

Vor der Abreise noch ein Besuch beim Arzt. Ich war im Januar bei Blitzeis ausgerutscht und mit dem rechten Ellbogen auf die Straße geknallt. Das hat zu einer recht schmerzhaften Schleimbeutelentzündung geführt. Seitdem sammelt sich immer wieder Sekret im Ellbogen an zu einem dicken Ei. Ich lasse das lieber nochmal punktieren, damit ich in Spanien Ruhe habe.

Dann geht es los.

Nachts um drei nimmt mich unser Nachbar mit nach Frankfurt, er arbeitet dort am Flughafen. Gegen acht Uhr startet mein Flug. Der Rucksack wiegt zwölf Kilo, eigentlich viel zu schwer, aber ich weiß beim besten Willen nicht, auf was ich noch hätte verzichten sollen.

Ja gut, die Mundharmonika ist Luxus, sie wiegt immerhin 250 Gramm, aber ich kann mich nicht dazu durchringen, sie zu Hause zu lassen.

In der Sicherheitskontrolle am Flughafen muss ich sogar die Schuhe ausziehen. Mein Rucksack wird geröntgt, der Fleischhaken, mit dem ich in Spanien in der Dusche meine Tüte mit Wasch- und Wertsachen aufhängen wollte, wird mir abgenommen und entsorgt. Zu spitz, zu gefährlich. Die Teleskopwanderstöcke, die ich zum Transport in drei Teile zerlegt und in den Rucksack gesteckt habe, sind kein Problem. Ich darf den Rucksack als Handgepäck mitnehmen.

Bei der Zwischenlandung in Madrid habe ich Hunger und verlasse die Sicherheitszone, um etwas zu essen, immerhin habe ich hier fast fünf Stunden Aufenthalt bis zum Weiterflug. Nach dem Essen muss ich dann erneut durch die Sicherheitskontrolle. Hier dürfen die Wanderstöcke nicht ins Handgepäck. Schneller als ich schauen kann, zieht sie ein Sicherheitsbeamter aus dem Rucksack und steckt sie in die Abfalltonne.

Ich protestiere, versuche, ihm auf Spanisch klarzumachen, dass ich sie auf dem Camino brauche. Nach langem Hin und Her holt er die Stöcke wieder aus der Tonne.

Jetzt muss ich den Rucksack mitsamt Stöcken als Gepäck aufgeben. Halleluja!!!

Ich bin wütend, RICHTIG WÜTEND! Vier Stunden lang.

Kurz vor dem Abflug beruhige ich mich langsam wieder.

Was ist bloß falsch mit mir? Wie kann man sich nur so aufregen? Bin ich nicht aufgebrochen, um Ruhe zu finden, mich zu besinnen? Dazu ist jetzt wohl höchste Zeit.

Der Flughafen von San Sebastián liegt in der Nähe der Grenze zwischen Frankreich und Spanien und ist sehr klein und überschaubar. Ein einziges Gepäckband dreht sich langsam im Kreis. Ich bin heilfroh, als ich meinen Rucksack auf dem Band entdecke, man hört ja immer wieder von verloren gegangenem Gepäck.

Ich marschiere los. Nach wenigen Kilometern entdecke ich in der Altstadt von Jaizubia das erste Jakobsweg-Zeichen: Eine Jakobsmuschel und ein Pfeil sind in gelber Farbe auf der Holztafel abgebildet.

Nach acht Kilometern erreiche ich gegen 20 Uhr die erste Herberge, eine alte, schön renovierte Mühle mitten im Wald. Rechtzeitig zum Abendessen.

Gemeinsam mit den anderen Pilgern esse ich. Zwei Deutsche, eine Australierin und ein Kanadier.

Wir unterhalten uns auf Englisch.

Am nächsten Morgen geht es nach San Sebastián. Ich wähle die kürzere, steile Route über den Berggrat. Die Landschaft ist wunderschön, aber es ist anstrengend. Der Tag ist heiß, der Rucksack drückt gewaltig auf die Schultern.

Nach 25 Kilometern komme ich am Abend in der Herberge an. Fix und fertig. Nur noch essen und schlafen! Das war ein harter Tag. Ich muss erst meinen Rhythmus finden. Hier auf dem Norte läuft man wirklich fast den ganzen Tag, ohne vielen Menschen zu begegnen. So, wie ich es erhofft hatte: Laufen, atmen, denken, schauen, rasten, essen, schlafen. Nur die einfachen Dinge zählen. Morgens muss ich nicht überlegen, was ich anziehe. Eine Garnitur trage ich am Leib, die andere ist im Rucksack.

Jeden Abend nach der Ankunft in der Herberge dasselbe Ritual: Personalausweis vorlegen, Pilgerausweis stempeln lassen, duschen, frische Kleidung anziehen, verschwitzte

Kleidung waschen und zum Trocknen aufhängen. Die anderen Pilger kennenlernen, reden, essen, schlafen gehen.

Jeder hier hat seinen eigenen Grund, diesen Weg zu gehen. Jeder trägt sein Päckchen mit sich. Lebensgeschichten werden ausgetauscht. Unkompliziert und unbefangen. Man weiß genau, dass man dem Anderen vielleicht in den nächsten Tagen oder Wochen noch das ein oder andre Mal begegnen wird, danach wahrscheinlich nie wieder.

Vor der Abreise hatte ich Bedenken, dass mich die Begegnung mit vielen Pilgern überfordern würde, wollte nur allein sein. Schnell spüre ich jedoch, dass gerade diese Begegnungen wichtig und heilsam sind. Für alle.

In Orio treffe ich Martin, einen kanadischen Priester, um die 40. Er hat sich auf den Weg gemacht, weil ihm plötzlich Zweifel an seiner Berufung kamen. Er spürt, dass er sich im Laufe der Jahre immer weiter von seinem Glauben entfernt hat, und will herausfinden, ob er wirklich sein Leben lang Priester bleiben kann. Er sagt, er suche nach Hinweisen, nach Zeichen, die ihm die Richtung weisen.

Mir schmerzen nachts die Beine. Ob das vom Laufen kommt? Irgendwie fühlt es sich anders an.

In Zumaia übernachte ich in einem ehemaligen Kloster. Jetzt ist es eine Herberge. Hier treffe ich eine junge Frau namens Aisté, eine 19-jährige Litauerin. Sehr groß, sehr schlank, sehr hübsch. Ich sage ihr, dass sie klasse aussieht. Sie sagt: „Most Lithuanians are very beautiful. And very sad."[32] Ihr Rucksack wiegt über 20 Kilo. Drei Kilo Reis, Gaskocher, … WARUM? „That's me."[33]

An ihrem ersten Tag hat sie eine Gruppe sympathischer gut trainierter Pilger getroffen und wollte mit ihnen mithalten. Zu schnell, zu weit. In neuen Wandersandalen, die vorn geschlossen sind, und billigen Socken mit groben Nähten. Jetzt hat sie schlimme Blasen an den Füßen, sogar Blutblasen. Sie macht sich nichts weiter daraus, meint, das geht schon wieder weg.

Am nächsten Morgen regnet es. Unterwegs wird es immer schlimmer, jetzt kommt auch noch starker Wind von der Seite. Ich trage Regenjacke, Gamaschen und Poncho und komme im Regen nur langsam vorwärts.

Nach 17,5 Kilometern erreiche ich am späten Nachmittag völlig durchnässt die Herberge von Arnope. Hier gibt es ein Kaminfeuer! Welch ein Glück!

Ich dusche mich, stopfe meine Wanderschuhe mit Zeitungspapier aus und stelle sie dicht ans Feuer.

Ein Spanier fragt mich, ob ich die Einlegsohlen denn auch herausgenommen hätte. Habe ich nicht. Soll ich aber. Ich soll sie in die Wäscheschleuder geben, sonst werden die Schuhe niemals bis zum nächsten Tag trocken.

Da kommt wirklich viel Wasser raus. Der Spanier kennt sich aus. Ist ja auch nicht sein erster Pilgerweg.

Er meint, wir sollten einer möglichen Erkältung vorbeugen, und schlägt vor, an der Bar etwas Hochprozentiges zu trinken.

Er trinkt Orujo, spanischen Kräuterschnaps, ich Whisky.

---

32 „Die meisten Litauer sind sehr schön. Und sehr traurig."

33 „So bin ich eben."

Der Hospitalero schenkt mir ein großes Glas halbvoll und weigert sich, Geld zu nehmen.

Ich protestiere, aber er meint: „Bebe! Estas rendida y hace frio!“[34]

Na, dann Prost! Krank werde ich jedenfalls nicht.

Die Schuhe sind am nächsten Morgen noch feucht und müssen während des Laufens trocknen. Immerhin scheint die Sonne wieder. Das ist gut.

Bis zu dem kleinen Zisterzienserkloster in Zenaruzza, wo ich übernachten möchte, sind es etwa 27 Kilometer. Den ganzen Tag bergauf und bergab, über 1000 Höhenmeter. Mir fällt das unterwegs gar nicht auf. Die Landschaft ist so herrlich und ich bin ganz in Gedanken.

Atmen, gehen, denken, schauen …

Als ich durch Markina laufe, sitzt dort Aisté vor einer Bar und winkt mir zu. Trotz Blasen und schweren Gepäcks ist sie schneller unterwegs als ich.

Wir trinken einen Café con leche[35] und nehmen dann die letzten acht Kilometer in Angriff, gemeinsam mit Jochen aus Mönchengladbach und Richard aus der Nähe von Paris.

Schon als sie aufsteht, bemerke ich, dass Aisté eiert. Humpeln kann man das nicht nennen, denn sie kann mit keinem ihrer Füße mehr richtig auftreten. Unterwegs werden ihre Schmerzen immer schlimmer. Etwa zwei Kilometer vor dem Kloster bleibt sie stehen.

„I can’t stand it anymore. Now where is that fucking monastery?“[36] Jochen brummt: „Wash out your mouth with soap, girl.”[37]

---

[34] „Trink! Du bist fix und fertig und es ist kalt.“

[35] Milchkaffee

Das Kloster ist ein guter Ort, ein Kraftort. Sieben hochbetagte Mönche leben hier und beherbergen die Pilger gegen eine Spende. Sie betreiben auch einen Klosterladen, in dem man Lebensmittel, selbst gebrautes Bier, Kerzen, Kreuze, Schmuck und allerlei Kunsthandwerk kaufen kann.

Ich kaufe einen Laib Ziegenkäse.

Am Abend um 20 Uhr findet die Messe in der kleinen Klosterkirche statt. Danach gibt es für uns Pilger eine Nudelsuppe. Nach dem Essen kümmern wir uns um Aisté. Wir sind uns alle einig, dass sie unbedingt pausieren muss. Das will sie aber auf gar keinen Fall. Sie will weiterlaufen.

Ein alter Spanier, so um die 75, verarztet sie. Er kennt sich mit so etwas aus, war schon oft auf Pilgerschaft und hatte schon selbst genügend Blasen an den Füßen.

Er desinfiziert eine Nähnadel mit dem Feuerzeug und sticht mit der Nadel die Blasen auf. Er tränkt Baumwollgarn mit Desinfektionsmittel und zieht durch jede Blase einen Faden, so dass rechts und links noch lange Enden überstehen.

Aisté soll in den nächsten Tagen regelmäßig die Fäden an den Enden nehmen und vorsichtig hin und her ziehen, damit die Blasenflüssigkeit weiterhin ablaufen kann.

Er sagt ihr, dass sie eigentlich zum Arzt gehen müsse, zumindest aber zwei bis drei Tage nicht weiterlaufen dürfe, sonst sei ihre Pilgerreise vielleicht ganz schnell beendet.

Sie weint und zetert.

Richard schenkt ihr ein Paar gute Wandersocken, er hat drei Paar dabei und meint, zwei Paar reichen ihm auch.

---

[36] „Ich kann nicht mehr. Wo ist denn jetzt das verfluchte Kloster?"

[37] „Wasch deinen Mund mit Seife aus, Mädchen."

Von Jochen bekommt sie eine Tube antibiotische Salbe. Er hat nie Probleme mit den Füßen, braucht die Salbe eigentlich nicht.

Ich biete an, mit ihr ein paar Tage im Kloster zu bleiben: „Listen girl, I've got plenty of time. I will stay here with you the next two or three days but you DON'T MOVE!"[38]

Sie gibt sich geschlagen.

Am nächsten Morgen brechen die anderen auf.

Ich frage die Mönche, ob wir noch bleiben dürfen.

Sie sind nicht begeistert, sagen, man könne sich nicht um uns kümmern, im Nachbarort müsse die Messe gelesen werden, die Unterkünfte müssten bis zum Abend wieder geputzt werden usw.

Aisté zeigt ihre Füße vor.

Ich sage: „Yo voy a limpiar las habitaciones."[39]

Wir dürfen bleiben.

Am Nachmittag will einer der Mönche die Unterkünfte und Bäder putzen. Ich erkläre ihm, dass ich das schon erledigt habe.

Er fragt: „El baño tambien?"[40]

„Claro que si!"[41]

Er strahlt mich an und sagt, wir können bleiben, solange wir möchten.

Wir bleiben zwei Tage. Ich putze, sie kocht uns Tee, wir reden viel. Sie hat im Frühjahr Abitur gemacht. Ihr Freund

---

[38] „Hör zu Mädchen, ich hab genug Zeit. Ich bleibe die nächsten zwei oder drei Tage hier bei dir, aber du rührst dich nicht vom Fleck!"

[39] „Ich werde die Unterkünfte putzen."

[40] „Das Bad auch?"

[41] „Aber sicher!"

hat sich das Leben genommen. Sie möchte weg von den Drogen. Ihre Mutter macht sich große Sorgen um sie, sie möchte ihr zeigen, dass alles gut wird.

Jeden Abend kommt eine neue Pilgergruppe. Wir gehören hier inzwischen zum Inventar.

Als wir am dritten Tag nach Gernika aufbrechen wollen, verbinde ich gemeinsam mit Julia, einer Krankenschwester, Aistés Füße mit Watte und Baumwolltuch. So passt sie aber nicht in ihre Schuhe. Meine Wandersandalen sind recht breit und vorne offen. Wir haben dieselbe Schuhgröße. Jede trägt jetzt die Sandalen der anderen. Drei Tage lang.

An unseren ersten Lauf-Tag nehmen wir uns nur 17 Kilometer vor, von Zenaruzza nach Gernika. Wir gehen langsam und machen häufig Pause.

Kurz vor Gernika kommen wir durch den kleinen Weiler Uarka. An der Kirche feiert das ganze Dorf Fiesta und lädt uns ein. Wein, Tapas, Musik und jede Menge Geschichten aus früherer Zeit. Aisté sitzt im Schatten und ruht sich aus. Sie versteht ein bisschen Spanisch, spricht es aber nicht.

Juan Thomas, ein 70-jähriger ehemaliger Polizist, erklärt mir die hiesigen Sitten und Gebräuche, die Geschichte des Ortes und seiner Einwohner. Er bringt mir auch ein wenig Baskisch bei.

Die wichtigsten Wörter:

Eskerik Asko	Danke
Egun On	Guten Tag
Agur	Auf Wiedersehen.

Solange wir durch das Baskenland laufen, benutze ich sie andauernd und werde überall mit offenen Armen empfangen.

In Gernika angekommen, kümmere ich mich um unser Nachtlager. Aisté bleibt unterdessen in einer Bar und trinkt Kaffee. Sie mag nicht mehr laufen, ich soll sie abholen, wenn ich weiß, wo wir unterkommen.

Die Jugendherberge ist schauderhaft. Ich bin so schnell wieder draußen, wie ich hinein gegangen war. Groß, schmuddelig, ungemütlich.

Ich frage mich durch zur privaten Unterkunft „Cervezería Gernika". Der Wirt des Restaurants, der auch die Pension betreibt, besteht darauf, dass ich mich erst einmal hinsetze und etwas esse und trinke. Auf Kosten des Hauses.

Er füttert mich mit Weißbrot, *Jamón Serrano*[42], *Chorizo*[43] und *queso Manchego*[44], gibt mir *Sidra*[45] zu trinken.

Ja, es ist noch ein Zimmer mit Doppelbett in der Pension frei. Das Letzte. Im Guide steht, man muss in dieser Pension mit 20 Euro pro Nacht rechnen. Wir bekommen das Zimmer für 15 Euro. Das wundert mich.

---

[42] Serrano-Schinken

[43] Spanische Salami

[44] Käse aus Manchego

[45] Apfelwein

Ich hole Aisté ab, wir duschen und setzen uns an einen der Tische vor der Cervezería. Am Nebentisch sitzt der Wirt mit einigen anderen Spaniern. Sie möchten uns etwas zu trinken spendieren. Wirklich sehr nett, wir nehmen auch an, möchten sie auf keinen Fall beleidigen, aber irgendwie habe ich dieses Mal ein komisches Gefühl.

Wir essen, trinken und unterhalten uns.

Im Laufe des Abends rückt der Wirt mir immer näher auf die Pelle. Ich sage ihm, dass ich das nicht möchte.

Auch in Gernika ist heute Fiesta, er will mit mir in die Disko gehen.

Ich lehne ab, sage, dass ich weit gelaufen und müde bin.

Er reicht mir ein Päckchen. Irgendetwas in Stanniol gewickelt. Ich will das nicht, greife dann aber doch selbst zu, bevor er noch versucht, mir das Päckchen persönlich in die Kleidung zu schieben.

Jetzt wird es aber allerhöchste Zeit für den Rückzug. Wir verabschieden uns eilig und gehen zurück zur Pension.

Kurz nachdem wir uns hingelegt und das Licht gelöscht haben, klopft es an der Zimmertür.

Wir halten beide den Atem an und reagieren nicht.

Plötzlich wird von außen der Schlüssel ins Türschloss geschoben, man kann es deutlich hören.

Aisté hat das Bett an der Tür. Sie setzt sich auf die Bettkannte und stellt von innen die Füße gegen die Tür.

Der Schlüssel dreht sich im Schloss, aber die Tür lässt sich nicht öffnen. Aisté macht das prima! Der Schlüssel wird wieder abgezogen, wir hören, wie sich die Schritte entfernen.

Fünf Minuten später das gleiche Spiel. Aisté wird böse. Sie faucht: „Now I'll teach this bastard"[46], steht auf und öffnet die Tür einen Spalt. Es wird nicht laut und es dauert nicht lange. Sie sagt, er habe nach mir gefragt und sich traurig und leise getrollt, als sie ihm sagte, ich würde schon schlafen. Ich bin froh, dass jetzt Ruhe ist, und drehe mich auf die andere Seite.

„Well, I'm so curious about the content of that small package."[47]

Stimmt, das hatte ich ganz vergessen.

Wir machen das Licht wieder an und sehen nach.

„WOW! WEED! I think it's worth 50 Euro."[48]

Wenn sie meint. Sie kennt sich damit besser aus als ich, ich hab das letzte Mal mit 17 gekifft. Sie kann den Stoff haben. Hat sich eh schon wieder was besorgt.

Wir gehen nach Bilbao. Ich nehme mir vor, dort einen Tag zu bleiben und das Guggenheim-Museum zu besichtigen.

Bilbao ist groß. Schon als wir die Stadt betreten, ist mir klar, dass ich hier nicht bleiben kann, hier ist mir alles zu viel, zu groß und zu laut, ich muss morgen weiter.

Wir schlafen in einer ehemaligen Turnhalle. Dort treffen wir Lena aus Salzburg wieder. Das letzte Mal haben wir sie in Zumaia gesehen. Aisté erzählt ihr die Geschichte von Gernika und dem Gras.

„Ja BIST DU DEPPERT?!" Ihr Standardspruch. Ich mag ihren österreichischen Akzent.

Wir probieren den Stoff gemeinsam. Nicht schlecht.

---

[46] „Jetzt werde ich diesen Bastard lehren!"

[47] „Ich bin ja so gespannt, was in dem kleinen Päckchen ist."

[48] „Wow, Gras! Das ist bestimmt 50 Euro wert."

Von Bilbao aus geht es nach Pobeña. Der kleine Ort liegt direkt am Meer. Der Strand ist wunderschön. Hier legen wir noch einmal einen Ruhetag ein. Das Salzwasser tut den geschundenen Füßen gut. Auch ich habe einige Blasen, seit ich in Aistés Sandalen laufe, ist aber nicht weiter tragisch. Aistés Füße sind schon recht gut geheilt. Am nächsten Tag tauschen wir die Sandalen wieder.

Es ist das letzte Mal, dass ich sie sehe.

Auf dem Weg nach El Pontarrón treffe ich Hans, einen deutschen Offizier im Ruhestand, 72 Jahre alt. Weiß und kann alles besser, ist mit nichts zufrieden. Er klebt wie eine Klette an mir, textet mich stundenlang voll.

Ich möchte meine Ruhe haben, meinen eigenen Gedanken lauschen. Ich setze mich auf einen großen Stein am Wegesrand, sage, dass ich eine Pause brauche und hoffe, dass er weitergeht. Ich hole eine Orange aus dem Rucksack und schäle sie.

Ja, Obst hat er auch nicht mehr, muss er wieder einkaufen. Er fragt: „Wo hast du denn die Orange her?"

„Vom Baum."

„Igitt, das Zeug, das hier an den Bäumen wächst, kann man doch nicht essen. Hab ich auch mal probiert. Gallebitter!"

„Wo war das?"

„Keine Ahnung, wie das Kaff hieß. Jedenfalls war da so ein Orangenbaum. Da hab ich geschaut, ob es auch keiner sieht, und hab mir so ein Ding abgerissen."

„Ohne zu fragen?"

„Ja sicher".

Alles klar.

Endlich zieht er weiter. Ich denke noch über die Orangen nach. Schon ein paar Mal bin ich an schönen Bäumen vorbeigekommen, hab geschaut, ob ich jemanden finde, den ich um etwas Obst bitten kann. Die Leute sind jedes Mal so nett zu mir. Es kostet mich immer viel Mühe, ihnen klarzumachen, dass ich wirklich nur EINE Orange möchte, keine Plastiktüte voll. Das kann ich doch gar nicht tragen.

Meine Orangen sind immer süß und saftig.

Frisch gestärkt setze ich mich wieder in Bewegung, insgesamt sind es heute 30 Kilometer und es ist heiß.

Am Abend tun mir die Füße weh, ich habe neue Blasen von der Hitze. Nach dem Essen setze ich mich noch vor die Herberge und spiele Mundharmonika, das tut gut.

Auf dem Weg nach Laredo regnet es. Ich laufe über eine steile Betonpiste und sehe nur vor die Füße, um auf dem glitschigen Beton nicht auszurutschen.

Plötzlich mündet die Piste in einen Erdweg, dieser kurz darauf in einen Trampelpfad. Dann stehe ich mitten im Nichts. Na ja, nicht ganz. Es ist eine Wiese mit Bäumen und einem alten Schuppen, aber kein Weg, der weiterführt. Orangen- und Zitronenbäume! Hier ist nun wirklich niemand, den ich fragen könnte. Trotzdem pflücke ich mir eine Orange und eine Zitrone. Die Zitronen hier sind lecker, ganz anders, als man sie von Deutschland kennt, fast schon süß. Sie helfen super gegen Durst.

Ich kehre um. Auf der Betonpiste sehe ich dann, wo ich versäumt hatte, abzubiegen. Der gelbe Pfeil ist an einem Baum in Augenhöhe angebracht. Nicht zu bemerken, wenn man vor die Füße sieht.

Es war ein schöner kleiner Umweg. Ich hatte kein Obst mehr. Der Weg gibt jedem, was er braucht.

In Laredo schlafe ich in der Franziskanerherberge „El buen pastor". Die meisten Pilger sind in der großen öffentlichen Herberge. Daran muss ich wohl vorbeigelaufen sein. Macht nichts. Ich habe ein wunderschönes Vierbettzimmer ganz für mich allein. Sogar mit eigenem Bad. Es gibt richtige Betten mit Bettdecke und Kopfkissen. Luxus pur! Heute Nacht brauche ich meinen Schlafsack nicht.

Vor dem Fenster ist sogar ein kleiner Balkon, da kann ich meine Wäsche aufhängen.

In der Nacht ist es ziemlich laut in der Straße. Bis morgens um sechs. Aber es ist guter Lärm, nicht aggressiv, sondern fröhlich und ausgelassen. Die Spanier scheinen wirklich erst am späten Abend so richtig aufzuleben.

Am nächsten Morgen führt der Camino am Strand entlang. Fünf Kilometer Sandstrand bis zum Bootsanleger nach Santoña. Ich wate barfuß durch die Wellen. Das tut gut.

Von Santoña aus nehme ich einen Umweg über das Massiv de Burciero. Dort gibt es einen alten Leuchtturm, el Faro, den möchte ich sehen.

Im Massiv geht es über hohe Felsstufen hinunter zum Faro. Es ist so steil, dass neben den Stufen im Felsen Halteseile aus Draht verankert sind. An manchen Stellen ist die

Treppe so schmal, dass zwei Personen nicht aneinander vorbeikommen. 677 Stufen geht es hinunter.

Am Leuchtturm mache ich Picknick. Seit ich das erste Mal im Klosterladen in Zenaruzza ein Stück Ziegenkäse kaufte, habe ich meist ein Stückchen Brot und Käse dabei, Tomate, Karotte und Orange.

Ich schreibe eine SMS nach Hause und fotografiere mit dem Handy die einmalige Aussicht auf den Atlantik.

So, und jetzt die 677 Stufen wieder hinauf …

Als ich schon etwa 200 Stufen geschafft habe, fällt mir ein, dass ich vom Leuchtturm gar kein Foto gemacht habe, wie schade. Noch einmal hinunter? NEIN!

Oben angekommen treffe ich zwei Spanierinnen aus Asturien, ungefähr in meinem Alter. Sie verbringen hier in Kantabrien ein paar Urlaubstage. Beide sprechen nur Spanisch.

Ich rede mit Händen und Füßen, zeige auf Dinge, deren Namen ich im Spanischen nicht kenne, umschreibe, was ich sagen möchte, wenn mir das Vokabular fehlt.

Wir laufen gemeinsam in Richtung Santoña zurück und unterhalten uns die ganze Zeit über auf Spanisch. Die eine der beiden, Susana, lädt mich zu sich nach Hause ein.

Irgendwann auf dem Weg nach Santiago komme ich durch Asturien, dann soll ich sie anrufen, damit sie mich für ein bis zwei Tage abholen kann. Wir wollen zusammen kochen, ich soll mich bei ihr ein bisschen erholen. Das klingt gut. Wir tauschen Telefonnummern aus.

Das ist sonst eher nicht meine Art.

Kurz vor Santoña trennen sich unsere Wege. Sie kehren zurück in die Stadt, wo sie ein Zimmer gemietet haben, ich laufe weiter nach Noja.

Ich beschließe, einen Ruhetag einzulegen. Ich habe Muskelkater in den Beinen. Die 1354 Treppenstufen hatten es doch in sich.

Es ist bedeckt, aber es regnet nicht. Ich gehe ans Meer, setze mich auf einen Felsbrocken am Strand, spiele Mundharmonika und lasse meine Seele baumeln.

Ich denke an Gerhard, an Karl, an die Kinder. An viele Dinge, die ich bisher erlebt habe, an das, was noch kommen wird. Wer weiß schon, was noch alles geschieht? Ich will es jetzt auch gar nicht wissen. Langsam komme ich zur Ruhe. Die Menschen hier sind so aufgeschlossen und freundlich. Das tut mir gut. Dieser Weg ist mein Weg. Ein guter Weg. Alles wird gut.

Ich gehe weiter nach Güemes. Das Wetter ist gut, der Weg nicht weit, nur 16 Kilometer.

Unterwegs treffe ich Tom aus München. Gemeinsam legen wir die restliche Strecke bis zur Herberge zurück.

Laut Pilgerführer ist die Herberge „El abuelo peuto“[49] von Ernesto eine der Kultherbergen auf dem Küstenweg. Es ist auch wirklich schön hier.

Ernesto hat im Alter von zwölf Jahren die Schafe und Ziegen seiner Großeltern gehütet, später Theologie und Philosophie studiert und in Südamerika soziale Projekte

[49] „Der gute Großvater“

betreut. Inzwischen ist er der Seelsorger in Güemes. Die Herberge ist ebenfalls ein soziales Projekt und arbeitet eng mit dem Gefängnis von Santoña zusammen.

Vor dem Abendessen hören wir einen Vortrag über Ernestos Leben und seine Projekte sowie die Philosophie dieser Herberge, die Platz für 70 Pilger bietet. An diesem Abend sind wir etwa 40 Pilger aus aller Herren Länder.

Nach dem Essen plaudert Ernesto mit den Pilgern. Er ist inzwischen auch schon über 70 Jahre alt, aber das sieht und merkt man ihm nicht an.

Als ich ihm erzähle, dass ich früher Schäferin war, ruft er eilig einen Mitarbeiter herbei, der ein Foto von uns beiden machen soll. Eine Schäferin war noch nie in seiner Herberge zu Gast, das muss in die Chronik.

Wenn ich jetzt noch Schäferin wäre, wäre ich sicher auch nicht hier, sondern bei meiner Herde ...

Ernesto erkundigt sich, ob ich den Weg bis Santiago gehen werde. Ich sage ihm, dass ich auf jeden Fall bis dorthin gehen werde, aber die Absicht habe, in der Nähe der Stadt Oviedo auf den Camino Primitivo zu wechseln. Der führt direkt durch das Hochgebirge, ist anstrengender und es soll dort noch weniger Pilger geben als hier.

Er nickt und meint, das sei ein guter Plan. Wenn ich ohne Probleme durch das Baskenland bis Bilbao gekommen sei, sei der Primitivo für mich auch kein Problem.

Er holt Papier und Stift und beginnt zu schreiben.

Was schreibt er denn da?

Ernesto schreibt mir Adressen von Herbergen auf, die er empfehlen kann, und von denen einige nicht im Pilgerführer verzeichnet sind. Er gibt mir Grüße und Empfehlungen für die Hospitaleros mit.

Von hier aus geht es wieder mal von Hand zu Hand. Ich werde mit guten Wünschen von Hospitalero zu Hospitalero weitergereicht. Überall, wo ich am Abend anklopfe, werde ich herzlich empfangen, mir scheint, noch herzlicher als bisher. Ein bisschen wie damals im Schlachthof.

Von Ernesto aus laufe ich nach Bezana, 25 Kilometer. Hier ist die Herberge von Nieves. Sie liegt direkt an der Hauptstraße und sieht von außen sehr unscheinbar aus.

Der Schein trügt. Nieves hat das Haus mit ihrem Mann liebevoll renoviert und eingerichtet. Hinter dem Haus ist ein kleiner wildromantischer Garten.

Als ich in den Garten komme, traue ich meinen Augen kaum: Da sitzt der junge Kanadier, den ich in der ersten Herberge am 14. Mai und danach nie wieder getroffen habe. Er hat mir damals erzählt, er sei Sporttrainer, und genauso sieht er auch aus.

Ich war mir ganz sicher, dass er sehr schnell unterwegs ist und lange vor mir Santiago erreicht.

Zwei Wochen zuvor hat er sich eine Sehne gezerrt und die Sache bei Nieves auskuriert.

Es ist schön, ihn so unverhofft wiederzusehen.

Nieves ist eine tolle Frau. Sie ist so um die 40. Wunderschön, intelligent, einfühlsam, humorvoll. Sie spricht vier Sprachen und ihre Tortilla ist nicht zu überbieten.

An diesem Abend sind wir elf Leute. Vor dem Abendessen sammelt Nieves all unsere Handys ein. Sie sagt, wer sein Handy nicht abgibt, bekommt nichts zu essen.

Dann legt sie los: Für jeden Pilger macht sie mit seinem Handy zwei Fotos von der ganzen Truppe.

Nach dem Abendessen erklärt sie uns auf der Landkarte, welche Route man am nächsten Tag nehmen kann. Die offizielle Route ist etwa 30 Kilometer lang. Die Abkürzung nur 23 Kilometer.

Einen Haken hat die Sache: Die Abkürzung führt über eine stark befahrene schmale Eisenbahnbrücke. So schmal, dass man sich, falls ein Zug kommt, mit der Brust gegen das Geländer pressen muss, um nicht mitsamt Rucksack mitgerissen zu werden. Deswegen ist das Betreten der Brücke verboten. In Spanien nimmt man es mit Verboten nicht so genau. Nieves meint, bestraft worden sei ihres Wissens nach noch niemand, der die Brücke überquerte.

Am nächsten Morgen frühstücken wir gemeinsam, dann geht es weiter nach Queveda. Acht der elf Pilger nehmen den langen Weg.

Tatsächlich kommt dann auf der Abkürzung auch ein Zug nach dem andern. Alles gut. Nichts passiert. Außer, dass ich vergesse, die Brücke zu fotografieren. Schade.

In Quevada ist es schön. Ich bin schon gegen 16 Uhr dort und möchte später noch in die Kleinstadt Santillana del Mar laufen.

Ich brauche Fenistil gegen die Mückenstiche, die ich mir am Faro eingefangen habe, und etwas gegen Lippenherpes. Außerdem würde ich gern mal wieder in ein Restaurant gehen. Es ist nicht weit, etwa vier Kilometer. Als Erstes packe ich mal meine Essensreste in den Kühlschrank.

Die Hospitalera ist klasse. Sie ist der Ansicht, dass ich heute schon weit genug gelaufen sei und bietet mir an, mich mitzunehmen. Sie muss sowieso ihre Tochter mit dem Auto in die Kleinstadt bringen. Auf dem Rückweg kann ich den Bus nehmen.

Also dusche ich rasch, und es kann losgehen.

Bevor wir starten, kommt Felix, ein spanischer Radpilger, an, um den sie sich noch schnell kümmert.

In Santillana suche ich zuerst die Apotheke auf. Dann komme ich an einem kleinen Laden vorbei, der allerlei schöne handgefertigte Dinge aus Leder anbietet.

Das kommt mir gerade recht. Ich kaufe mir eine Bauchtasche, denn es ist umständlich, jedes Mal den Rucksack abzusetzen, um an Handy, Brille etc. zu kommen.

Tabak brauche ich noch. Den gibt's gleich nebenan.

Jetzt habe ich aber Hunger. Ich studiere die Speisekarte, die vor einem Restaurant im Glaskasten aushängt.

Leckere Dinge. Nicht ganz billig. Erst einmal einen Blick ins Portemonnaie werfen.

Du lieber Himmel! Ich habe nach dem Duschen nicht daran gedacht, Geld aus meiner eisernen Reserve aufzufüllen. Bin mit nicht einmal 30 Euro losgezogen und habe munter eingekauft. Jetzt sind es 1,80 Euro. Und nun?

Ich frage nach, was der Bus kostet. Im Notfall muss ich laufen, nicht schlimm.

40 Cent, das lasse ich mir gefallen. In der Herberge ist noch ein großes Stück Weißbrot und ein ordentliches Stück Ziegenkäse im Kühlschrank. Fehlt nur Tomate und Wein.

Ich kaufe eine Flasche Rotwein für 99 Cent, eine riesige Tomate für 20 Cent und nehme den Bus. Noch 21 Cent übrig. Glück gehabt!

In der Herberge frage ich die Hospitalera, wo denn Felix sei. Sie sagt, in der Nähe gebe es einen Campingplatz mit Schwimmbecken und Laden. Er wollte dort schwimmen gehen und etwas einkaufen.

Kurz darauf erscheint Felix in der Tür: Verschwitzt, verärgert, hungrig. Der Campingplatz hatte geschlossen.

Ich sage, er solle sich duschen, ich werde inzwischen den Tisch decken.

Als er sauber und erfrischt zurück in die Küche kommt, ist alles bereit.

Er schaut mich verlegen an und sagt: „Pero no puedo comer tu cena."

„Puedes! Esta bastante para dos. Mi cena es tu cena."[50]

Es reicht gut für uns beide. Er strahlt mich an und sagt, das werde er mir niemals vergessen.

Wie sich alles wieder fügt. Mit Felix mein Essen zu teilen war besser als es der schönste Restaurantbesuch je hätte sein können. Das Leben ist wunderbar.

An diesem Abend trage ich in meinem Tagebuch ein:

31. Mai

...Der Camino scheint alles zu heilen. Wenn auch die Knöchel geschwollen sind, die Füße jeden Nachmittag

---

[50] „Aber ich kann dir doch dein Essen nicht wegfuttern." „Du kannst! Das ist genug für zwei. Mein Essen ist dein Essen."

schmerzen und die letzten fünf Kilometer vor der Albergue immer die härtesten sind, ich fühle mich so gut wie selten. Jeder Tag bringt neue schöne Begegnungen und Erfahrungen. Die Entscheidung, diesen Weg zu gehen, war eine der besten in meinem Leben. Ich fühle, wie ich allmählich zu mir finde. Kann nicht einmal behaupten, zu mir zurück zu finden, denn ich bezweifle, jemals zuvor so nah an dem gewesen zu sein, was mich wirklich ausmacht.

Es geht weiter über Santillana del Mar, Caborredondo und Cóbreces nach Comillas, wo ich am Nachmittag des 6. Juni eintreffe. Eigentlich will ich noch weiter nach St. Vincente de Barquiero, aber die dunklen Wolken werden immer bedrohlicher und es sind noch 15 Kilometer bis dorthin.

Die Herberge war früher das Gefängnis von Comillas. Interessant. Hier lerne ich Ben aus Friesland und Elena aus Wien kennen. Dann noch Petra und Michael, ein Geschwisterpaar aus Mönchengladbach, und drei ältere Spanier: Arthuro, Manuel und Juan.

Die Spanier wollen auf dem Küstenweg noch etwa 23 Kilometer bis Serdio gehen und dann auf den Camino Lebaniego wechseln, der zum Kloster von Santo Toribio de Liébana führt, wo eine Kreuzesreliquie aufbewahrt wird. In diesem Jahr feiert man im Kloster heiliges Jahr. Jeder Pilger darf die Reliquie nach der Messe anfassen, küssen und fotografieren.

Sie sagen, der etwa 60 Kilometer weite Weg durch das Hochgebirge sei hart, aber unglaublich schön, es gebe dort kaum Pilger, dementsprechend auch nur sehr wenige Herbergen, die zudem weit voneinander entfernt sind. Gekennzeichnet ist der Weg mit einem roten Kreuz.

Ob ich nicht mitkommen möchte? Petra und Michael werden auch diesen Weg einschlagen und vom Kloster aus über einen Zubringer den Camino Frances erreichen.

Ich werde es mir überlegen, zwischen mir und der Entscheidung liegen ja noch 23 Kilometer.

In Serdio rufe ich zu Hause an. Eigentlich wollte ich nur über SMS Kontakt halten, aber ich vermisse Gerhard und möchte seine Stimme hören.

Außerdem werde ich ihm vom Camino Lebaniego erzählen, mal hören, was er dazu meint.

Ich erreiche ihn. Er sagt nicht viel. Ich sage ihm, dass ich ihn vermisse, frage, ob er mich auch vermisst.

Erst keine Antwort. Dann: „Weiß nicht."

Ich bin so traurig, so enttäuscht. Hätte ich doch nur nicht angerufen. Ich sage nichts vom Lebaniego.

Am nächsten Morgen breche ich mit den drei Spaniern und den Geschwistern auf. Ins Hochgebirge.

Die Spanier haben recht. Der Weg ist hart und ausgesprochen beschwerlich, aber unbeschreiblich schön. Nicht nur die Landschaft. Da ist noch irgendetwas anderes, eine Atmosphäre, die nach innen wirkt.

Wir brauchen für die 60 Kilometer zweieinhalb Tage. Ich bin wieder die, die immer etwas Essen mit sich herumschleppt, und dieses Mal teile ich mit Petra und Michael, als es weit und breit mal wieder nichts zu kaufen gibt und beide hungrig sind.

Ich habe keine Informationen über die Route, keine Karte, nichts. Ich kenne nur die Namen der drei Orte, in denen es eine Herberge gibt, und folge dem roten Kreuz.

Die drei Spanier haben mich als ihre kleine Schwester adoptiert. Sie passen auf, dass ich genug esse und trinke, und machen jedem, der in meine Nähe kommt, unmissverständlich klar, dass ich zu ihnen gehöre und unter ihrem Schutz stehe. Sie waren schon oft auf Pilgerschaft, ich lerne viel von ihnen.

Juan ist Maler, Manuel Schriftsteller. Arthuro ist früher zur See gefahren. Später, nach seiner Heirat und der Geburt der Kinder, war er Polizist. Er ist viel in der Welt herumgekommen und spricht etwas Englisch. Nicht besonders gut, aber es reicht, um mir das zu erklären, was ich auf Spanisch nicht verstehe oder andersherum mir zu helfen, mich im Spanischen richtig auszudrücken.

Sie werden vom Kloster aus nach Hause fahren, ich werde noch bis in die Picos de Europa laufen und von dort aus irgendwie wieder zurück an den Küstenweg gelangen, um meine geplante Route dort fortzusetzen.

Der Hospitalero in Fuente meint, es sei kein Problem für mich, von Santo Toribio aus allein durch die Picos de Europa zurück an den Küstenweg zu gehen. Meine spanischen Brüder wollen davon nichts wissen. Viel zu gefährlich! In den Picos gibt es Wölfe und Bären. Da könne man mit einer Gruppe durchwandern, aber nicht allein.

Sie verlangen, dass ich verspreche, mit dem Bus zurückzufahren. Das muss ich erst noch überdenken. Ich werde ihnen beim Abschied meine Entscheidung mitteilen.

Am Vormittag gegen zehn komme ich in Potes an, wo wir in der Herberge übernachten werden. Die anderen sind noch nicht da, an ihrem letzten Pilgertag lassen sie sich Zeit. Von hier bis zum Kloster sind es etwa drei Kilometer.

Ich bringe meinen Rucksack in die Herberge und mache mich auf den Weg. Am Mittag möchte ich die Messe besuchen und mir dann Potes ansehen. Zu essen brauche ich unterwegs nichts, nehme auch kein Wasser mit.

Heute findet die Messe erst um 17 Uhr statt. Das wusste ich nicht. Dann bleibe ich eben hier, bis es soweit ist.

Ich erkunde das Klostergelände und erfahre, dass es auf den umliegenden Bergen eine heilige Höhle und fünf Ermitas[51] gibt, in die sich die Mönche in früheren Zeiten zu den Exerzitien zurückzogen.

Ich wandere in die Berge, möchte diese Orte sehen. Inzwischen ist es heiß geworden. Der Weg ist schmal, steil und von Dornengebüsch gesäumt. Ich suche die Ermitas. Auf kaum sichtbaren Trampelpfaden klettere ich immer höher auf die Gipfel wie eine Bergziege. Die heilige Höhle finde ich. Auch vier der Ermitas, die fünfte nicht.

Ich gebe es auf und gehe zurück zum Kloster. Unterwegs merke ich, dass ich ganz ausgetrocknet bin. Mir ist nicht gut und die Knie sind weich. Das letzte Stück bis zum Kloster lege ich taumelnd zurück.

Kurz vor dem Kloster ist am Wegesrand ein bemooster Steintrog mit Wasser. Kein Trinkwasser, aber wenigstens kann ich Gesicht und Füße kühlen.

---

[51] Kapellen

Trinkwasser gibt es im Klosterladen. Kleine Fläschchen Mineralwasser für einen Euro das Stück. Das ist aber teuer.

Trotz Durst lasse ich mir im Klosterbüro erst einmal meine Pilgerurkunde ausstellen. Hier ist es schön schattig und kühl. Ich frage nach, ob man denn nur im Laden Wasser bekommt. Die nette Spanierin sagt, es gebe ganz am Ende des Klosterhofes einen Brunnen, da könne ich mich bedienen. Gottseidank! Ich ertrinke fast im Brunnen, bis der schlimmste Durst gelöscht ist.

In einer Stunde findet die Messe statt. Ich setze mich in der Nähe des Brunnens auf die Kante einer kleinen Steinmauer im Schatten großer Eichen.

Hier ist ein guter Ort, um zu beten. Für meine Familie, für meine Freunde, für alle Menschen dieser Welt. Darum, dass alles gut und richtig wird. Und immer wieder kehre ich zum Brunnen zurück, um einen Schluck Wasser zu trinken. Wie gut das tut!

Die Messe ist sehr feierlich. Am Ende der Zeremonie wird die Kreuzesreliquie aus dem Schrein geholt. Die Schlange der Pilger bewegt sich langsam und andächtig an der Reliquie vorbei.

Auch ich berühre und küsse das Stückchen Holz aus dem Kreuz von Golgatha. Der Priester reibt es mit einem Tuch immer wieder ab, bevor der nächste Pilger kommt. Es ist ganz blank von den vielen Berührungen in all den Jahrhunderten.

Am Abend esse ich ein letztes Mal gemeinsam mit meinen Brüdern. Ein schöner Abend, auch wenn der Abschied uns ein wenig traurig macht.

Und mein Versprechen? Ach ja, natürlich. Ich verspreche es. Sie haben recht, man soll das Schicksal nicht herausfordern. Ich werde mit dem Bus zurück an den Küstenweg fahren.

Als ich am andern Morgen aufstehe, ist irgendetwas anders als sonst. Was es ist, bemerke ich erst beim Frühstück als ich mich, wie jeden Morgen, mit den Ellbogen am Tisch abstütze: Es schmerzt nicht mehr.

Ich befühle mit der linken Hand den lädierten rechten Ellbogen. Das wabbelige Ei ist weg. Alles fühlt sich straff und fest an, ich kann den Knochen spüren.

Ich gehe zur Toilette, das muss ich mir im Spiegel näher betrachten. Tatsächlich: Beide Ellbogen sehen gleich aus. Als wäre da nie eine Schleimbeutelentzündung gewesen.

An Wunder dieser Art habe ich bisher eigentlich nicht geglaubt. Mich überläuft eine Gänsehaut vom Scheitel bis zur Sohle.

Am nächsten Tag mache ich mich allein auf den 30 Kilometer langen Weg zu den Picos de Europa. Unterwegs stolpere ich über einen Stein und knicke um. Der rechte Knöchel sticht und schwillt an.

In Fuente Dé, am Fuße der Picos gelegen, gibt es eine Seilbahn. Ich fahre hinauf in die Berge, zum Laufen tut mir der Fuß zu weh. Die Picos habe ich mir ganz anders vorgestellt. Ich finde dort oben eine weite Stein- und Geröllwüste vor. Es dauert eine ganze Weile, bis mir die eigenwillige Schönheit dieser Gegend bewusst wird.

Ich setze mich auf einen Felsvorsprung und mache Picknick, muss in der gleißenden Sonne mein Essen vehement gegen Krähen verteidigen. Wilde, ursprüngliche Natur.

Am nächsten Morgen gewittert es. Auf dem Weg zur Bushaltestelle kehre ich in einer Bar ein, um einen Café con leche zu trinken. Der Wirt schenkt mir ein Stück Kuchen. Er sagt, ich brauche Kraft für den Weg.

Der Himmel ist schwarz-violett. Grelle Blitze und krachender Donner. Kurz vor Ankunft des Busses beginnt es, zu regnen. Ich flüchte mich unter einen Torbogen.

Die Fahrt dauert etwa zwei Stunden. Die ganze Zeit über regnet es wie aus Eimern.

Im Bus lerne ich zwei Pilgerinnen aus Slowenien kennen, Simona und Vesna. Simona spricht ein wenig Deutsch, Vesna ein wenig Englisch.

Als wir den Küstenweg in Unquera erreichen, lässt der Regen nach.

Bevor wir den Weg fortsetzen, gehen wir gemeinsam in eine Bar, trinken Kaffee und Orujo und reden.

Sie haben insgesamt drei Wochen Zeit für den Jakobsweg und hoffen, es bis Santiago zu schaffen. Sie fragen mich, wie es kommt, dass ich so viel Zeit habe.

Ich erzähle davon, dass ich in Mecklenburg alles aufgegeben und dann studiert habe.

Simona muss demnächst ihr Elternhaus verkaufen. Das ist eine Entscheidung, die ihr schwerfällt.

Sie sagt, die Begegnung mit mir sei ein Zeichen für sie, meine Entscheidung, noch einmal ganz von vorn anzufangen, mache ihr Mut. Sie sei nun zuversichtlicher, eine gute Lösung zu finden, vielleicht sogar selbst einen Neuanfang zu wagen.

Am 14. Juni laufe ich von Pendueles nach Pría de Piñeres. 38 Kilometer. Dort gibt es eine Herberge in einem ehemaligen Pfarrhaus, wunderschön auf einem Berg gelegen.

Im Pilgerführer steht, es gebe dort sechs Betten. Das ist nicht viel und recht spät ist es auch schon. Trotzdem riskiere ich es und laufe an der Herberge im Ort vorbei, ohne nach einem Bett zu fragen. Sollte im Pfarrhaus nichts mehr frei sein, muss ich eben die eineinhalb Kilometer zurücklaufen.

Am Pfarrhaus angekommen, frage ich mit bangem Hoffen nach, ob noch ein Bett frei ist.

Der Hospitalero lacht mich an und meint, ob mir 50 Betten wohl reichen würden. Dann hat da im Pilgerführer wohl eine Null gefehlt. Ich freue mich.

Von den anderen neun Pilgern, die heute hier übernachten, erfahre ich, dass sie eigentlich unten im Ort bleiben wollten, die Herberge aber bereits voll war.

Wieder einmal wie an unsichtbaren Fäden das Richtige getan. Ein gutes Gefühl!

Noch etwa drei Tagesmärsche bis Oviedo. Meine Füße schwellen inzwischen gar nicht mehr ab und schmerzen brutal. Der Rucksack ist kaputt, die Schnalle des Hüftgurts hält nicht mehr, das ganze Gewicht drückt mir auf die

Schultern. Oviedo ist eine recht große Stadt, ich hoffe, dort einen neuen Rucksack kaufen zu können.

In letzter Zeit bin ich jeden Tag in Sandalen gelaufen. Es ist viel zu heiß für die schweren Wanderschuhe. Die Last auf meinen Schultern ist schier unerträglich. Nun wechsele ich doch das Schuhwerk, um wenigstens die zwei Kilo schweren Wanderschuhe nicht mehr auf dem Rücken zu haben.

Am Abend habe ich zwar neue Blasen an den Füßen, aber die Schwellung an den Knöcheln ist fast weg. Offenbar hat meinen Knöcheln in den Sandalen der nötige Halt gefehlt.

Wäre der Rucksack nicht kaputtgegangen, hätte ich das nicht bemerkt. Erstaunlich, wie sich immer alles fügt.

Der letzte Tag vor Oviedo ist hart. 26 Kilometer in sengender Hitze, 33 Grad im Schatten. Unterwegs schreibe ich Susana eine SMS. Sie wird mich am Nachmittag in der Stadt abholen.

In einer Bar trinke ich einen Café con leche und bekomme etwas zu essen geschenkt. Wie schon so oft. Ich muss wohl recht verhungert wirken.

In der Nähe gibt es einen Decathlon, dort kaufe ich einen neuen Rucksack, packe alles um und lasse den alten Rucksack entsorgen. Mit meinem neuen Rucksack auf dem Rücken schwebe ich trotz Hitze durch die Gassen der Altstadt wie eine Feder. Endlich nicht mehr dieser Druck auf den Schultern!

Es tut gut, Susana wiederzusehen. Sie wohnt in einem kleinen Ort, etwa 50 Kilometer von Oviedo entfernt.

Die Zeit bei ihr ist wunderbar. Sie zeigt mir die Gegend, am Abend treffen wir uns in einer Sidrería mit ihren Freunden, ihrer Schwester und deren Familie.

Maria de Carmen, eine ihrer Freundinnen, sagt, ich solle sie doch besuchen, wenn ich wieder einmal in der Nähe sei, ich sei jederzeit herzlich willkommen. „Mi casa es tu casa."[52] Wie schön!

Susana fährt mit mir nach Gijón, ans Meer, weil meine Füße immer noch dick geschwollen und voller Blasen sind. Das Salzwasser tut gut und heilt.

Am Nachmittag machen wir gemeinsam Siesta.

Sie schenkt mir ein langes, weites, ganz leichtes Kleid, das sie aus dem Senegal hat. Ein Kleid, in dem man wohnen kann. Es wiegt 400 Gramm, aber sie besteht darauf, dass ich es mitnehme.

Am Abend zeigt sie mir, wie man Tortilla macht.

Ich bleibe zwei Tage, dann fahre ich mit dem Bus zurück nach Oviedo, um von dort aus meinen Weg zu Fuß fortzusetzen.

Morgens um fünf wickelt Susana mir eine elastische Binde um den rechten Knöchel und gibt mir noch eine Packung entzündungshemmende Tabletten mit. Sie bringt mich mit dem Auto zur Bushaltestelle.

Ich muss ihr versprechen SOFORT zurückzukommen, wenn der Fuß wieder schmerzt. Ich verspreche es.

---

[52] „Mein Haus ist dein Haus."

Ich gehe behutsam, um meinen Fuß zu schonen, schaffe aber bis zum Abend doch die 29 Kilometer von Oviedo nach San Juan de Villapañada.

Domingo, der Hospitalero, betrachtet nach dem Duschen meine Füße und bittet mich, mit ihm in die Küche zu kommen, er wolle mir etwas zeigen.

Von ihm lerne ich, dass bei Blasen an den Füßen das Beste ein Fußbad mit reichlich Salz und Essig ist. Die Wassertemperatur spielt gar keine Rolle, Hauptsache genug Salz und Essig. Das Salz trocknet die Blasen aus, der Essig tötet alle Mikroben und Bakterien. Ab jetzt soll ich jeden Abend Fußbad machen.

Domingo freut sich sehr über die Grüße, die ich ihm von Ernesto und Nieves überbringe. Er möchte wissen, wohin ich am nächsten Tag gehen möchte. Nach Bodenaya. Auch dort gibt es eine Kultherberge, die meist schon am frühen Nachmittag belegt ist.

Ich halte eigentlich nichts davon, am Vortag ein Bett zu reservieren, sondern vertraue einfach darauf, schon irgendwo unterzukommen, aber Domingo besteht darauf, David in Bodenaya anzurufen und für mich zu reservieren. Zwei weitere Pilger haben das gleiche Ziel. Für sie reserviert er gleich mit.

Am nächsten Abend sind wir wirklich froh, dass uns Domingo angemeldet hat. Die Herberge ist voll.

David ist total nett. Er kümmert sich rührend um „seine“ Pilger, kocht für uns, wäscht unsere Sachen und trocknet sie. Er sagt, WIR sollen uns von den Strapazen erholen.

Als ich mit David vor dem Haus auf der kleinen Holzbank sitze, laufen auf der Straße zwei junge Pilger unruhig auf und ab.

Ich frage ihn, ob er weiß, was mit den beiden ist.

Er lacht leise und erzählt mir, sie hätten keinen Internetzugriff, das mache sie nervös. Das sei hier oft so mit den jungen Leuten. Die müssten erstmal hier in der Herberge ankommen, runterkommen. Deswegen schaltet er den Router aus und redet sich darauf raus, dass es hier in den Bergen eben schwierig sei mit dem Internet. Er sagt, die meisten brauchen ein bis zwei Stunden bis sie sich entspannen.

Ich muss lachen. Das gefällt mir.

SMS von Jonas.

Eigentlich hatten wir ausgemacht, dass nur ICH schreibe. Da wird doch nichts Schlimmes passiert sein?

Der Text lautet: Mutter, dein Studium ist rum. Du hast BESTANDEN!

Wow! Wir feiern meinen Erfolg mit gutem Essen und reichlich Rotwein. Natürlich muss ich den anderen Pilgern erzählen, warum ich erst jetzt studiert habe. Sie sind begeistert und beglückwünschen mich. Sie bedanken sich, dass ich ein Stück meines Lebens mit ihnen geteilt habe.

In Bodenaya hängen viele schöne Bilder und Sprüche an den Wänden. Zwei davon gefallen mir besonders gut:

El camino no te da el horizonte, pero si muchos puntos de vista.[53]

Sigue las senales de tu vida.[54]

Am 22. Juni führt mich der Weg über die Hospitales, die Ruinen der alten Pilgerherbergen, in denen die ersten Pilger vor Jahrhunderten Zuflucht fanden.

22 Kilometer Weg fernab jeder Zivilisation. Kein Dorf, keine Bar, nichts. Im Pilgerführer steht, das sei nur was für starke Nerven. Das kann ich mir gar nicht vorstellen. Ist doch nicht schlimm, einen Tag lang nur durch Natur zu gehen, ganz im Gegenteil.

An diesem Tag ist es allerdings recht schwierig. Angeblich ist der heutige Abschnitt landschaftlich gesehen das schönste Stück des gesamten Jakobsweges. Der Blick von den Hospitales über die Täler und angrenzenden Berge soll atemberaubend sein. Es ist aber leider neblig. Schon morgens beim Start. Mittags immer noch. Oben auf dem Bergkamm klart es für kurze Zeit soweit auf, dass man die Spitzen einiger benachbarter Berggipfel über die Nebeldecke hinauslugen sieht. Nicht lange, und es zieht sich alles wieder zu.

Zuerst wundere ich mich noch, warum hier oben auf dem Kamm alle 30 bis 50 Meter ein Holzpfahl mit Jakobswegzeichen steht. Als ich vor lauter Nebel die Hand vor Augen kaum mehr erkennen kann, wird mir der Grund dafür klar und ich bin dankbar für die zahlreichen Zeichen.

---

[53] Der Weg gibt dir nicht den Horizont, aber so viele Sichtweisen.
[54] Folge den Zeichen deines Lebens.

Zweimal laufe ich fast in eine Kuh. Vom Nebel bin ich triefnass, allmählich wird mir kalt.

20 Kilometer ohne Menschen sind in Ordnung, aber 20 Kilometer ohne Sicht sind schwer.

Am Abend telefoniere ich lange mit Gerhard. Ein gutes Gespräch. Er vermisst mich.

Alles wird gut.

Am nächsten Tag geht es nach Castro. Die Herberge ist prima. Ein alter, aber schön renovierter Bau aus Felssteinen. Vor dem Abendessen sitze ich mit einem Glas Rotwein in der Sonne und spiele Mundharmonika.

Als mein Glas leer ist, kommt die Hospitalera, schenkt nach und bittet mich, weiterzuspielen.

Ich lerne Stasia aus Moskau, José Ramón aus Santiago und Antonio aus Madrid kennen.

José Ramón war früher Grundschullehrer, ist inzwischen im Ruhestand. Antonio arbeitet als Fluglotse am Flughafen von Madrid. Seine Mutter ist Spanierin, sein Vater Österreicher. Stasia ist eine russische Journalistin.

Sommersonnenwende. Unweit der Herberge ist ein riesiger Holzhaufen für das Sonnwendfeuer aufgeschichtet, das in der Nacht entzündet werden soll.

Stasia, Antonio und ich möchten dabei sein. Wir fragen José Ramón, ob er mit uns kommt. Er möchte nicht, sieht plötzlich so traurig aus. Dann gehen wir eben zu dritt hin.

Gegen 23 Uhr wollen wir uns gerade auf den Weg machen, als José Ramón doch noch zu uns stößt. Sein Gang ist zögerlich, er senkt den Blick.

Irgendetwas stimmt hier nicht.

Er schaut verlegen, sucht lange nach den passenden Worten. Schließlich bricht es aus ihm heraus. Unter Tränen erzählt er uns, dass sein Sohn vor 18 Jahren in der Nacht der Sommersonnenwende im Alter von 24 Jahren einem Herzinfarkt erlegen ist. Ganz überraschend, ohne jegliche Vorboten. Er war schlank und sportlich, lebte gesund. Und doch!

Wir umarmen und trösten ihn, so gut es eben geht.

Er sagt, es sei eine gute Entscheidung gewesen, sich uns doch noch anzuschließen. Nun sei ihm mit einem Mal viel leichter ums Herz.

Seit dem Tod seines Sohnes pilgert José Ramón regelmäßig. In diesem Sommer ist es sein 23. Pilgerweg.

Manchmal ist das Leben grausam. Es dauert lange, bis der Schmerz vergeht, bis man sich mit Schicksalsschlägen abfinden kann, mit Dingen, die nicht zu ändern sind.

Noch etwa 170 Kilometer bis Santiago de Compostela. An manchen Tagen sind die Schmerzen in den Füßen, besonders im rechten Fuß, brutal.

In Lugo sehe ich eine Orthopedía und kaufe mir für den rechten Fuß einen elastischen Strumpf. Damit läuft es sich wesentlich komfortabler.

In Melide kehre ich in der Kult-Pulpería „Ezequiel“ ein und esse den ersten *Pulpo*[55] meines Lebens. Mit Olivenöl beträufelt, mit Paprika bestreut, mit reichlich Knoblauch gewürzt. So lecker! Dass es Pilger gibt, die ihn nicht probieren möchten, kann ich trotzdem verstehen: Direkt hinter der Theke neben dem Eingangsbereich werden die gar gekochten Kraken mit einer großen Kelle aus dem Kochtopf geangelt, nach dem Abtropfen auf ein Holzbrett geworfen, dann werden die langen Tentakel mit einem großen, scharfen Messer in Scheiben geschnitten. So macht man das hier schon seit Jahrhunderten. Es riecht intensiv. Manch einer verzichtet dann doch lieber darauf, diese Delikatesse zu probieren.

Hier in Melide mündet der Camino Primitivo in den Camino Frances oder besser gesagt anders herum, denn den Primitivo gab es schon lange vor dem Frances. Man merkt es sofort: So viele Menschen!

Die öffentliche Herberge ist groß, modern und sauber. 156 Pilger finden hier ein Nachtlager in vier Schlafsälen.

Hier begegne ich Antonio. Er sitzt vor der Herberge und zieht an seinem Zigarillo-Stummel. Seine Haut ist faltig, seine Zähne sind schlecht, er sieht ein wenig heruntergekommen aus. Ich setze mich dennoch zu ihm auf die Bank und drehe mir eine Zigarette. Er ist etwas über 60, also weit jünger, als ich geschätzt hätte.

Früher war er Fischer. Vor über zehn Jahren hat er bei einem Unwetter als Einziger von 17 Menschen ein Schiffsunglück überlebt und damals aus Dankbarkeit mit dem

---

[55] Krake

Pilgern begonnen. Eigentlich lebt er in Cadiz, aber dort war er schon lange nicht mehr.

Er sagt, er lebe auf dem Camino. 120 000 Kilometer zu Fuß in den letzten zehn Jahren. Er hat eine Plastiktasche mit Schnellheftern dabei, in denen alle Zeitungsartikel und Fotos abgeheftet sind, die es über seine Rettung und sein Leben auf Wanderschaft gibt. Geld hat er nicht, schläft meist im Freien, weil er sich die Herberge nicht leisten kann. Heute ist er von einem Freund hier zur Übernachtung eingeladen.

Nein, nach Hause will er nicht. Er meint, sein Zuhause sei der Camino. Hier lebt er und hier will er sterben.

In dieser Nacht schlafe ich schlecht. Schon um vier treibt es mich mit Macht aus dem Bett. Ganz leise nehme ich meine Sachen mit in die Küche, um niemanden zu stören. Hier packe ich meinen Rucksack für den Tag und ziehe los. Im Stockdüstern.

Meine Augen gewöhnen sich schnell an die Dunkelheit. Bei den Monolithen, die den Weg nach Santiago weisen, helfe ich mir mit dem Licht des Handys, um festzustellen, in welche Richtung der Pfeil zeigt. Es ist gut, ganz allein auf dem Weg zu sein.

Der nächste Ort ist Arzúa. Hier mündet der Camino del Norte in den Hauptweg. Noch mehr Pilger. Trotz starken Regens sind die Straßen voller Menschen. Dicht an dicht, als wollten sie einander gegenseitig nach Santiago schieben.

Viele sehen gar nicht aus wie Pilger, sind modisch gekleidet und haben kaum Gepäck bei sich. Kein Entrinnen.

Am Mittag muss ich eine längere Pause einlegen, die Füße sind stark geschwollen und schmerzen.

Die Füße schmerzen immer schlimmer, aber ich muss weiter. Etwas ist anders als all die Tage und Wochen zuvor. Etwas treibt mich vorwärts.

Gegen halb drei reißt der nicht enden wollende Pilgerstrom gottlob ab. Die meisten haben sich wohl bereits eine Herberge gesucht. Ich bin erleichtert, laufe immer weiter, ignoriere die Schmerzen.
Am Abend erreiche ich gegen 19 Uhr Monte do Gozo, den letzten Ort vor Santiago. Noch fünf Kilometer. Ich möchte in der Bar nur schnell einen Kaffee trinken und dann weiterlaufen. Nach Santiago. Heute Abend werde ich in Santiago sein.

In der Bar treffe ich einige Pilger wieder, denen ich in den letzten Tagen begegnet bin. Sie werden in der großen Herberge von Monte do Gozo übernachten. Hier gibt mehr als 500 Betten, acht Stück pro Zimmer. Sie überreden mich, zu bleiben und erst am nächsten Morgen mit ihnen gemeinsam nach Santiago zu gehen.

Heute waren es 47 Kilometer.

Morgen werde ich Santiago erreichen.

Auf dem langen Weg hierher haben mir Pilger, die schon vorher Santiago besuchten, so viel von dieser Stadt erzählt. Einige sagten, die Stadt sei zu voll, zu touristisch. Andere sprachen von einer unbeschreiblichen Atmosphäre der Freude, von einem geheimnisvollen Zauber. Ich bin ge-

spannt. Habe Bedenken, dass mich, so wie in den meisten Städten, nichts hier halten wird.

Am Freitag, den 30. Juni 2017, erreichen wir Santiago.

Je näher wir der Altstadt kommen, umso größer wird meine Freude. Es ist dieser Zauber, von dem ich gehört hatte. Ich spüre ihn sofort. Es ist meine Stadt, hier fühle ich mich wohl und geborgen.

Ich besuche die Pilgermesse in der Kathedrale und quartiere mich in der Herberge „Azabache", ganz in der Nähe der Kathedrale, ein.

Wenige Schritte von Azabache entfernt ist ein kleiner Platz, die Praza Cervantes. Hier gibt es eine winzige Bar, wo man es sich beiderseits der Straße in Korbstühlen gemütlich machen kann, je nachdem, ob man es lieber sonnig und heiß, oder schattig mag. Das ist mein Lieblingsplatz.

Hier sitze ich stundenlang bei Tapas, Wein und Zigaretten und sehe zu, wie immer neue Pilger freudestrahlend in Richtung Kathedrale vorbeilaufen. Einige von ihnen kenne ich bereits und wir begrüßen uns herzlich.

Als ich am 1. Juli aufstehen möchte, kann ich nicht mehr auf das linke Bein treten. Es murrt. Die 47 Kilometer waren zu viel. Ich habe mir durch die Überlastung ein sogenanntes shin splint, zu Deutsch Schienbeinkantensyndrom, zugezogen.

Alle helfen zusammen: Pépe macht Eiswürfel, Juan kauft in der Apotheke elastische Binden, Entzündungshemmer und Salbe. Ich bekomme strikte Order, in der Herberge auf dem Sofa liegenzubleiben. Beine hoch und Füße an die Wand!

Rick, ein ehemaliger Physiotherapeut aus den Staaten, massiert vorsichtig die Muskulatur. Florence, eine Krankenschwester aus Frankreich, reibt mein Bein ein und verbindet es.

Allein schon diese gemeinschaftliche Fürsorge lindert den Schmerz.

Als ich wieder ganz vorsichtig wage, die paar Schritte zur Messe zu gehen, fragen mich immer wieder Pilger und Touristen, ob sie mich fotografieren dürfen. Offenbar stellt man sich so die leidgeprüfte Pilgerin vor: Groß, dünn, braungebrannt, im langen schwarz-weißen Kleid aus dem Senegal, lange silbergraue Haare, die Füße voller Blasen, elastischer Strumpf am rechten Fuß, das linke Bein bandagiert von den Zehen bis übers Knie. Ein glückliches Lächeln im Gesicht.

Natürlich sage ich nicht nein. Dieses Klischee kann ich momentan problemlos bedienen.

Eine kleine Gruppe von Pilgern möchte nach Santiago noch eine weitere Wanderung unternehmen: Die Ruta dos Faros, ein Wanderweg von Malpica nach Fisterra, entlang der Costa da Morte, der Todesküste. Weitere 200 Kilometer. Immer direkt an der Steilküste längs. Anspruchsvolles Gelände. Ich möchte mitkommen. Ich spüre, dass mein Weg hier noch nicht enden kann. Also frage ich, ob sie nicht noch ein oder zwei Tage länger in Santiago bleiben können. Dann hätte mein Bein eine Chance, sich soweit zu erholen, dass ich mit ihnen kommen kann.

Ich kann es deutlich in ihren Augen lesen: Jetzt halten sie mich für völlig übergeschnappt. Mit DEM Bein?

Sie bleiben und pflegen mich gut. Auf diese Tour nehme ich nur das Notwendigste mit. Den Rest packe ich in einen Karton, den ich in der Herberge einlagere. In etwa einer Woche werde ich zurück sein und meine Sachen wieder mitnehmen.

Am 3. Juli fahren wir mit dem Bus in Richtung Malpica, von wo aus wir starten.

Ich bin jeden Morgen die erste, die losläuft, und jeden Abend die letzte, die ankommt. Keiner der anderen soll auf mich warten müssen, ich laufe alleine. Langsam und vorsichtig, lege viele Pausen ein. Im Rucksack noch knapp fünf Kilogramm. Die Landschaft ist unbeschreiblich. Wild und schön. Das ganze Leben lang könnte ich immer so weiter laufen. Atmen, denken, schauen …

Aber jetzt wird es langsam Zeit für den Heimweg.

Ich habe Gerhard versprochen, Mitte Juli zurück zu sein. Ich werde mit der Bahn fahren. Mit dem Flugzeug geht es mir einfach zu schnell, der Übergang vom Laufen zum Fliegen ist mir zu brutal. Ich nehme den Bus von Fisterra nach Santiago, übernachte ein letztes Mal in Azabache und packe all meine Habseligkeiten wieder in den Rucksack. Am 13. Juli möchte ich von Santiago über Paris mit der Bahn heimreisen.

In Deutschland geht man in so einem Fall einfach im Bahnhof an den Schalter, kauft eine Fahrkarte und steigt in den Zug. Nicht so in Spanien. Hier kauft man eine Sitzplatzkarte, sofern noch Sitzplätze vorhanden sind. Die meisten Züge sind Tage im Voraus ausgebucht. Ohne Karte hat man erst gar keinen Zutritt zum Bahnsteig.

Ich diskutiere lange mit der Dame am Schalter, bis sie endlich doch noch eine Möglichkeit findet: Über Barcelona. Teuer. Natürlich könnte ich auch an einem anderen Tag fahren, aber die Bahn hat für die nächsten Tage Streiks angekündigt und ich will mein Versprechen halten, nicht erst Ende Juli ankommen.

Der Zug erreicht Barcelona kurz vor Mitternacht, gegen sechs wird es mit dem TGV weitergehen nach Paris. Im Bahnhof halte ich Ausschau nach einem Plätzchen zum Übernachten. Irgendwo für ein paar Stunden in den Schlafsack kuscheln, das wäre schön.

Punkt Mitternacht räumt die Bahnhofspolizei das Gebäude. Alle müssen gehen. Ich finde, es lohnt sich nicht, für die kurze Zeit bis zum Morgen noch ein Zimmer in einem der umliegenden Hotels zu nehmen, und beschließe, im Freien zu schlafen. In der Nähe des Bahnhofs gibt es einen Park mit großen Bänken. Obwohl es schon mitten in der Nacht ist, ist es immer noch sehr warm.

Die Holzbank ist unbequem. Ich siedle um auf eine der großen Steinplatten, die auf niedrigen Sockeln den Park säumen. Das ist besser. Mit dem Rucksack unter dem Kopf döse ich ein.

14. Juli. Der TGV kommt gegen Mittag in Paris Nord an. Auf der Suche nach einer Unterkunft bemerke ich, dass ganz Paris Kopf steht. Von den Tuilerien bis zum Arc de Triomphe und rund um den Eiffelturm sind entlang der Straße Absperrungen aufgebaut.

Nationalfeiertag! Daran hatte ich gar nicht gedacht.

Am Abend sitze ich vor einem kleinen Restaurant mit Blick auf den Eiffelturm. Normalerweise erstrahlt er nachts einfach in hellem Licht, heute wechselt die Beleuchtung in regelmäßigen Abständen von blau über weiß nach rot. Um Mitternacht scheint ganz Paris um den Eiffelturm versammelt zu sein. Das Feuerwerk ist bombastisch. Der Eiffelturm muss von oben bis unten mit Pyrotechnik gespickt sein. Er explodiert geradezu ein ums andere Mal in den französischen Nationalfarben. Dazu Rockmusik und Klassik. Ich stehe am Fuße des Eiffelturms und genieße das Spektakel. Ein beeindruckender Abschluss meiner Pilgerreise.

Dieser Weg war ein guter Weg. Er hat meine positive Einstellung zum Leben gefestigt. 1200 Kilometer Fußmarsch in neun Wochen. Viel Zeit zum Nachdenken. Viele gute Begegnungen und Gespräche, die in die Tiefe gingen. Hilfsbereitschaft und Mitgefühl, Lebensgeschichten, die nachdenklich machen.

Ich glaube schon immer an das Gute im Menschen. An das Gute, das allem innewohnt, auch wenn wir es nicht auf den ersten Blick erkennen. Daran, dass Dinge geschehen, weil es so sein muss. Weil es genau SO gut und richtig ist.

Nichts geschieht zufällig. Und doch geht jeder seinen individuellen Weg, hat jeder Mensch Gestaltungsspielraum, kann wählen, auf welchem der vielen möglichen Umwege er eines Tages das Ziel erreicht.

Erreichen werden wir es so oder so. Alle.

Im September 2017 werde ich mit dem Referendariat in den Fächern Mathematik und Physik beginnen. Ich habe eine recht genaue Vorstellung davon, was auf mich zukommt, was aber nicht heißt, dass es wirklich so kommen wird. Ich möchte den Jugendlichen nicht nur Fachkenntnisse vermitteln, sondern auch etwas von meiner Lebenserfahrung weitergeben, ihnen helfen, eine positive Einstellung zum Leben zu entwickeln. Sie sollen lernen, dass man alles schaffen kann, wenn man es wirklich will und bereit ist, sich dafür einzusetzen. Sie sollen auf ihre innere Stimme hören und auf ihre Fähigkeiten vertrauen. Mutig nach vorne sehen.

Als Kind habe ich oft Angst gehabt, auch später noch. Der Mut, mit dem ich vieles gemeistert habe, war lange Zeit ein Mut der Verzweiflung.

Mit jedem Erfolg, jeder überwundenen Krise wurde der Mut ein wenig größer, die Angst ein wenig kleiner.

Ich bin gespannt, was mir das Leben noch bringen wird und bereit, alles heiter und gelassen zu nehmen. Was auch immer es ist. Ich spüre, dass ich jetzt den Punkt erreicht habe, an dem der Mut, für alles offen zu sein, die Angst vor allem, was noch kommen kann, besiegt hat. Ich habe keine Angst mehr vor Fehlern. Ich weiß jetzt, dass ich hinfallen darf. Dass ich immer wieder aufstehen werde.

Oder wie Bernard Shaw sagte:

„Ever tried, ever failed
Doesn't matter.
Try again, fail again
Fail better."[56]

---

[56] „Immer versucht, immer versagt. Macht nichts. Versuche es wieder, versage wieder. Versage besser."

Krieger

Meine Seele ist ein Meister
Der viel kann und oft viel wagt
Dennoch sind die Lebensgeister
Manchmal träge und verzagt

Was nun, wenn die alten Schwächen
Lähmen, foltern, unterwerfen
Sich manch dumme Fehler rächen
Reißen, zerren an den Nerven

Müde von so vielen Pflichten
Manch Problem noch ungelöst
Schon dabei, mich scharf zu richten
Schließlich drüber eingedöst

Traumgewirkte Zwischenwelten
Mittler der Bewusstseinsschichten
Lassen meinen Blick nicht selten
Sich erneut aufs Ganze richten

Das Geheimnis von Gewinnern:
Ohne Zögern, voller Kraft
Immer wieder neu erinnern
Dass man, was man will, stets schafft

Meine Seele ist ein Sieger
Meistert jede Widrigkeit
Ist ein altgedienter Krieger
Voller Ernst und Heiterkeit

Inhalt